兵团社科基金项目：政治关联对企业股利政策的影响研究（项目编号：17YB09）

经济管理学术文库·管理类

制度环境、政治关联与企业现金股利政策

The Institutional Environment, Political Connections and The Corporate Cash Dividend Policy

谭伟荣／著

图书在版编目（CIP）数据

制度环境、政治关联与企业现金股利政策/谭伟荣著. —北京：经济管理出版社，2019.1
ISBN 978-7-5096-6316-5

Ⅰ.①制…　Ⅱ.①谭…　Ⅲ.①上市公司—企业融资—研究—中国　Ⅳ.①F279.246

中国版本图书馆 CIP 数据核字（2019）第 016518 号

组稿编辑：曹　靖
责任编辑：张巧梅
责任印制：司东翔
责任校对：王纪慧

出版发行：经济管理出版社
（北京市海淀区北蜂窝 8 号中雅大厦 A 座 11 层　100038）
网　　址：www.E-mp.com.cn
电　　话：（010）51915602
印　　刷：北京玺诚印务有限公司
经　　销：新华书店
开　　本：720mm×1000mm/16
印　　张：14.5
字　　数：236 千字
版　　次：2019 年 3 月第 1 版　2019 年 3 月第 1 次印刷
书　　号：ISBN 978-7-5096-6316-5
定　　价：68.00 元

·版权所有　翻印必究·
凡购本社图书，如有印装错误，由本社读者服务部负责调换。
联系地址：北京阜外月坛北小街 2 号
电　话：（010）68022974　邮编：100836

前 言

现金股利分配作为上市公司最为基础且最富争议的财务政策之一,既是投资者分享公司经营成果的重要途径,也是监管部门重点关注、维护资本市场稳定的重要工具。对公司而言,若支付现金股利,则会导致现金流出企业,造成自身面临投资机会时的资金短缺;若不支付公司现金股利,则会陷入后续权益资本再融资时的"被动地位"与"监管困局"。究其原因在于,公司从资本市场融资的能力不仅受自身财务特征的影响,而且受到各类外部制度因素的制约。现阶段,在我国资本市场建设尚不完善、金融发展相对落后、法治化进程推进迟缓的制度环境下,上市公司在资本逐利特质的驱使下,积极调整、主动适应,花费大量的时间和精力主动参政议政,构建政治关联,以期能够为公司带来诸如融资便利、税收优惠、政府补贴等方面的资源配置利益。换言之,上市公司政治关联行为产生的根本原因在于政治关联作为疏通公司融资途径的"桥梁",能够有效地缓解其融资约束,帮助其摆脱外部融资困境,进而通过影响公司的融资决策间接影响公司的股利政策。

尽管如此,上市公司政治关联与现金股利行为之间的研究却鲜有学者涉及。基于此,本书在我国转型经济体所具有的较为独特的政府强力干预经济背景之下,从上市公司积极适应外部制度环境、构建政治关联的"逐利"动机出发,将公司内部治理机制与外部制度约束机制置于同一框架下,系统、深入地研究了宏观、微观多重影响因素下的上市公司现金股利决策行为。本书总体的理论分析与实证检验结果表明,上市公司现金股利行为更多地表现为公司控制人综合考虑公司所面临的宏微观融资环境后的权衡取舍的一种决策结果。

本书首先构建了政治关联影响公司股利分配行为的理论框架,并从深度和广度两个层面实证检验了政治关联对上市公司股利行为差异性的影响;其次,本书分别引入货币调控政策、分红管制政策和市场化进程等外部制度因素,检验了外部制度变迁与政治关联对公司现金股利行为的交互影响。结果发现企业外部融资环境是现阶段我国上市公司现金股利决策的重要影响因素,验证了政治关联的资源效应对公司财务决策的影响和作用。本书的研究不仅拓展了企业现金股利政策影响因素的范畴,而且丰富了宏观外部制度环境经济后果的相关研究。同时也为我国股利监管政策的完善提供了一定参考和启示。

本书主要内容及研究结论:

(1) 以中国转型经济下公司为了获取更多的稀缺资源,努力构建和维持政治关联为背景,依据权衡理论、资源依赖理论、融资约束理论,从资源配置的视角推理分析公司努力构建政治关联的动机,继而运用政治关联的"资源效应观"和"社会负担效应观"从两个侧面推理、实证检验政治关联对公司股利政策可能的影响路径;进一步依据社会网络理论和阶梯层级理论,将政治关联分为政治关联深度和广度两个维度,运用中国资本市场上市公司数据进行实证检验,考察其对公司股利行为差异性的影响;然后以公司规模、产权性质等维度刻画公司面临的融资约束程度,拓展性地探讨了不同规模和不同产权控制特征下政治关联对公司股利行为的影响;结论发现政治关联对融资约束不同的企业的股利行为产生迥异的影响。这为政治关联通过信贷渠道影响公司行为的论断提供了直接的支持。

(2) 在转型背景和关系主导型社会结构下,微观公司的财务行为不仅受宏观货币政策的影响,而且受普遍存在的政治关联的影响。本书将在传统的微观影响因素研究的基础上,将货币政策的影响研究拓展至公司现金股利政策。进而从政治关联的"资源效应观"和"社会负担效应观"出发,结合货币政策信贷渠道的微观传导机理,推理政治关联和货币政策对公司股利行为的综合影响;研究发现,货币紧缩时期,具有政治关联的公司能够在一定程度上缓解银根紧缩对公司现金股利造成的不利冲击。进一步地,将政治关联细分为政治关联广度和深度,研究发现,在银根紧缩时期,政治关联的广度对公司股利行为的影响要高于政治关联的深度。但是,具有政治关联的公司股利稳定性更差。

(3) 监管当局颁布一系列分红管制政策,旨在治理我国上市公司重融资、轻分红的现象,政策能够约束公司派发红利的根本机理在于公司有再融资需求且意图通过股权融资途径满足自身再融资需求时,必须达到证监会规定的"门槛股利",以此约束公司股利行为。而政治关联的资源效应"放松"了公司的外部融资约束,进而抑制了分红管制政策的治理效果。通过理论分析和实证检验表明,政治关联的资源效应缓解了公司外部融资约束,进而抑制了分红管制政策对公司股利行为的治理效应。同时研究还发现,政治关联的资源效应加剧了公司股利的调整频率,使我国本就不稳定的股利政策更加"扑朔迷离"。本书的结论支持了政治关联的"资源效应观"(于蔚,2012;田利辉,2013)。

(4)政治关联是较差制度环境的一种替代机制(田利辉、张伟,2013)。我国各地区市场化进程不平衡,地区市场化程度越低,政治关联对于公司的资源效应越显著,反之,地区市场化程度越高,公司通过市场途径融资的受限程度越低,从而表明公司积极构建政治关联是我国企业克服市场制度缺陷的一种非正式替代手段。通过理论分析和实证检验的方法,系统探讨了政治关联对公司股利行为的影响以及市场化进程所起到的调节作用,研究发现随着市场化进程加快和金融制度的飞速发展,政治关联通过影响公司融资决策进而影响公司现金股利行为的作用在逐渐消失。

目 录

1 绪 论 ·· 1

    1.1 问题的提出与研究目的 ·· 1

    1.2 理论意义与现实意义 ·· 4

    1.3 相关概念的界定 ·· 6

    1.4 研究思路与研究内容 ·· 9

    1.5 研究方法与技术路线 ·· 13

    1.6 研究创新之处 ·· 14

2 文献综述 ·· 16

    2.1 股利理论的历史演进与股利支付的主要动因 ················· 16

    2.2 政治关联相关文献 ·· 27

    2.3 政治关联与公司财务行为 ·· 31

    2.4 政治关联与公司绩效或公司价值 ·································· 36

    2.5 研究述评 ·· 40

    2.6 本章小结 ·· 41

3 理论基础与制度环境分析 ·· 42

    3.1 从"自由放任理论"到"政府干预理论"的历史演进 ········· 42

    3.2 政府干预理论的"扶持之手"与"掠夺之手"观点之争 ····· 45

    3.3 公司政治关联形成机理分析 ·· 48

    3.4 公司融资理论与股利理论及其发展演进 ······················· 52

3.5　中国制度环境下公司融资与股利行为特征及其发展演进 …… 59
　　3.6　政治关联影响公司现金股利政策的机理分析 …………… 64
　　3.7　本章小结 …………………………………………………… 68

4　政治关联、融资约束与公司现金股利政策 …………………… 69
　　4.1　引言 ………………………………………………………… 69
　　4.2　理论分析与假设推导 ……………………………………… 73
　　4.3　研究设计 …………………………………………………… 80
　　4.4　实证结果与分析 …………………………………………… 87
　　4.5　进一步的拓展检验：政治关联、融资约束与公司现金股利行为 … 102
　　4.6　稳健性检验 ………………………………………………… 106
　　4.7　本章小结 …………………………………………………… 110

5　政治关联、货币政策与公司现金股利政策 …………………… 112
　　5.1　引言 ………………………………………………………… 112
　　5.2　理论分析与假设推导 ……………………………………… 114
　　5.3　研究设计 …………………………………………………… 117
　　5.4　实证结果与分析 …………………………………………… 121
　　5.5　稳健性检验 ………………………………………………… 126
　　5.6　本章小结 …………………………………………………… 130

6　政治关联、分红管制政策与公司现金股利政策 ……………… 131
　　6.1　引言 ………………………………………………………… 131
　　6.2　理论分析与假设推导 ……………………………………… 135
　　6.3　研究设计 …………………………………………………… 138
　　6.4　实证结果与分析 …………………………………………… 143
　　6.5　稳健性检验 ………………………………………………… 153
　　6.6　本章小结 …………………………………………………… 159

7 政治关联、市场化进程与公司现金股利政策 ········· 161
7.1 引言 ········· 161
7.2 理论分析与假设推导 ········· 163
7.3 研究设计 ········· 167
7.4 实证结果与分析 ········· 171
7.5 稳健性检验 ········· 183
7.6 本章小结 ········· 187

8 结论与启示 ········· 188
8.1 研究结论 ········· 188
8.2 研究启示与政策建议 ········· 190
8.3 研究局限与未来展望 ········· 192

参考文献 ········· 194

1　绪　论

本章从现实经济问题和市场客观现象出发提出研究问题，阐述研究目的，进而介绍本书的理论价值与现实意义；对本书涉及的关键概念进行界定，然后概括介绍本书的主要研究内容以及逻辑分析框架，最后指出本书的研究特色与研究贡献。

1.1　问题的提出与研究目的

1.1.1　问题的提出

改革开放 40 年来，随着市场化改革进程的推进和证券市场的创立，证券市场在我国国民经济建设中占有举足轻重的地位。而上市公司是证券市场发展的基石，截至 2016 年底，沪深两市上市公司已达 2968 家，沪深两市市值已达 50.62 万亿元。经过短短 40 年的发展，证券市场的发展已经成为我国经济的"晴雨表"。尽管我国证券市场成就斐然，然而相比西方发达国家，中国资本市场建立时日尚短，公司治理系统缺乏足够的效率（Shleifer 和 Vishny，1997），难以约束上市公司主动发放股利回报投资者。我国上市公司长期重融资、轻回报，且回报股东的意识淡薄，使得我国证券市场备受诟病。

作为公司三大财务政策之一的公司股利政策，是投资者获取投资回报的一种重要方式，亦是资本市场健康稳定发展的重要条件，上市公司分红对于保护股东的股利分配权、培育投资者的长期投资理念以及增强资本市场的吸引力和活力具有重要意义。从西方国家金融发展实践来看，分红制度能有效增强股票市场的吸引力和投资功能。上市公司现金分红收益高且具有较强预期性时，投资者往往会选择长期持股，以期获取未来股票增值收益和现金分红，形成公司股票走势与长期投资回报间的良性循环（陈燕等，2015）。在这个意义上，增强上市公司现金分红的稳定性和可预期性是资本市场长期、稳健、可持续发展的基石。

因此，自2000年以来，政府监管部门针对大量上市公司不分红及少分红的现象，出台了一系列半强制性股利分配政策以期引导鼓励上市公司进行现金股利分配。如证监会曾在2001年、2004年、2006年和2008年四次出台与再融资资格相挂钩的股利分配政策；2012年5月10日证监会首发上市承诺制度（王跃堂，2014）；2013年11月发布的《上市公司监管指引第3号——上市公司现金分红》。这些措施的出台都说明，监管部门、上市公司以及普通的投资者都已经初步建立起较强的股利分配意识，并且将股利视作投资收益的重要来源，政策的实施取得了一定的成效，但与成熟资本市场相比，仍存在一定的差距。

究其原因，在于现实资本市场，由于制度不完善和金融市场摩擦，公司的财务决策不仅受自身特征的影响，更受宏观外部环境的影响。在我国新兴加转轨的资本市场中，由于制度的缺陷，信息不对称和信贷配给不足以及分红管制政策的束缚，"钱荒"一直是制约公司经营发展的重要因素，为了应对未来融资短缺的冲击，抓住潜在的投资机会，公司会选择持有更多的现金（于泽，2017），使得公司的财务决策更加依赖于公司内部现金进而直接影响公司的现金股利政策。因此，现阶段，我国公司现金股利行为更多地受到外部融资环境的制约，表现为被动适应外部融资环境并依据外部环境的改变而相机决策。

我国学者对中国公司股利政策问题进行了一系列研究，讨论了财务指标、公司治理结构等相关因素对公司股利政策的影响（孔小文，2003；谢军，2006；黄娟娟，2007；王化成，2007；徐文彬，2009；魏志华，2012）。然而，这些研究大多基于主流的公司股利理论，将股利政策视为代理问题的产物，主要从股利需求视角分析公司派发股利的动机。事实上，公司股利政策是需求和供给共同作用的结果，仅仅从需求分析并没有考虑我国特殊的融资环境导致的供给偏差对公司股利政策的影响。在我国转轨制经济的背景下，政府通过调控"货币供给规模"和"监管身份"主导和支配着信贷市场和证券市场的经济资源。由于经济资源的稀缺性及信贷歧视性政策。在体制内、市场化途径无法平等获得经济资源的情况下（张敦力、李四海，2012），融资的不确定性会直接导致公司基于"预防性动机"和"谨慎性动机"持有更多的现金，进而减少公司支付股利。为了获取更大的发展空间，相比于市场规则，在"关系规则"更起作用的商业环境中（吴文峰，2008），公司花费大量的时间和精力去构建政治关联作为正式制度的一种替代机制，可以帮助公司更容易获得银行贷款、财政补贴，降低债权融资成本、权益融资成本（于蔚，2012；田利辉，2013），增加公司融渠道，改变公司外部融资环境。这意味着供给层面的因素会改变公司股利政策（全怡，2016），即有政治关联的公司因其外部资金供给可靠，公司会选择派发更高的股利，相反，不具备政治关联的公司会基于"预防性动机"和"谨慎性动机"持有更高现金而不派发股利。

基于以上分析，本书从上市公司政治关联形成的供给层面的偏差出发，提出以下研究问题：政治关联是否能够为公司带来融资便利，进而缓解公司的融资约束？政治关联对公司股利政策是否产生影响？根据社会网络理论，政治关联网络大小（政治关联广度）和政治关联行政级别的高低（政治关联深度）对政府官员资源分配倾斜行为的影响能力差异对公司股利政策会产生差异化的影响吗？政治关联形成的供给层面的偏差使公司具备了一定的"对冲"和"抵消"宏观货币政策调控的能力吗？政治关联形成的供给层面的偏差会抑制分红管制政策对公司股利行为的治理效应吗？随着市场化程度的提高会弱化政治关联对公司股利行为的影响吗？本书将在前人研究的基础上，继续探讨公司构建政治关联的经济后果以及相关治理问题的影响。解答这些问题，将使本书对政治关联影响企业财务行为的问题变得更加具体和具有现实意义。

1.1.2 研究目的

基于完美资本市场假设下的 MM 股利无关论在现实的资本市场中并不适用，在现实的资本市场中，公司的股利行为不仅受公司内部融资行为和投资行为的影响，还受外部宏观制度环境的影响，在当前我国转型经济背景之下，受制于相对滞后的制度环境，公司通过体制内和市场化途径无法获得经济资源的情况下，更愿意通过政治关联这一非正式制度替代正式制度获取经济资源。那么，政治关联这一非正式制度对中国上市公司的现金股利行为是否产生影响？如果产生影响，影响的机理是什么？对这些问题的研究不仅填补了已有研究的空白，更为政府提高施政效率提供了理论依据。具体来看，本书关注的问题包括：

（1）政治关联对公司现金股利行为的影响及其作用机理。

（2）政治关联维度对公司现金股利行为的影响及其差异性的比较。

（3）政治关联、货币政策对现金股利行为的影响及其作用机理。

（4）政治关联、分红管制政策对现金股利行为的影响及其作用机理。

（5）政治关联、市场化进程对现金股利行为的影响及其作用机理。

1.2　理论意义与现实意义

公司股利政策是公司重要的财务政策之一，具有缓解代理冲突、信号传递功能，对公司的发展和治理具有十分重要的意义。自从 Lintner（1956）、Miller 和 Modigliani（1961）开创性地提出公司股利分配行为的理论模型和"股利无关论"以来，股利政策一直是财务学界极富争议性的焦点问题之一。综观国内外已有文献，学者们分别从信息不对称与代理问题两个视角研究公司股利水平影响因素的基础上，沿袭了新古典经济学"社会化不足"的研究范式，主要关注经济制度和正式制度对公司股利政策的影响，对非经济制度和非正式制度考虑不足（戴亦一等，2009）。如：更多关注公司股利政策与宏微观制度环境（尤其是法与金融、产权性质、市场化进程、中小投资者保护）的互动关系，以及采用行为的方法和基于市场微观结构、公司特质性等来研究公司股利政策问题，这已然成为近30年来现代财务学研究的四大主流和热点（许年行等，2008）。

然而，对于任何一个组织而言，其经济行为总是嵌入在其所处的社会关系和社会结构之中，必然要受到其所嵌入的社会关系结构的影响（张敦力、李四海，2012）。由于制度的缺失、法律的不健全，我国公司在体制内、市场化的途径无法获得经济资源的情况下，公司开始依赖于一些替代性的非正式制度和机制来支持公司的发展，政治关联作为一种替代性的非正式制度，对公司的经济资源获取、政府管制等各个方面产生实质性的影响（Bai 等，2006；Li 等，2006；余明桂、潘红波，2008；于蔚等，2012；田利辉、张伟，2013）。这就意味着作为公司重要财务决策之一的股利政策，也受这一因素影响，且该影响还可能具有"因维度（政治关联广度、政治关联层级）、公司特质（公司规模、产权性质）、空间（制度环境差异、地域差异）"而异的动态综合特征，此时，若要综合保障和深入探讨公司股利行为的影响因素，就必须系统关注政治关联（政治关联的广度、政治关联层级）、公司特质和不同外部治理环境（货币政策、分红管制政策、市场化进程）等因素对公司股利行为内在作用机理及其价值效应。

因此，基于当前我国独特的制度背景和市场环境，结合公司的政治关联特征，研究其对股利政策影响就显得尤为重要。本书结合当前我国独特的制度背景和市场环境来考察政治关联这一非正式制度对股利政策的影响，将正式制度（货币政策、分红管制政策、市场化进程）和非正式制度（政治关联）纳入同一框架，尝试建立一个系统的动态框架，研究外部正式制度、非正式制度与微观财务政策（公司现金股利政策）选择之间的互动关系，为学界研究公司财务政策提供了一个新颖且相对完整的视角，为理解制度演进在资本市场发展中扮演的角色提供帮助。这种互动效应的考量对于针对性地制定科学合理的政策以规范公司股利行为、提高资金配置效率及公司价值，乃至改进我国公司的治理、健全投资者法律保护等方面，具有重要的理论与现实意义。同时，对于推进我国政企分开，营造公平的竞争环境，以及实现市场在资源配置中的决定性作用和更好地发挥政府作用亦具有重要的现实意义，为监管层制定相应的监管政策提供理论依据。

公司构建政治关联的终极目的是为保证公司处于财务安全状态的同时，实现自身利益最大化而对内外部融资环境变化积极适应，影响政府配置资源选择与分配的决策过程。这种资源的分配方式虽然有利于部分公司实现自身价值最大化，但并不完全依照价值规律配置资源，究其本质而言是扭曲的、非效率的，是以降低整个社会资源配置效率为代价的。中国资本市场由于特殊的历史发展与原因，政府对经济有很强的干预力，政府资本配置的行为决策也由此表现出因与公司关系远近的明显差异。因此，关注政治关联对现金股利政策的影响，不仅有助于丰富和拓展中国特殊制度背景下股利政策影响因素的研究，而且丰富了宏观外部制度环境经济后果的相关研究。同时，本书的研究亦具有一定的实践启示价值：第一，为科学制定股利监管政策提供了微观层面的一些依据。目前，要规范上市公司的现金股利分配行为，提升现金股利政策的有效性，主要还是应当从强化资本市场信息透明度、增加上市公司融资渠道、完善上市公司外部监督机制等方面入手，并结合上市公司自身的治理机制、财务特征等因素制定差异化的现金股利政策。第二，在经济新常态下，为进一步完善我国资本市场体系，处理好政府与市场间的关系，提高监管能力，培育公开透明、长期稳定健康发展的资本市场，就必须坚定不移地推进法治建设和深化金融改革，通过法治化和竞争化的"双轮驱动"，以法律与规则处理资本市场各主体间的利益关系（辜胜阻等，2016），才能保障社会主义金融市场更好地服务于实体经济。

1.3 相关概念的界定

1.3.1 股利政策

股利政策是公司利用税后留存收益发放给公司股东，以保证公司股东投资收益。公司股利政策主要包括以下四个维度，即是否发放股利、股利发放的比例、股利发放的日期以及股利发放行为是否连续等。股利政策有广义和狭义之分，狭义的股利政策仅是指公司决策从留存收益里拿出多少派发普通股股利，即股利支付率的确定，而广义的股利政策则包括：股利发放日、股利支付比例，以及股利发放的资金来源问题。

在西方成熟资本市场中，发放股利方式通常可以分为现金股利、股票股利、财产股利、负债股利四种方式，其中最通用的股利发放方式为现金股利方式。其次为股票股利、财产股利和负债股利。在我国资本市场中，公司通常采用现金股利、股票股利和公积金转增股三种方式，以及几种方式的混合发放。具体分为以下八种方式：即不分配股利、分配现金股利、派现加送红股、送红股、转增股、派现加转增股、送红加转增股、派现加送红加转增股。

本书对公司股利政策研究主要从现金股利支付意愿、现金股利支付率及现金股利稳定性三个维度进行研究。若涉及股票股利等非现金股利，本书将做特别说明。另外，本书在第4章、第5章、第6章和第7章大样本实证研究中，根据当年公司是否派发现金股利来定义股利支付意愿，即以0、1作为是否具有股利支付意愿，如果当年派发现金股利，股利支付意愿定义为1，否则为0。现金股利支付率根据每股现金股利界定，该值越大，表明公司现金股利支付水平越高。股利稳定性则以3年每股现金股利标准差比3年每股收益标准差来衡量，该值越大，表明公司股利稳定性越差；反之则反是。

1.3.2 政治关联

政治关联也称政治联系（Political Connection）、政治关系（Political Relation），在不同的研究背景下，不同的文献对于政治关联内涵界定不同，但各国学者都一致认同政治关联区别于腐败和贿赂（赵峰，2011）。政治关联与腐败和贿赂的主要区别在于政治关联在法律层面上是合法的，是处于阳光轨道下的。政治关联也与政治干预不同，根本区别在于两者的发起人不同，政治干预的发起人是政府，政治关联的发起人是公司，两者作用机理亦完全不同。政治干预是政府为了达到公共目的和社会目标或者官员出于私人利益，通过政府集权和控制稀缺经济资源等方式，"掠夺"公司经济资源满足自身利益（Shleifer和Vishny，1994；Bertrand、Kramaraz、Schoar和Thesmar，2006；徐浩萍、吕长江，2007）；政治关联则是公司基于逐利性动机，积极主动参政议政，寻求与政府或政府官员建立良好的关系，进而产生"偏袒效应"，以期在争夺稀缺资源的竞争中获得优势。

较早提出政治关联概念的是美国学者Fisman（2001），他采用事件研究法考察了印度尼西亚的公司与当时处在政治顶层的苏哈托家族的关系，研究发现，政治关联能够显著提升公司价值。然而这种在法律上合法的关联关系具体如何定义及通过什么方式度量，目前国内外学术界并没有统一的认定标准。Johnson和Mitton（2003）认为公司管理层或大股东与该国首相、副首相或财政部长等之间存在密切的友谊，即认为两者之间存在政治关联；Betrand等（2007）认为如果公司CEO毕业于精英院校，同时又具有政府部门的任职经历，则可认为其所在公司具有政治联系。Faccio（2002，2006）认为，只要公司有一位控股股东或高管是国会议员、政府部长、州长或跟某位高官以及政党有紧密联系就认为该公司具有政治关联。Khwaja 和 Mian（2005）采用在政治竞选中，公司对候选人是否政治捐赠以及捐赠多少为标准衡量是否存在政治关联以及政治关联的强度（Jayach 和 Ran，2006；Claessens 等，2008）。还有部分学者以公司股权结构中国有股占比（Adhikari 等，2006）、公司股价的累计回报（Leuz 和 Ober – holzer – Gee，2006）来衡量公司政治关联。

由于我国与西方国家政治制度、经济体制以及文化传统方面存在根本差异，国外对政治关联的界定不适合我国的国情。我国学者基于我国国情，普遍采用公司高管曾经和现在是否在政府、政协、军队任职来衡量公司是否具有政治关联，具体采用虚拟变量法度量（Faccio，2006；吴文锋，2008；潘红波等，2008；王利平、高伟，2010），度量规则为曾任或现任则取值为1，否则为0；度量公司政治关联强度则采用公司高管中具有曾任和现任政府、政协、军队任职背景的人的占比，具体采用赋值法以及比例法度量。即根据主观经验，对公司关键高管的政治身份，按照公司高管现任或曾任行政级别的最高级别，确定政治影响力并赋值，然后将得分加总，以此作为公司政治影响力指数得分（王庆文等，2008；邓建平等，2009；杜兴强等，2011）。比例法则是根据公司高管中有政治关联的高管占全部高管（或董事会人数）的比例，以此衡量公司政治关联的强度（罗党论，2009）。

综合以上观点，依据我国基本国情，即在公司管理的过程中，实行高度集权的管理方式，与非核心成员相比，董事长和总经理作为核心高管，对公司经营拥有更多权力，负有更大责任，其政治背景可为公司带来更多的利益空间。因此，本书针对公司政治关联的界定和度量，借鉴 Fan 等（2007）的做法：具体为以下四种情形：曾任党政官员（包括人大和政协常设机构任职经历）；曾在军队任职；现任或曾任人大代表；现任或曾任政协委员。只要董事长或总经理有1人具有上述四种情形中的一种，本书即界定为公司具有政治关联，设置是否具有政治关联变量 Pol，有政治关联 Pol 取值为1，不具有政治关联取值为0；现实中，政治关联网络的大小（政治关联的广度）与政治关联官员的行政级别的高低（政治关联深度）决定了公司对政府官员资源分配行为倾向性的影响能力，两者对公司财务行为影响存在不同的作用机理。为了使研究结论更具可靠性，借鉴罗党论（2009）、江若尘（2013）、王庆文等（2008）、邓建平等（2009）、杜兴强等（2011）对政治关联广度和政治关联深度进行衡量，以曾任和现任公司高管中有政治关联的高管占全部高管（或董事会人数）的比例衡量公司政治关联广度，设置政治关联广度变量为（Polboard），该变量取值越大，表明政治关联广度越广，反之，则越小，该值取值范围在［0，1］。以曾任和现任公司高管中官员任职层级衡量公司政治关联深度，设置政治关联深度变量为（Poldeep），该值越大表明层级越低，反之，则层级越高。为了确保政治关联的有效性，严格限定了政治关联层级为县处级及以上。同时，为了使本书的研究结论更加稳健、可靠，本书第4章和第6章稳健性检验部分，以公司的高管层和董事会成员是现在任职于政府、军队，或者是人大代表、政协委员，那么这家公司就属于政治关联公司，以此衡量公司是否具有政治关联。以现任公司高管中有政治联系的高管占全部高管（或董事会人数）及以现任官员任职层级衡量公司政治关联深度进行了稳健性检验。

1.4 研究思路与研究内容

1.4.1 研究思路

本书以政府干预理论、资源依赖理论、权衡理论、融资约束理论和社会网络理论为基础，以上市公司政治关联形成的供给层面的偏差作为分析的切入点，结合外部制度环境，基于政治关联的"资源效应"和"社会负担效应"观点，架构了政府干预—政治关联—资源供给—现金股利政策的逻辑链条。结合政府调控宏观经济手段之货币政策、分红管制政策与市场化进程三个方面的内容，探析外部制度环境变迁及其演进影响公司现金股利决策的作用机理和传导路径。遵循这一逻辑思路，本书的具体研究思路如下：

首先，在现实世界里，公司财务决策中，公司的融资决策和股利分配决策都是为投资决策服务的次要决策。DeAngelo（2009）指出，公司应通过综合安排现金持有政策、融资政策和股利分配政策，以满足未来遇有价值的投资机会时所引发的非预期资金需求。故而，公司现金股利分配政策与公司的内部资金使用及其面临的融资约束有关。公司通过构建政治关联改变了公司融资环境，最终会通过公司的融资决策间接影响公司股利行为。基于此，本书采用理论分析和模型构建的方法，根据国内外已有的理论基础和经验证据，构建政治关联影响公司股利政策的理论分析框架，在此理论框架下全面探讨政治关联对公司股利政策的影响机理。

其次，现实中政治关联网络的大小（政治关联的广度）与关联官员行政级别的高低（政治关联深度）决定了政府资源分配倾斜行为的影响能力，其对公司的作用机理不同（罗党论，2008；江若尘，2013）。现实中政治关联网络越大，公司获取资源方式就越多；政治关联行政级别越高，在社会网络中节点层次和质量就越高，作为"游戏规则"的制定者，越倾向于承担社会责任，越容易约束自己的行为，较少地直接使用行政力量对公司进行财政扶持（李健，2013）。相反，政治关联的行政级别越低，在税收竞争和政治晋升竞争双重压力下，拥有经济决策权的地方政府官员有更多的动机和能力去帮助本地公司获取融资（黎凯，2007），以此最大化公司利益。基于此，本书基于社会网络理论，将政治关联划分为政治关联广度（政治关系网络）和政治关联深度（权力级别）两个维度，在区分政治关联广度和政治关联深度对公司行为具有差异性影响的基础上，研究政治关联对公司股利政策的影响。

最后，为加强政治关联对股利政策影响推论的逻辑性，本书从公司特征（公司规模、产权性质）与宏观外部环境（货币政策、分红管制政策、地区市场化进程）等多个维度刻画上市公司面临的融资约束程度，探寻融资约束程度不同的公司，政治关联对其股利政策产生的差异影响，以期为政治关联通过资源效应缓解融资约束进而间接影响公司股利行为的论断提供直接的经验支持。

1.4.2 研究内容

本书以政治关联这一非正式制度为研究视角，通过系统地梳理国内外最新研究成果，并结合转型经济背景下我国特定的制度环境特征，遵循从逻辑推理到实证检验，系统关注政治关联、公司股利政策的内在关联、作用路径及其价值效应，在新经济常态化背景下，为揭示特定制度环境影响之下的公司股利行为及影响因素提供理论与实证参考。本书除引言及结论与启示外，主要内容安排如下：

第 1 章为绪论。从现实的经济问题和我国特定的制度环境特征出发提出研究问题。主要阐明了本书研究背景、目的及其意义；对本书涉及的关键概念及其关键变量进行符合现实情况的界定，明确了本书的研究思路、研究内容及其本书的基本逻辑框架，刻画了逻辑框架图下研究内容的结构安排，凝练并总结了本书的研究特色及研究贡献。

第 2 章为文献综述。本章围绕股利政策影响因素及其动机的已有文献进行了梳理与回顾。然后详细回顾政治关联的普遍性、具体目的和动机；为了进一步构建政治关联影响公司股利政策的路径机理，本书分别从公司融资方式，公司生命周期、公司绩效、投资者法律保护等视角展开文献回顾及述评。文献综述为了解政治关联对公司股利政策路径机理提供了基础性的帮助。

第 3 章为理论基础与制度环境分析。本章在对相关文献述评的基础上，首先，系统阐述了自由放任理论到政府干预理论的发展演进过程；再到公司被动适应构建政治关联，详细阐述了公司构建政治关联带来的利弊影响。其次，概括了公司资本配置理论及其历史演进过程；基于中国转轨经济制度背景，分别从融资和股利政策两方面，归纳梳理了我国公司融资行为与股利政策特征及历史演进过程。最后，基于政治关联的"资源效应"和"社会负担效应"两大效应，对政治关联之于公司股利政策的影响机理进行了理论分析，为后续的实证研究提供分析框架与基础。

第 4 章为政治关联、融资约束与公司现金股利政策。首先以中国转型经济下，公司普遍存在融资约束困境为研究背景，基于政治关联的"资源效应"和"社会负担效应"推理分析政治关联对公司融资约束的影响，进而间接影响公司股利行为的路径机理。其次运用我国 A 股市场上市公司财务数据进行实证检验，研究发现政治关联能够有效缓解公司的融资困境；与没有政治关联的公司相比，具有政治关联的公司有更高的现金股利支付意愿、更高的现金股利支付率，但政治关联加剧了公司现金股利的波动性。最后在区分政治关联的广度与政治关联深度的基础上，研究了政治关联对现金股利政策的影响，并拓展性地检验了公司面临不同的融资约束程度，政治关联对现金股利政策的差异性影响。研究发现，政治关联的"资源效应"大于政治关联的"社会负担效应"，政治关联有效缓解了公司的融资约束，进而影响了公司现金股利行为。

第5章为政治关联、货币政策与公司现金股利政策。在转型制度背景和关系主导型社会结构下，微观公司的财务行为不仅受宏观货币政策的影响，而且受广泛存在的政治关联的影响。本章首先在传统的微观影响因素的基础上，从政治关联的"资源效应观"出发，结合货币政策信贷渠道的微观传导机理，推理政治关联和货币政策对公司股利行为的综合影响；其次运用我国A股市场上市公司财务数据进行实证检验，并对实证结果进行讨论分析；最后归纳研究结论并提出规范我国上市公司股利行为的政策建议。

第6章为政治关联、分红管制政策与公司现金股利政策。以当前中国上市公司分红主动性不足制约了资本市场的健康发展为背景，基于中国特有的与再融资资格挂钩的股利监管政策，以政治关联为切入视角，运用"资源互补性"观点推理分析政治关联对分红管制政策治理股利行为的对冲影响；然后进行实证检验，结果发现政治关联抑制了分红管制政策的治理效应。

第7章为政治关联、市场化进程与公司现金股利政策。随着我国市场化进程的不断推进、地区间金融发展水平和法律保护程度渐趋平衡，市场的资源配置功能的有效发挥与公司治理环境的改进，政治关联作为一种非正式制度的重要性及其产权保护替代机制势必弱化。本章通过实证检验，发现随着我国市场化进程的推进，政治关联对公司股利政策的影响效应在纵向时间维度与横向空间维度（地区差异）显著弱化；即在市场化程度低的地区，政治关联对现金股利政策的影响力显著高于市场化程度高的地区。最后得出研究结论，并为规范上市公司的现金股利行为、提升现金股利政策的有效性提出相应的政策建议。

1.5 研究方法与技术路线

1.5.1 研究方法

本书在文献回顾与研究评述的基础上,综合运用规范与实证、定性与定量的研究方法,通过构建模型和实证分析,系统、规范地研究制度环境、政治关联与融资行为影响上市公司股利政策决策动机、行为模式和配置结果,并就内外部治理机制对上市公司股利分配过程中的交互作用进行深入探析。

(1) 规范研究法。首先,通过广泛查阅国内外文献,梳理和归纳关于内外部环境对公司股利政策影响因素及经济后果等方面的已有文献,在此基础上,准确把握这方面的核心理论、最新动态以及研究空白,找到本书研究问题的逻辑起点与深入方向;其次,通过对国内外关于政府干预理论、资源依赖理论、权衡理论、融资约束理论、社会网络理论等系统梳理与成果述评,搭建贯穿本书整个研究过程的基本理论框架,为随后实证模型的构建、研究假设的提出提供坚实的理论基础。

(2) 实证分析法。本书实证研究方法主要体现在本书第4至第7章,选择沪深两市的A股上市公司为样本,利用CSMAR数据库、WIND数据库,运用描述性统计、T检验、多元回归(Tobit回归、Logit回归、OLS回归),实证检验了制度环境、政治关联对公司现金股利政策的综合影响结果。研究结论也为前文的机理分析和研究立论提供了经验证据与支持。

综合运用以上研究方法,既可以充分发挥实证研究和定量分析方法的科学性与客观性特征,又可以兼顾规范研究和定性分析的易理解性与直观性特点。

1.5.2 技术路线

本书整体研究设计遵循如图1-1所示的技术路线。

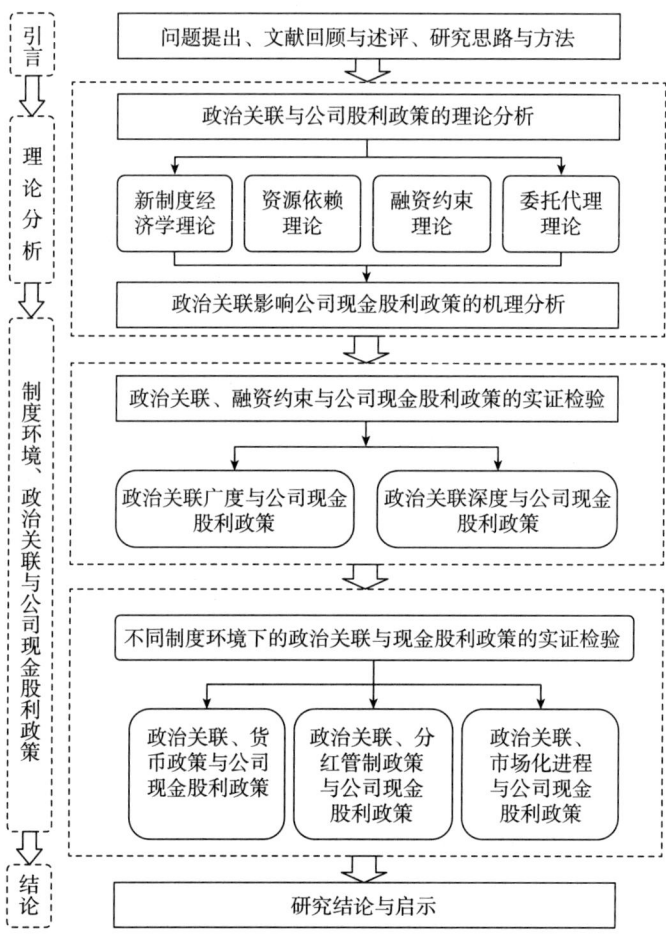

图 1-1 研究技术路线

1.6 研究创新之处

本书基于中国经济制度环境，探究了政治关联对我国公司现金股利政策的影响，与当前国内类似研究相比，本书的创新之处主要体现在以下三个方面：

（1）综观国内外已有文献，围绕"政治关联"这一主题展开上市公司现金股利政策研究的尚不多见。基于此,本书在传统的微观影响因素及正式制度影响因素的基础上,关注了非正式制度(政治关联)对现金股利政策的影响,将现金股利政策的影响因素研究范围进行了有力拓展。

(2)现有文献对政治关联指标的刻画,大多直接采用虚拟变量方法(张敏、黄继承,2009;潘红波,2008;袁建国,2015),只有少量文献分别采用了政治关联网络大小、行政层级差异等较为细化的度量方法。本书构建政治关联指标时,从系统性角度出发,采用"有无政治关联""政治关联网络大小"以及"政治关联层级"差异三种递进式变量刻画方法,增强了本书研究结论的科学性与可靠性,也为上市公司治理和监管的进一步完善提供了经验证据。

(3)进一步地,本书从分配决策的视角,将正式制度(货币政策、分红管制政策、市场化进程)和非正式制度(政治关联)纳入同一个框架研究其对微观公司财务行为的影响,丰富了国内外关于外部制度环境通过内部治理机制作用与公司财务行为的机理研究,也更为清晰、准确地刻画了政治关联影响公司股利政策的作用路径与影响后果。本书的研究完善和填补了宏观外部制度环境与公司财务决策影响的文献。

2　文献综述

本章首先基于文献支撑介绍了股利理论的发展演进；其次从公司股权特征、公司成长机会、公司盈利性、公司代理成本、融资约束、产品市场竞争、制度环境等多个视角详细回顾和评述影响公司股利行为的研究文献；最后详细梳理和评述了政治联系的普遍性及构建政治关联的动机、政治关联与公司财务行为、公司价值等研究文献。

2.1　股利理论的历史演进与股利支付的主要动因

2.1.1　股利理论的历史演进

股利政策作为衡量股市吸引力的重要标志，备受学者们的青睐，Lintner（1956）、Miller 和 Modigliani（1961）提出公司股利分配行为的理论模型和"股利无关论"，为股利研究奠定了理论基石。由于 MM 无关论的假设条件与现实资本市场极其不符合，因此，西方金融学界不断放松 MM 理论的假设条件，从各个角度进行理论研究和实证分析，提出了各种股利理论，如"在手之鸟"理论（Williams，1938；Gordon，1963）、税收差异理论（Farrar 和 Selwyn，1967；Brennan，1970）、股利迎合理论（Baker 和 Wurgler，2004）、生命周期理论（Fama 和 French，2001；Grullon 等，2002；De Angelo 等；2006）。股利信号理论（Signaling Theory）萌芽于 Lintner（1956）的经典股利政策研究。进入 20 世纪 70 年代，随着信息经济学的兴起，通过放松 MM 理论中投资者和管理者拥有相同信息的假定，诸多学者从信号传递的视角分析了现金股利政策（Bhattacharya，1979；John 和 Williams，1985；Miller 和 Rock，1985；Williams，1988；Ambarish，1987；John 和 Williams，1985），并将股利视为管理者向外界传递其掌握的内部信息的一种手段。Rozeff（1982）从控制代理成本的角度，解释了公司支付股利及其公司派发股利的动因。代理成本理论在放松"MM 股利无关论"的委托人和代理人之间无利益冲突假设条件下，认为股利政策是缓解两权分离制度下代理冲突的主要方法，从而将股利政策与公司治理结合起来，同时将自由现金流量概念引入代理成本理论，拓宽了股利政策研究的范围。

股利代理理论和股利信号理论成为 20 世纪 80 年代后股利政策研究的重要流派。Easterbrook（1984）、Jensen（1986）等从第一类代理冲突，即股东和经理人间的委托代理关系出发，将现金股利分配视为解决代理冲突的一种治理方式。Fazzari、Hubbard 和 Petersen（1988）研究发现，长期支付股利的公司相比于不支付股利的公司受到的约束较少。Borokhovich（2005）采用毒丸计划或外部大股东来衡量代理成本，却没有发现提高的现金股利可以降低代理成本。Shleifer 和 Vishny（1986，1997）、Maury 和 Pajuste（2002）、Shleifer 和 Vishny（1997）等则从第二类代理冲突，即控股股东与中小股东之间的代理关系角度研究了股利政策的代理理论，认为现金股利有助于缓解股东与经理之间的代理冲突。Maury 和 Pajuste（2002）对芬兰公司的研究发现股权集中度越高则股利支付率越低，也支持股利政策的代理理论。

Graham（1985）以信息经济学为基础，运用信号传递理论和代理成本理论，基于股权集中度和两权分离度研究公司股利政策。研究发现，股权集中度较高的公司（家族公司、由银行和行业集团控制的大型国有公司），决策者较集中，两权分离程度较低，信息不对称程度较低，股权要求支付的动机不强，对股利传递信息的要求程度也较低（Graham，1985）。反之，股权结构分散，如依靠资本市场融资的美国、英国、加拿大等国公司，代理成本越高（Meckling 和 Jensen，1976），股东越倾向于选取高股利支付政策，以此遏制高额的代理成本。

从"在手之鸟"理论到"股权结构理论"，西方学者对股利政策理论的研究始终没有突破理性行为及有效市场假说的约束，但在实际的投资过程中，人们的情感往往会破坏理性决策。Tverskey（1979）、Miller（1985）、Thaler（2007）、

Shefrin (1984) 等突破了理性行为假设,将行为科学、心理学、社会学等学科的研究成果引入股利政策研究,为股利政策研究开辟了一个新视角。其中,代表性的观点有理性预期理论、自我控制理论、后悔厌恶理论和股利迎合理论。

正如 Fischer (1976) 所说,股利问题像一个谜,不存在一个理论能统一解释股利的问题。诸多股利理论中,股利的信号理论(Miller 和 Rock,1985)和代理理论(Jensen,1986)对现实中股利行为的解释可能最具影响力。但都未能完整解释现实中公司股利行为。国内外学者借助诸多股利理论,从各个视角(从微观公司特征和宏观外部环境)进行实证分析,探讨公司股利行为的存在动因。

2.1.2 公司股利行为的动因之谜——微观公司特征

与以上研究不同,由于我国上市公司所处的独特制度背景和市场环境,基于发达资本市场股利理论的基本假设和逻辑推演无法有效移植到我国并对我国公司的股利行为进行合理的解释、预测和指导。因此,为了与本书的研究背景紧密契合,使研究结论更贴合中国本土环境下对公司股利行为的解释,以下关于股利行为动因之谜的研究文献综述主要围绕中国市场环境相关研究,基于股利理论的演进,关于影响现金股利政策的经验研究在不断充实中愈加丰富。以下拟从公司微观特征因素、外部宏观环境因素等方面对影响现金股利政策的经验研究成果进行全面的梳理。

2.1.2.1 公司特征因素影响——股权结构

在新兴市场和转型经济下的发展中国家,公司股权高度集中,使得我国股权结构对公司股利行为影响与西方股权分散的发达的资本市场,呈现出许多的异质性。学者们基于股权结构对公司股利行为的影响研究主要分为股权分置改革前后两个阶段,分别从大股东持股比例、两权分离度、大股东性质以及大股东之间制衡或合谋的关系等方面进行了研究。就股权分置改革前的经验研究发现,股权集中度与现金股利支付呈正相关关系,第一大股东持股比例和股权集中度对每股股利和股利支付率有显著正影响,并且上市公司股权集中度越高则企业派现倾向越强,而且这种动机不受股东性质的显著影响(阎大颖,2004;徐国祥、苏月中,2005;张传明、徐植,2006;陈洪涛、黄国良,2006;谢军,2006),而第二大股东虽有监督作用但不显著(原红旗,2004)。公司现金股利与流通股比例没有显著关系，非流通股股东更偏好于现金股利（原红旗，2001；陈洪涛、黄国良，2006），而流通股东没有显示对分红公司的偏好（杜伟岸等，2005）。这表明我国上市公司控股股权非流通性与超垄断相互并生的制度性弊端使派发红利成为控股股东转移现金（原红旗，2001，2004）和侵害中小股东的手段之一（阎大颖，2004），并且上市公司股权集中度越高企业派现倾向越强（阎大颖，2004；徐国祥、苏月中，2005；陈洪涛、黄国良，2006），而第二大股东虽有监督作用但不显著（原红旗，2004）。黄娟娟、沈艺峰（2007）研究发现，股权高度集中的上市公司里，管理者制定股利政策主要是为了迎合大股东的需求，广大中小投资者的股利偏好往往被忽视。

因此，就股权分置改革前的经验数据来看，我国上市公司的现金股利政策与国外全流通资本市场表现完全不同，股权越集中，公司派现越强，公司派发现金股利不但未能有效降低控股股东和中小股东之间的代理成本，反而成为大股东侵占中小股东利益的主要"掏空"手段。2006年虽然我国进行了股权分置改革，但股改后，影响上市公司现金股利支付水平的股权结构变量并未发生变化，股改前后都存在股权集中度（党红，2008）。程子健（2015）等从"技术性"因素（样本选择与度量模型）出发，基于股权分置改革特殊制度背景前后的实证研究发现，第一大股东持股比例及第二到第十大股东持股比例与每股现金股利呈显著正相关关系（胡国柳、黄景贵，2010），股权集中度越高，现金股利支付水平越高，但股权分置改革显著削弱了这一影响；且股权分置改革后现金股利的"隧道效应"减弱（刘泽荣、黄文杰，2012）。股权分置改革前后，不同股权结构上市公司的股利支付水平和稳定性也存在差异。而流通（非限售）股比例与每股现金股利呈显著负相关关系（党红，2008；汪平、孙士霞，2009）。罗琦、彭梓倩、吴哲栋（2017）以股权分置改革后样本进行实证检验，在控股股东为非国有股东以及终极控股股东两权分离的公司中，支付现金股利能够显著降低权益资本成本，终极产权性质及其对应的控制权结构是目前影响我国上市公司股利政策制定的主要因素（王毅辉、李常青，2010），因此，上市公司股权结构的合理化调整应成为保护中小投资者利益的重要手段。

2.1.2.2 公司特征因素影响——公司成长机会

就公司的成长机会而言，现金股利的发放与公司的投资计划紧密相关，从现金股利的发放信号中投资者可以判断公司是否具有投资机会及投资机会的多少。Jensen（1986）从自由现金流的角度指出，公司通过提高股利分配可以降低管理层的代理成本，可以使管理层承诺支付更多的未来自由现金流，从而降低无效投资，进而降低自由现金流的代理成本。派发现金股利与投资政策具有相互依赖性，现金股利分配的多寡会直接影响公司留存收益的多少，从而影响公司未来用于资本投资的可用资金，因此，现金股利政策会对公司投资—现金流敏感性产生影响（曾爱民，2013）。Richardson（2006），徐晓东、张天西（2009），李云鹤、李湛（2011）研究发现，自由现金流充裕的公司更容易发生过度投资问题。刘亭立、罗賜洋（2015）考察了自由现金流对过度投资的影响，发现在公司自由现金流充裕的情况下，自由现金流越多，滞后一期过度投资越严重。发放现金股利可减少公司自由现金流，避免资金的非效率使用，从而缓解公司的过度投资。

DeAngelo 等（2006）基于公司生命周期理论，研究公司成长机会对现金股利行为影响，结果表明，在公司初创期，公司面临着大量的投资机会，而自身资源有限，因而公司不得不将收益留存公司用于投资。而当公司进入成熟期后，公司面临的投资机会逐渐减少而累积的利润逐渐增加，公司倾向于派发现金股利以减少留存在公司的现金，以避免公司管理层随意处置而带来的浪费；宋福铁、屈文洲（2010），李常青、彭锋（2009）分别以 2000～2008 年 A 股上市公司数据为样本，采用留存收益资产比度量公司生命周期，发现公司生命周期不同阶段现金股利政策呈现显著的差异：处于初创期的公司投资机会多而自身资源少，更多选择将留存收益用于投资，相反，成熟公司面临投资机会更少，盈利能力反而更强，一般都倾向于支付股利，以减少代理成本。

2.1.2.3 公司特征因素影响——公司盈利性

Darling（1957）指出，公司的股利政策会随着未来盈余预期的变化而调整；盈利能力是公司股利政策的重要决定因素（Fama 和 French，2001）；Benito 和 Young（2003）通过对英国公司股利政策的变化研究发现，股利政策的变化反映了公司的"强烈预期"（Great Expectations）。

孔小文、于笑坤（2003）利用股利信号传递理论，从股利宣告的市场反应及股利信息内涵两个视角，采用累计超额收益率的方法，依据是否支付股利、支付现金股利还是股票股利，以及支付现金股利加股票股利进行分组，结果发现，信号传递理论能够解释我国公司股利行为，支付股利的公司未来盈利预期要好于不支付股利的公司，公司采用不同股利支付方式引起的市场反应不同。李卓、宋玉（2007）基于盈余持续性的概念，实证检验了上市公司的股利支付率即股利支付方式对公司未来盈利能力的信号反应关系，研究发现，我国上市公司的现金股利政策持续性传递公司盈余质量或未来盈利能力的信息。伴随着股权分置改革的深入发展，程帆（2007）研究发现，投资者对股利行为的作用越重视，现金股利的信号传递效用就越大。借鉴Skinner（2008）基于信号理论的模型，高克智等（2010）通过信号理论解释中国公司的派现行为，实证结果表明，派现意愿、派现程度是公司管理层向市场传递的一种信号。公司派现行为具有强的信息含量。同样地，基于股利信号传递理论，王静等（2014）考察了现金股利分配与盈余质量之间的关系，研究结果显示，我国上市公司现金股利政策能够在一定程度上作为一个附加信号向资本市场传递有关公司盈余质量的信息。

吕长江、许静静（2010）根据上市公司发布的股利变更公告，实证检验了上市公司股利政策的信号传递效应，却得出了与以上学者相反的结论，他们发现，我国上市公司的现金股利发放并没有信号传递效应。邓路等（2011）从现金流不确定性视角研究了中国上市公司现金股利公告的信号传递效应，结果显示，企业现金流波动性越强，股利变化公告的市场反应越强。对于现金流波动性强且企业盈利水平差的公司，其股利增加公告将被市场视作不利信号。

2.1.2.4 公司特征因素影响——公司代理成本

源于中国大部分上市公司股权集中度较高和所有者缺位的两大天然特征，我国的学者更多的是将中国的股利政策视为代理问题的产物，在"所有者—管理者"利益冲突和"控股股东—中小股东"利益冲突这两种不同的代理冲突下，产生了两种截然不同的现金股利代理观：一种观点认为，中国上市公司的现金股利支付极有可能是大股东通过现金股利从上市公司转移现金，侵占中小股东权益的手段之一（唐跃军、谢仍明，2006；唐国正，2006；王化成等，2007；贺建刚等，2010），最终会损害上市公司价值；另一种观点认为，中国上市公司支付现金股利有助于缓解自由现金流产生的过度投资、在职消费等代理问题（刘星等，2004；罗党论、唐清泉，2006；魏明海等，2007；罗宏等，2008），起到了降低代理成本、提升公司价值的治理效应（杨熠、沈一峰，2004）。

2.1.2.5 公司特征因素——融资约束

现实中的资本市场达不到 MM 定理关于完美市场的假设,信息不对称导致公司内外部融资成本存在差异,从而产生融资约束问题。在公司留存收益既定的前提下,现金持有、投资支出和股利分配等行为相互制约、此消彼长,融资约束对一种公司财务行为的影响必然会传导至另一种公司财务行为。一方面,当股利支付水平提高时,代理成本随之下降,当公司面临投资机会时,公司会寻求外部融资,与外部融资有关的交易成本则随之上升,因此造成的内外部融资成本差异也相应增大,从而强化了融资约束(Rozeff,1982)。另一方面,公司面临的外部宏观环境和公司微观层面不确定性使公司为了"预防性动机"而持有现金,公司面临的融资约束程度越强,公司会选择持有更多的现金股利(Duchin,2010)。Almeida 等(2004)通过构建一个考虑融资约束的公司流动性需求模型,发现现金持有需求的变化会影响公司股利分配政策的实施,公司融资约束越强,公司就越不愿意派发股利(Campello 等,2010)。因此,公司股利支付水平是代理成本与外部融资产生的交易成本权衡的结果(余亮、梁彤缨,2013)。

余亮、梁彤缨(2013)基于公司融资约束与代理成本的视角研究公司的股利政策,研究发现,在我国资本市场中,上市公司所面临的融资约束促使企业支付较低的股利率,出于减少代理成本的动机促使企业支付较高的股利,二者双重作用下使得股利支付率总体偏低,其中融资约束的作用占据主导地位。事实上,公司融资约束尤其是外部融资约束是影响我国公司持有高额现金(于泽,2017)进行预防性储蓄,不派发和股利支付率低的关键性因素(余静文,2012)。近年来,越来越多的学者开始关注外部宏观融资环境对我国公司股利行为的重要影响。学者们分别基于金融危机时期(Campello 等,2010)、地区因素和货币政策等因素对公司融资约束影响进而间接影响公司股利行为的影响进行了研究。如徐寿福等(2016)以 2004~2013 年 A 股上市公司为研究对象,检验了不同融资约束程度对现金股利分配的影响,研究发现,融资约束程度越低的公司现金股利分配意愿越强,股利分配率也越高;同时发现,在融资约束程度较低的公司,公司的投资—现金流敏感度与现金股利政策显著负相关,结果表明现金股利政策能够抑制融资约束公司中自由现金流产生的过度投资问题。张玮婷等(2015)以财务灵活性视角研究外部融资约束对公司股利行为的影响,研究发现,地处偏远的公司受到外部融资约束的强度更高，公司为了保留公司的财务灵活性，更倾向于不派发股利，研究支持了股利的"结果模型"。全怡等（2016）检验了宏观货币政策和微观融资约束对公司现金股利发放的影响。研究发现，公司面临的融资约束进一步强化了紧缩货币政策对现金股利的抑制作用。

综上所述，无论是股利代理理论还是股利信号理论，都无法完全通过一个理论解释我国公司股利行为之谜。目前，对于中国公司而言，宏观外部环境因素可能是影响公司行为的重要因素，因此，考察公司股利政策往往要与公司所在的外部制度背景相联系。经济的发展、制度环境的变迁以及（势力集团）政策博弈的影响对于公司微观层面的股利行为的影响具有"重要而特定"的影响（Ang等，2009）。在影响公司股利政策的外部环境中，制度背景受到了学者们的高度重视。已有文献从产品市场竞争及法律制度等制度方面进行了深入研究，产生了大量的学术成果。

2.1.3 公司股利行为的动因之谜——外部制度环境

2.1.3.1 产品市场竞争对公司股利行为的影响

Grullon 和 Michaely（2007）开创性地研究了产品市场竞争对股利行为的影响效应，发现产品市场竞争越激烈的行业，公司股利支付水平越高。Wang 和 Chiu（2012）、李常青（2010）分别基于不同国度（美国制造业、中国制造业）的同一个行业进行了分析，得出了相同的结论，即产品市场竞争程度与股利支付正相关，产品市场集中度越强，公司越倾向于派发更高的股利，产品市场竞争度低的行业公司为了持有更多收益以满足公司潜在的发展需求，选择不派发的和派发低的股利政策。这证明，我国产品市场竞争程度与发达的资本市场一致，在一定程度上发挥了治理效应，迫使管理层派发更高的股利以减少公司代理冲突。Ameer（2008）基于马来西亚上市银行的数据研究也支持了产品市场竞争程度在银行业上市公司中发挥着非常重要的作用这一结论。

2.1.3.2 制度环境对公司股利行为的影响

La Porta 等（2000）选取了 33 个具有不同投资者法律保护水平的国家和地区4000 家公司的股利政策，验证了股利政策是投资者法律保护的结果。将以往学者只关注微观层面影响企业股利行为的因素延伸到宏观层面，开创性地拓展了股利理论的应用范围，为现金股利政策的研究开拓了新的视角。之后，学者们基于政府干预理论、融资约束理论、市场微观结构理论等，更多地关注外部宏观制度环境对公司股利行为的影响。例如 Adjaoud 和 Ben – Amar（2010）从股东权利保护视角出发，研究加拿大公司股利政策，发现股东权利的保护是决定高股利政策最重要的因素之一。我国学者李常青等（2010），王志强、张玮婷（2012），魏志华等（2014）实证检验了中国独特的分红管制政策对上市公司分红行为的影响，发现分红管制政策显著提升了公司派发现金股利的倾向。王国俊、王跃堂（2014）以现金股利承诺制度为背景，研究了公司股利行为，发现证监会和市场青睐承诺分红比例高的公司，承诺分红比例高的公司价值更高。张玮婷、王志强（2015）探讨了地域因素影响公司股利政策的理论分析框架。实证证据表明，边远地区公司在受到外部融资约束的情况下，为保持公司的财务柔性，倾向于减少现金股利的发放。雷光勇等（2015）研究发现，政治不确定性显著导致公司股利政策的稳健性调整。祝继高、王春飞（2013）研究了金融危机对上市公司现金股利政策的影响，发现在金融危机期间，为应对未来的不确定性，上市公司会降低现金股利支付水平。杨颖（2010）研究发现，派发股利成为最终控制人攫取利益的手段。魏志华等（2017）探讨了中国独特的分红管制政策对有再融资动机的上市公司分红行为的影响，研究发现分红管制政策显著提高了有再融资动机的上市公司的派现意愿和派现水平。李茂良（2017）以市场微观结构理论的发展为视角，将股票市场流动性纳入公司现金股利政策研究的分析框架，并基于中国 A 股市场 2001～2014 年 2293 家上市公司，系统地检验了股票市场流动性对上市公司现金股利政策的影响。研究发现，上市公司现金股利支付意愿随股票市场流动性降低而显著增强，现金股利支付率亦随股票市场流动性的降低而显著提高。

综上可知，学者们基于经典的股利理论，发现了微观公司特征（股权结构、公司成长机会、公司盈利性、公司代理成本、公司融资约束）与外部制度环境（地域差异、政策法律制度、产品市场竞争）对公司股利行为的显著影响。当然，公司股利行为的影响研究还分散于其他诸多文献研究中，例如 Julio 和 Ikenberry（2004）发现相对较低股利支付率的公司，债务会成为股利的一种替代性公司治理机制。吕长江、周县华（2005），刘志强、余明桂（2009），Jiraporn 等（2011），肖作平、苏忠秦（2012），刘银国等（2015）基于公司治理机制视角，发现公司治理越好，公司支付股利水平越高。雷光勇、刘慧龙（2007）研究发现，在其他条件相同的情况下，市场化程度越高，公司倾向于发放更多的现金股利；市场化程度的这种影响在非国有产权控制的公司中更为明显。熊德华、刘力（2007），林川、曹国华（2010）从迎合理论的角度对上市公司股利决策行为与股票市场的关系进行了实证检验。研究表明，迎合理论对中国上市公司股利政策有较强的解释力。

2.1.4 稳定股利政策的价值效应

股利稳定性是指公司每年的股利波动水平与公司盈余波动水平维系在某一范围之内而不使其发生显著的变化。Lintner（1956）通过调查发现，现实中的公司更愿意维持稳定的股利政策，从而传递公司稳定的股利业绩。西方发达的资本市场，上市公司普遍执行稳定的股利政策（Allen 和 Michaely，2003）。Chateau（1979）、Shevlin（1982）利用 Lintner 模型，研究发现加拿大和澳大利亚公司维持一个稳定的股利政策。Dewenter 和 Warther（1998）利用 Lintner 模型研究发现美国和日本公司也维持一个稳定的股利政策。Knyazeva（2014）、John 等（2014）研究发现，公司保持稳定的股利政策能够积极发挥现金股利的治理效应，并扮演着公司治理的重要角色，是一种传统的公司治理机制。Karpavicius（2014）采用一般动态均衡模型来分析公司的"股利平稳性之谜"，他将股票回购和现金股利同时列入股利支付水平的计算范围，发现实施稳定股利政策的公司价值更高；Brennan、Thakor（1990），Guttman 等（2010）的模型推导结果表明，稳定的股利政策有利于向市场传递公司的盈利能力，进而提升公司价值。Allen 等（2003）认为，公司股利的稳定性有助于缓解管理层与股东之间的代理冲突。DeAngelo 等（2007）认为，较高且稳定的股利支付水平能够使得成熟的公司降低代理成本而不会牺牲（或增强）获得低成本的外部资金的能力。Guttman 等（2010）认为，高管团队采用股利支付水平零变动的股利支付行为，更能减少公司的投资不足，提升公司价值。陈名芹、刘星、辛清泉（2017）首次分析和检验了公司现金股利不平稳程度对我国投资者行为偏好的影响，研究发现，公司股利不稳定程度的增加与整体机构投资者持股数量的减少相关联。

股利稳定性对我国推动中小投资者利益保护和资本市场持续发展有着重要的

理论与现实意义（刘星、陈名芹，2016）。近年来，亦有文献关注我国公司股利稳定性及其经济后果，但是数量较少。例如，Glen等（1995）研究发现，认为新兴市场公司能够制定公司目标股利支付率，但是却不能保持公司股利稳定性。Aivazian（2003）研究发现新兴市场现金股利的稳定性较差。宋逢明等（2010）认为我国上市公司现金股利政策缺乏连续性和稳定性，指出连续稳定的股利政策，能够向投资者传递公司的经营状况和提供稳定的投资回报，向外界传递善待股东的信任效用。李常青等（2014）运用动态面板模型，研究发现在外资股市上市和分红管制政策双重机制约束下有效地提高了现金股利的稳定性。

以上对已有股利政策研究文献进行梳理之后发现，早期研究的视角及其路径大多关注微观公司特征作为"内生互动性"因素来考察对公司股利行为的影响效应，虽已凸显了公司微观结构变迁对公司股利行为的影响，但文献结论颇受研究视角局限；LaPorta等（2000）开创性地研究了33个处于不同投资者法律保护水平下的国家和地区上市公司的股利政策，为现金股利政策的研究开拓了新的视角。此后，各国学者基于政府干预理论、融资约束理论、市场微观结构理论等，更多地将公司股利政策的研究视角转向了宏观层面的公司外部制度环境，并积累了一些具有参考价值的文献。在西方主流研究观点中，良好的法治环境是资本市场发展至关重要的前提（LLSV，1997，1998，2002）。中国作为一个高度政治集权的国家，国有经济仍然占据主体地位，中央政府通过对官员任命、提拔、轮换与交流，牢牢掌握着我国经济、民间、政治事务的方方面面（陈冬华等，2017），显然中国尚缺乏良好的法治环境。正如Allen等（2011）提出，中国等发展中国家的经济增长初期，可能存在一个比拥有成熟法律与金融体系的发达国家更加高效的替代性机制，即非正式制度对中国经济和公司行为的影响可能更为深刻，而现有文献对于这种特定的制度环境差异及宏观经济变迁背景的考量更多关注正式制度对经济及公司行为的影响，对于非正式制度（文化差距、社会资本等）因素对经济及公司行为的影响关注度不够且不够深入，这些局限势必影响其结论的实用价值，而这些恰恰可以成为后续研究需要关注并着意突破的方面。

2.2 政治关联相关文献

2.2.1 公司存在政治关联的普遍性

政治关联是一种全球普遍现象（Leuz 和 Gee，2006；Xu 和 Zhou，2008；Johnson 和 Mitton，2003；Khwajaand，2005；Leuzand，2006；Fan 等，2007；Bertrand 等，2007）。政治关联在法律层面上是完全合法的，它是公司通过政治关联的高管影响政府部门以获取其他公司所不具有的优势（Faccio 等，2006）。已有大量研究表明，一个国家或地区的法律制度健全与否与当地公司政治关联的数量与密切程度之间具有显著相关性。例如，Bartels 和 Brady（2003）、Wang 等（2005）研究发现，公司建立政治关联的动机是由公司自身所处的外部环境所决定的，在金融发展滞后、政府管制较多、司法体系薄弱的地区，公司建立政治关联的动机越强烈。Faccio 等（2006）通过 42 个样本国家跨国搜集了 532 家具有政治关联的公司，统计了各个国家具有政治关联公司的比重，发现印度尼西亚、泰国、俄罗斯和意大利占比为 10%，而政治关联公司的市值占资本市场总市值超过 10% 的有 9 个，其中马来西亚、泰国、俄罗斯和爱尔兰竟然超过了 20%。

综合来看，在法律制度不健全、证券市场发育不完全和腐败盛行的国家，具体如东南亚、东亚国家以及俄罗斯、匈牙利等国家，政治关联更为普遍。

此后，国内外学者围绕公司政治关联对公司行为的影响展开了诸多研究，视角包括：政治关联对公司融资行为（Fan 等，2007；Francis 等，2009；胡旭阳，2006；罗党论、甄丽明，2008；于蔚等，2012；毛新述、周小伟，2015）、信贷资源配置效率（张敏等，2010）、公司权益资本（Boubakri 等，2010；肖浩、夏新平，2010；王俊秋，2013）、公司投资行为（徐业坤等，2013；梁莱歆、冯延超，2010）、公司经营绩效（邓建平、曾勇，2009；唐松、孙铮，2014；田立伟、张伟，2013）、公司价值（Fisman，2001；雷光勇等，2009；邓新明等，2014；贺小刚等，2013）、公司多元化（张敏、黄继承，2009）、公司财务困境救助

(潘越等，2009)、公司税收状况（Adhikari 等，2006；罗党论、魏翥，2012)、薪酬激励与员工配置效率（刘慧龙等，2010)、公司技术创新（袁建国等，2015；党力等，2015)、公司并购策略（杨艳等，2014)、公司社会责任（李姝、谢晓嫣，2014)、公司现金持有（陈艳艳、罗党论，2015)、政府补贴（杜勇、陈建英，2016）等方面的影响。随着我国政府宏观战略规划能力在经济发展中重要地位的凸显，学者们逐渐将视角由研究公司政治关联对公司微观经营行为影响延伸到对宏观经济行为的关注，如资源配置效率探讨（张天舒等，2015)、扶贫项目瞄准（胡联，2017）等行为。

综观国内外已有的研究文献，发现无论是法律制度健全、证券市场发育完善的发达资本市场国家，还是新兴市场经济国家，政治关联都普遍存在，且政治关联对微观公司经营行为和宏观资源配置方面的影响也存在广泛而深远的影响。

2.2.2 公司构建政治关联的动机

政治关联是一种全球普遍存在的现象，公司构建政治关联需要付出一定的成本，那么作为"逐利性"的公司，缘何要努力构建政治关联，是何种原因促使公司构建政治关联，公司构建政治关联具有何种动机？学者们带着这些问题探索公司构建政治关联的动机。

最早提出政治关联这一概念的是 Fisman（2001）在研究印度尼西亚公司与苏哈托家族的关系时提出的。之后引起了越来越多学者的关注。建立政治关联需要付出隐形代价，Bartels 和 Brady（2003）认为，公司所处的制度环境越落后，公司建立政治关联的动机越强。Chen 等（2005)、Faccio（2006)、Chen 等（2011）等研究发现，在股权结构较为集中、金融发展滞后、市场化程度更低或者地方政府具有更多资源配置权的地区的公司更容易建立政治关联。

在新兴市场和转型经济下的发展中国家，由于市场进程的不均衡、金融制度和法律制度的不健全、政府干预的广泛存在等制度环境的约束，因而公司倾向于依赖政治关联等替代性的非正式机制支持公司的发展。罗党论（2009）研究发现，在正式制度越落后的地区，政府干预性越强，公司通过寻求政治关系等降低交易成本的动机越强。郑陆航（2010）认为，政治关联能够帮助公司克服落后的正式制度对自身发展的阻碍，获得更多的贷款、税收优惠和补贴、更多机会进入政府管制行业，有利于公司绩效的提升。余明桂（2010）研究认为，政治关联可能成为公司向掌握资源分配权的权力机构寻租的工具，政府干预越强，公司通过政治关联进行寻租的动机越强，公司绩效越差。罗党论（2013）基于中国转轨制经济背景研究发现，政治行政管理的不确定性、不规范的法律制度，给公司带来很多不确定性的经营风险，为了降低不确定性给公司带来的经营风险，公司只能寻求与政府保持良好的关系。郭剑花（2011）基于政治关联及预算软约束的视角研究发现，政治关联通过缓解公司的资金约束、帮助公司进入壁垒行业，有助于公司获得税收优惠和政府补贴，能够给公司带来一定的经济利益（李维安，2012）。Berkman等（2010）、许年行（2013）考察政治关联是否影响投资者法律保护的执法效率，发现政治关联公司在一定程度上可以规避法律的监管。田银华（2015）研究发现，当制度环境较差时，控股股东更有可能利用政治关联实施利益侵占。

上述研究表明，在转轨经济国家，政治关联与法律制度之间隐含着一种相互替代的关系，若法律制度比较健全，则公司通过构建政治关联向掌握资源分配权的权力机构寻租动机就会减弱；若法律制度比较薄弱，则公司建立政治关联的动机就会更强烈。Goldman等（2009）认为，公司建立政治关联动机在于替代机制，公司政治关联是在市场机制不完善的情况下产生的。可以肯定的是，外部环境尤其是市场环境是影响政治关联程度的重要因素。但替代机制不能完全解释公司构建政治关联的动机，一个明显的事实就是，无论在欧美发达国家还是在市场机制不健全的新兴转轨国家，政治关联都普遍存在，且随着市场机制的不断完善，公司寻求建立政治关联的行为反而越来越普遍（Faccio，2010）。

究其原因，学者们分别依据寻租理论、资源依赖理论、利益相关者理论、委托代理理论、替代机制理论和交换理论从不同层面剖析了公司政治关联行为的形成机理。依据以上理论形成的文献，将公司建立政治关联的动机归纳总结为以下几种观点：①谋求公司发展。这是公司建立政治关联的最主要动机。Keim和Baysinger（1988）发现，公司积极参政议政会带来有利于其持续发展的公共政策；能够获得社会认可和关键资源。当面临发展障碍（如行业壁垒）时，公司也可通过政治关联与政府进行有效沟通，拓宽公司发展空间（Hillman等，2004；

Leuz 和 Oberholzer - Gee，2006）。这是公司建立政治关联的最主要动机。②规避制度风险。对于经济转型国家而言，正式制度的变动通常具有很大的不确定性，这种不稳定的制度环境会给公司带来不确定性风险。公司通过建立政治关联可以及时了解政策动向，以此规避制度风险（Ang 和 Boyer，2007）。③实现个人价值。Christopoulos（2006）等研究发现，在许多国家，公司参政动机会从低层次逐渐转向高层次。公司初创期，公司构建政治关联的动机是获取稀缺资源，公司自身资源积累到一定水平，此时，公司及其企业家希望通过参政议政来展示自己，进而期望把自己推动社会发展和社会责任的有用意见纳入到国家的有关政策中，以此实现个人价值。虽然这种情形目前还不普遍，但代表着一种趋势。如全国政协委员、苏宁控股集团董事长张近东认为企业家参政议政应具有责任情怀，他依据苏宁经营发展和转型过程中的诸多感受，提出议案，希望能给零售行业以借鉴（中国财经网，2017）。④承担社会责任。除了创造利润、对股东承担法律责任外，公司还要对其他相关利益人承担责任。Muller 和 Whiteman（2009）研究发现，为了维系与政府的政治关联、提高对关键资源的控制能力，公司通常会慈善捐款，协助政府度过公共危机，依据交换理论，慈善捐赠额度和频率越高的公司，当公司受到融资约束困扰，公司更容易获得政府的支持（贾明、张喆，2010；李维安、王鹏程等，2015；杜勇、陈建英，2016）。

总体来看，公司建立政治关联的最直接动机是谋求公司发展，但有时现实会完全相反，如有些公司构建政治关联动机为高管牺牲公司利益以谋求个人利益提供便捷的通道。在我国，由于信贷歧视和制度约束，民营公司构建政治关联的动机比国有公司动机更加强烈，构建政治关联为"规避制度风险"的行为动机一般比国有公司强。西方发达国家，公司积极构建政治关联的动机，更多的是基于"承担社会责任"。即使对于同一个公司，在不同的生命周期，构建政治关联的动机也可能存在较大差异：在公司初创期或经济效益差时，建立政治关联的动机更多是为了"谋求公司发展"；处于成熟期的公司积极"承担社会责任"的行为动机会越来越明显。

2.3 政治关联与公司财务行为

2.3.1 政治关联与公司融资行为

转型时期的中国,地方政府及官员对地方经济发展具有巨大的影响力和控制力(周黎安,2007);一些重要的资源以及行政审批、土地征用、贷款担保、各项政策优惠等均掌握在地方政府手中(周黎安、陶婧,2009),因而对于公司而言,培育政治关联显得至关重要(Li 等,2008)。政治关联作为对正式制度的替代保护机制,能够获得公司发展关键资源,降低公司融资约束。已有许多文献关注政治关联对公司融资行为的影响,且研究成果颇为丰富。

来自美国(Houston 等,2011)、马来西亚(Johnson 和 Mitton,2003)、巴基斯坦(Khwaja 和 Mian,2005)、泰国(Charumilind 等,2006)、巴西(Claessens 等,2008)以及跨国研究(Faccio,2007;Boubakri 等,2009)的经验证据都表明,政治关联显著提高了公司的信贷获得能力,具体表现为贷款金额增大、贷款成本降低和债务期限延长(于蔚,2012)。除了银行信贷方面的融资优惠,政治关联还能显著降低公司的股权融资资本(Boubakri 等,2010)。政治关联的存在可以给公司带来更优惠的贷款条件,包括:融资上的便利(Faccio,2007)。Leuz 和 Gee(2006)发现政治关联会影响公司的融资策略,政治关联较强的印度尼西亚公司不太愿意去国际资本市场融资(张小丽,2014),因为国有银行可以为它们提供更低成本的贷款,而且去国外发行证券要求信息披露的范围更广以及审查更严格,而有关公司的信息披露越少越有利于政治关联的利用。Infante 和 Piazza(2014)以意大利上市公司 2005~2009 年数据为样本,发现具有地方政府背景政治关联的公司可以获得较低的银行贷款利率,并且这种贷款效应在当地信贷官员的自主决策权较高时更为显著。Faccio(2006)研究了 450 个不同国家的政治关联公司,发现政治关联较强的公司融资更为容易,可能是因为它们有来自政府的隐含担保以及违约的概率较低。Jiang(2009)研究了 1997~2006 年来自

20个国家的530家有政治关联的公司,发现政治关联可以减少风险,这就解释了为什么银行愿意对政治关联的公司放宽授信限额。Yeh等(2010)发现有政治关联的公司能以较低成本从银行获得贷款。

结合我国新型加转轨的制度背景,国内学者基于政治关联对公司融资行为的影响,主要从公司贷款能力及权益资本成本等方面进行考察。于蔚等(2012)探讨了政治关联缓解民营公司外部融资约束的微观作用机理,研究表明,政治关联确实能缓解公司融资约束,其核心机制在于信息效应和资源效应。同时,政治关联有助于强化民营公司的资源获取能力,切实提高公司的未来总收益的资源效应。张敏等(2010)以我国民营上市公司为样本,研究了政治关联对信贷资源配置效率的影响。研究结果表明,政治关联公司更易于获得长期贷款,Du(2010)则以中国2001~2009年发行新债券的1672家公司为研究对象,分析了政治关联对债券发行的影响。实证结果表明,对于那些具有较差信息环境的样本公司,政治关联有助于提升债券发行公司的声誉,从而获得债券发行便利。何镜清等(2013)以金融危机背景下公司政治关联对公司债务及公司价值影响,研究发现,具有政治关联的公司获取贷款比率更高,期限更长,更进一步研究发现,公司政治关联程度越高,政治关联在金融危机中的贷款效应越明显。李姝、谢晓嫣(2014)从民营公司社会责任战略性运用的视角,研究我国民营公司的政治关联、社会责任与债务融资之间的关系,研究发现,政治关联能给公司带来贷款,特别是长期贷款的融资便利,地方性政治关联与长期贷款的正向显著性比中央性政治关联更强。毛新述、周小伟(2015)从公开债务融资选择、规模和期限三个维度,实证检验了政治关联与公开债务融资的关系,研究表明,政治关联更有利于公司获取公开债务融资。李健、陈传明(2013)研究发现,政治关联能够帮助公司获得融资优惠,获取更多的长期债务。Chung - hua Shen(2015)以台湾上市公司1991~2010年数据为样本,发现具有政治关联的公司能够更有效地缓解公司的融资约束。李维安、王鹏程、徐业坤(2015)以2007~2010年1489家民营上市公司为样本,考察了政治关联和政府的作用。研究发现,民营公司慈善捐赠有助于债务融资。

关于政治关联对公司权益资本成本的影响,Francis等(2009)以中国股票市场新上市的公司为样本,研究了政治关联对公司首次公开募股(IPO)过程所产生的影响。研究发现，有政治关联的公司在发行股票的过程中获得了明显的好处，包括：较高的发行价格、低抑价和较低的固定成本。肖浩、夏新平（2010），苏忠秦等（2012）研究了政治关联与权益资本成本间的关系，研究发现，政治关联在政府干预比较严重的公司能提高权益资本成本。结果说明政治关联对多数公司的权益资本成本具有负面影响。赵峰、高明华（2012）以中国民营上市公司为样本，实证研究发现，政治关联可以显著降低民营上市公司的权益资本成本。邹颖、杨晓玮（2014）以公司外部治理环境——金融生态环境为视角，研究表明，总体而论，公司通过建立政治关联可以降低股权资本成本，金融生态环境好的地区，政治关联对股权资本成本的降低效应弱于金融生态环境差的地区；金融生态环境越差的地区，政治关联对股权资本成本的降低效应越强。赵峰、高明华等（2011）基于法与经济学的视角，构建模型研究了我国公司的政治关联、法律制度与权益资本成本之间的影响关系，研究结论与肖浩、夏新平（2010），苏忠秦等（2012）一致，政治关联提高了公司权益资本成本，法律保护水平与民企权益资本成本负相关。

2.3.2 政治关联与公司投资行为

投资作为公司重要的财务行为之一，在政府干预法律制度不健全的国家，公司的投资决策会更加依赖于其与政府之间的关系（Durnev，2011）。由于政府承担了较多的政策性负担，以及受到政府官员（尤其是地方政府官员）政治晋升目标的驱使，地方政府部门有能力和动机去干预所辖区域内公司的投资行为，从而使公司"欲取之，必给之"。基于此，研究政治联系对公司投资影响亦有很多有价值的文献，这些文献主要运用价值依赖理论和利益交换理论，解释了政治关联对公司投资行为的影响机理。

国内外许多学者从不同视角关注了政治关联对公司投资行为的影响，发现政治关联对公司投资影响存在"积极"或"消极"两种可能影响。政治关联对公司投资影响存在"积极"影响的路径机理是政治关联能够获得融资优惠、获得政府财政补贴（苏忠秦等，2012；余明桂、潘洪波，2008；蔡卫星等，2011），以及进入政府管制行业（胡旭阳，2006），从而有助于公司扩大投资。张敏等（2010），连军等（2011），蔡卫星等（2011），钱先航、李维安（2013）等以民营上市公司为样本，亦发现，政治关联能够帮助民营公司获得更多的资源和政府支持，在其他同等条件下，相比没有政治关联的公司，有政治关联的公司投资支出越多，政治关联度越强，公司投资支出则越多；Chen 等（2009）、潘克勤（2013）分别以我国民营公司以及家族公司为对象研究政治关联对公司投资行为的影响，发现政治关联能够为公司带来融资便利和更多的投资公司，从而提高公司投资效率。潘克勤（2013）结合央行金融政策变化特征与民营上市公司实际控制人政治身份背景，实证分析了银根紧缩季度公司急需资金的银行贷款满足程度及投资效率，研究发现，银根紧缩时期通过政治关联获得的银行贷款，其本季度及下季度的投资效率均得到改善。李维安（2016）实证分析了地市级政府面临的政绩压力对民营公司投资的影响，研究发现，政治关联弱化了政绩压力对民营公司投资的推动作用，地方政府面临较大的政绩压力特别是经济增长压力时，政治关联民营公司过度投资程度相对较低。以上研究支持了政治关联对公司投资存在"积极"影响，即为政治关联"扶持之手理论"提供了实证支持。

另有学者研究认为，政治关联未必对公司投资行为有"积极"影响，他们研究发现，公司通过构建政治关联，能够获得更多低成本的资源，导致公司管理者过度自信，从而加剧了公司的过度投资，降低了公司的投资效率。如胡国柳、周遂（2012）通过运用 2006~2010 年上市公司的管理者个人背景数据以及投资数据样本，考察政治关联所导致的过度自信心理同公司非效率投资之间的相关关系进行实证研究。结果表明，在政治关联所引起的管理者过度自信心理的作用下，公司会加剧其过度投资水平，而缓解其投资不足状况。蔡卫星等（2011）对具有政治关联民营公司的研究发现，政治关联的资源效应和政府支持会导致政治关联的公司投资过度，并且政治关联度越高，公司过度投资行为越严重（李传宪等，2013）。梁莱歆、冯延超（2010）研究发现，民营公司的政治关联使其投资时受到的资金约束较小，政治关联公司更可能盲目扩大投资规模，导致过度投资。徐业坤、李维安（2016）实证分析了地市级政府面临的政绩压力对民营公司投资的影响，研究发现，政治关联弱化了政绩压力对民营公司投资的推动作用，地方政府面临较大的政绩压力特别是经济增长压力时，政治关联民营公司过度投资程度相对较低。张功富（2011）研究政府干预、政治关联对公司非效率投资行为的影响，研究发现，政府干预一方面会加剧自由现金流量充足公司的过度投资，另一方面可以有效地缓解融资约束公司的投资不足。徐业坤、李维安（2016）研究认为，地方政府以行政方式推动民营公司投资扩张是造成投资过度和产能过剩的重要原因。这为政府"掠夺之手理论"提供了实证支持。

2.3.3 政治关联与公司股利行为

公司现金股利分配既受公司留存收益的制约，又与公司外部融资约束程度密切相关。融资约束程度不同的公司对留存收益的使用存在差别，导致其依赖于留存收益的公司财务行为表现也不尽相同，如投资决策、现金持有及股利分配等。由于信息不对称和代理冲突的客观存在，使得公司的内外部资金存在成本差异，从而产生了融资约束问题，而政治关联资源效应能够有效缓解公司融资约束，从而通过"放松"公司融资约束进而间接影响公司的现金股利分配行为。如Jaffee 和 Russell（1976）、Stiglitz 和 Weiss（1981）提出，金融市场的信息不对称和代理冲突会导致公司的外部融资受到信贷配给不足的约束，与没有政治关联的公司相比，具有政治关联的公司更容易得到政府补贴或获得政府拨款等，银行等金融机构也更愿意为这些公司提供外部融资，从而比没有政治关联的公司更具有竞争优势，受到的融资约束程度更低。为了传递公司盈利预期，具有政治关联的地方国企和民营公司会选择派发更高的现金股利（Su 等，2014）。

相较于政治关联对公司投融资行为的影响研究，关注政治关联对公司股利行为影响的文献相对较少。国内只有少量学者探讨了政治关联对公司股利行为的影响。例如，于蔚等（2012）指出，政府对金融资源的配置仍存在过度干预行为，使其带有强烈的政策偏向性，而政治关联可引导这种偏向性，使得政治关联公司的融资门槛及融资成本均显著降低。当公司面临的融资约束程度越低时，现金股利分配意愿越强，股利分配水平也越高（徐寿福，2016）。刘金星（2013）以沪深证券交易所上市的民营公司为样本，对终极控制股东的政治关联影响现金股利进行了实证研究，结果发现，拥有政治关联的终极控制股东能够显著提高现金股利的支付意愿，现金股利的支付意愿与政治关联的层级显著正相关，但对公司股利支付率没有显著影响。

综上所述，国内外学者主要从公司财务特征、公司治理机制、投资者法律保护、经济周期变化等视角对公司股利的影响因素进行了深入研究，影响条件变量逐步增多，样本数据从上市公司扩展到一般公司和中小公司，各种影响条件及其相关关系得到了比较全面的展示；与此同时，国内外学者从信息不对称和代理问题两个角度对公司的股利政策及价值效应展开了大量研究，形成了持续稳定派发股利的公司价值较高和与公司价值无关的两种不同的观点。近些年来，经济学界开始关注普遍存在的政治关联与企业行为的问题。已有大量文献探讨了政治关联的偏袒效应和负担效应对公司价值、公司投融资行为、公司多元化、公司并购等方面的影响研究，仅有少量文献关注政治关联对公司股利行为的影响，但对政治关联影响公司股利行为的路径结构认识却很含糊，也缺乏清晰的路径勾画，而且对于我国特定制度背景差异和宏观经济形势的变迁没有进行深入考量，而这正成为后续研究着力突破的方面。

2.4 政治关联与公司绩效或公司价值

政企关系不仅是我国改革的难点，而且广受经济学界关注，从理论上讲，政治关联既可能提升公司价值，也可能损害公司价值，甚至政治关联与公司价值是否互不影响。为了探究两者之间的关系，国内外学者从多个视角对政治关联与公司价值的关系进行了诠释。

2.4.1 政治关联提高公司绩效或公司价值

Granovetter（1985）研究指出，即使在现代资本主义社会中，社会关系网络包括政治关联，仍然是资源分配和其他经济行为的一个关键因素，公司热衷于建立政治关联是因为它被认为是有价值的。Leuz 和 Gee（2006）研究了印度尼西亚的公司，发现较强的政治关联可以提升公司价值。Goldman 等（2009）认为，政府官员可以通过授予公司利润丰厚的政府合同、对国外竞争对手施加关税或降低监管要求等方式来影响公司价值。Jiang（2008）针对美国上市公司的实证研究表明，政治关联对公司价值的提升是显著的。Boubakri 等（2008a）用文献证明，安排政治家或者与政府有关联的企业家进入上市公司的董事会能提升公司绩效和抗风险能力。Niessen 和 Ruenzi（2010）研究发现，德国的政治关联公司无论是在账面中还是在股市中都有很好的业绩表现。Wong（2010）以香港上市公司为研究样本，发现了与他们所提出的"官商合谋"假设相一致的证据，即无论以股票回报率还是以市值账面比来衡量，政治关联确实可以提高公司价值。Braggion 和 Moore（2010）以维多利亚时代后期的 467 家英国公司为样本，发现有一半左右的议员在私有公司的董事会任职，在公司任职的政治家们可以提高采用新技术的公司的价值。Faccio（2006）认为，政治关联能够提高公司价值。Faccio 等（2006）认为，政治关联有助于公司获得相关资源，公司出现财务危机时更容易获得政府救助从而带来公司价值的提高。

吴文锋等（2008）以高管政府背景作为政治关联的度量指标，发现在政府干预市场严重的地区，高管的地方政府背景能显著增加公司价值。罗党论和黄琼宇（2008）的实证研究表明，无论采用托宾 Q 值还是买入并持有超额回报来衡量公司价值，民营公司的政治关联对公司价值都有显著的正面影响，有政治关系的民营公司价值更高。姜跃龙（2008）研究发现，具有政府背景的高管继任之后，公司价值显著高于不具有政府背景的高管所继任的公司价值。雷光勇等（2009）通过实证研究发现，政府干预指数、法治水平指数与公司价值显著正相关，即政府干预越少、法治水平越高，有政治关联的公司价值越高。郑路航（2010）以中国 A 股上市公司为样本，发现独立董事的政治关联程度与托宾 Q 值度量的公司价值存在显著的正相关关系，这表明独立董事的政治关联是一种重要的政治资源。余明桂和潘红波（2008）研究发现，政治关联有助于公司获得相关资源，且存在资源效应，从而带来公司价值的提高。邓兴明（2011）以我国2002~2005 年在沪深证券交易所上市的民营公司为样本，综合考察了政治关联与多元化对公司绩效的共同影响，研究发现，无政治关联公司的多元化与公司业绩关系呈倒"U"形，具有政治关联的公司多元化与公司业绩关系呈逆"L"形。李健等（2012）基于社会资本互惠交换理论，从政治关联的层级差异形成了公司在竞争战略层面提升公司价值的具体路径差异视角出发，实证研究表明，企业家中央政治关联与地方政治关联都能正向显著影响公司价值。黄新建、王婷（2011）选用中国 A 股沪市非金融类民营上市公司 2004~2008 年的数据，发现公司的政治关联能够提高公司经营业绩，且业绩较好的公司更能发挥出"政治关联"带来的资源优势。田利辉、张伟（2013）基于"社会负担效应""产权保护效应"和"政府偏袒效应"三大假说，发现公司产权性质不同，政治关联效应不同。在国企中，政治关联不仅引致政府偏袒，而且带来社会负担；在民营公司中，政治关联不但有助于产权保护，而且有助于获得政府的关照，总体而言，政治关联有助于提高我国上市公司的长期绩效。曾萍、邓腾智（2012）采用 Meta 分析的方法对国内外学术界有关政治关联与公司绩效关系的 33 篇文献进行了归纳研究，结果表明，政治关联与公司绩效之间有着复杂的关系，一般而言，政治关联对于公司的价值有着积极的影响，而对财务绩效的影响不明显；但是在中国，政治关联对公司的价值和某些财务绩效指标都有显著正面影响，且这种影响高于总体水平。田利辉、叶瑶（2013）研究发现政治关联和公司绩效之间在总体上呈现正相关关系。然而，政治关联和民营控股小公司的公司绩效之间却为负相关关系。郑建明等（2014）以 2006～2010 年 A 股上市公司为研究样本，研究了高管的政治关联及其结构特征对多元化行为及公司价值的影响，研究发现，当公司是为了突破进入壁垒而主动利用政治关联进行多元化的情况下，政治关联才会显著地提升多元化公司价值。

较新的研究成果如余汉等（2017）将民营公司中含有的国有股权视为一种重要的政治关联机制，研究发现，民营公司中含有的国有股权能够像企业家参政一样，提高公司绩效，其作用机制在于，国有股权依靠其与政府的天然联系，为民营公司起到制度层面的声誉担保作用，能够帮助民营公司发展获取较多的经济资源与发展空间。李津津等（2016）通过 2010～2013 年中国 A 股上市公司的经验分析发现，公司的政治关联产生了两大效应：创造性生产抑制效应和关系型资源偏袒效应。创造性生产抑制效应阻碍了公司绩效的提升，而关系型资源偏袒效应则通过帮助公司获取关键资源促进绩效的提升，总体而言，二者双重作用下使得公司绩效整体水平提升。邓新明等（2016）基于政治关联对公司进入对方所在市场行为影响的逻辑，将市场互换性作为调节变量，结合相互容忍假说，结果表明，政治关联可以降低市场进入壁垒，使公司达到主动增加与其主要竞争对手多点接触程度的目的，进而对公司绩效有积极的影响。以上最新研究拓宽了政治关联的研究领域。为进一步全面理解在中国经济转型时期混合所有制结构对公司的影响提供了一个新视角。

2.4.2 政治关联损害公司绩效或公司价值

与上述文献相左，Shleifer 和 Vishny（1994）构建的模型表明，如果政治家只顾追求自身政治利益，例如：政治家让国有公司过度雇佣工人、支付超出市场水平的工资等以赢得选举支持，导致公司建立政治关联的边际成本超过了边际收益，使经营决策偏离了股东利益最大化，那么就会有损于公司价值。Faccio 等（2006）、Fan 等（2007）研究认为，虽然政治关联能够带给公司很多的利益，但是具有政治关联的公司业绩却远低于非政治关联公司。Fan 等（2007）研究了中国的国有上市公司，他们发现任命有政治关联的 CEO 非但没有增加公司价值，反倒有助于政治家达成自己的政治目标，使得政府更容易扮演"掠夺之手"的角色，有政治关联公司的经营业绩比没有政治关联公司的经营业绩差。Bertrand 等（2007）研究发现，有政治关联的法国公司 CEO 会调整雇佣员工数量以及生产计划以帮助现任的政治家竞选连任，而这对公司价值是具有破坏性的。Menozzi 等（2010）以意大利国有公司为样本，研究了董事会组成和政治关联对劳动力需求和公司价值的影响，发现董事会规模较大和有政治关联的公司会过多地雇佣工人。Claessens 等（2008）发现政治关联会促使公司过度投资，导致投资效率低下，进而损害了公司价值。

在转型经济背景下，我国地区化发展不平衡及公司产权性质的不同，部分学者从不同视角研究了政治关联对公司绩效的影响，研究发现，政治关联损害了公司价值。如梁莱歆、冯延超（2010）以中国民营公司为样本，发现政治关联民营公司的雇员规模、薪酬成本均显著高于非关联公司，这表明政治关联民营公司受到了政府为扩大就业、促进社会稳定而进行的政治干预。姚德权、章剑辉（2014）以中国沪深两市 A 股民营公司为样本，考量政治关联和制度环境对民营公司贷款融资及绩效的影响。结果显示，具有政治关联的民营公司能够得到更多的贷款融资，政治关联层级越高，获得的贷款越多，政治关联所带来的贷款效应在制度环境越差的地区表现越强，民营公司政治关联的贷款效应与公司绩效显著负相关。邓建平、曾勇（2010）以我国 2002~2006 年上市民营公司的 2002~2006 年数据为样本，实证分析了政治关联与公司经营绩效的关系。在控制了政治关联与公司经营绩效存在的内生性关系后，研究发现民营公司的政治关联程度越高，公司的经营效率越差；实际控制者的政治关联程度越高，公司的经营效率也越差。任广乾、汪敏达（2010）以转轨经济中的中国上市公司行政型治理逐步弱化，但制度环境还很难适应高度的经济发展，政治关联会在一定程度上弥补制度环境的不完善为研究背景，并利用权利距离对样本公司前十大股东进行赋值，以此界定上市公司的政治关联度，并对政治关联度和绩效之间的关系进行了分析。研究结果表明，上市公司的政治关联度呈西高东低的趋势；政治关联对公司绩效的影响随公司所处的外部制度环境和公司产权性质的不同而不同，总体而言，上市公司的政治关联度与绩效之间存在倒"U"形关系。张天舒等（2015）基于我国经济转型的制度背景，利用中小板上市公司数据，就政治关联对风险资本投资的影响及其绩效进行了考察。研究发现，因良好的政治关系有助于公司成功上市，风险资本更倾向于投资政治关联公司，且这一倾向随着公司政治关联级别的升高而加强。基于上市后绩效的分析显示，对于政治关联公司，风险资本投资的积极作用减弱，表现为上市后较差的会计业绩和股票收益。陈维等（2015）以 2002~2012 年在沪深两地上市的中国上市公司为样本，探讨各类、各层级政治关联对公司获取政府扶持的影响，研究发现，长远来看，税负优惠与政府补助等扶持政策未必能帮助公司提升竞争优势和业绩，而政治关联所带来的扶持政策则削弱了公司的竞争优势，降低了公司业绩。

综合上述分析，已有研究采用差异性的方法度量政治关联，基于不同样本从多个视角研究了政治关联对公司绩效的影响，虽然研究样本的不同会导致研究者得出的结论有较大差异，但从总体来看，无论是从实证角度还是从理论角度，大多数学者支持第一种观点，即政治关联对公司价值有正面影响。

2.5 研究述评

通过对相关研究文献的梳理可以发现，作为主要的新兴转型经济国家，政治关联作为一种非正式制度对公司的财务行为、经营绩效有重要的影响。到目前为止，国内学者对于政治关联与公司财务行为的影响，主要根据公司的发展阶段和公司产权性质特征分类进行研究,更多地关注公司面临不同的外部融资环境,政治关联对公司融资行为、公司投资行为及公司价值的影响。研究视角的差异,导致结论的迥异。即一部分学者认为,政治关联的资源效应能够有效缓解公司的融资压力,但是资源的低成本和易获得性加剧了公司非效率投资,政治关联损害了公司价值。另一部分学者认为,政治关联有效缓解了公司的融资约束,使公司有充足的资金投资研发创新,从而提高公司价值。总体而言,学者们倾向于政治关联的资源效应能够有效缓解公司的融资压力,提升公司投资、研发创新的积极性,其作用机理可以概括为:高管政治关联—资源获取—资源投入—创新绩效(罗明新,2015)。

然而,鲜有文献关注政治关联对企业股利行为的影响。本书以中国上市公司为研究对象,结合中国制度环境,研究政治关联对公司股利政策及价值效应的影响,有力地拓展了政治关联经济后果的研究文献,使本书在具有理论价值的同时更凸显现实意义。研究结果有助于我们更深入地理解政治关联对微观公司行为的影响机理,是对现有研究的进一步丰富和补充。

2.6 本章小结

本章围绕"政治关联影响股利政策"这一研究主题,围绕公司股利政策各内、外部影响因素与政治关联之间的关系研究,追溯了国内外最新的文献进展,在进行研究评述的基础上,指出研究的空白与不足之处。本章研究目的除了简略勾勒出政治关联影响企业股利行为的已有雏形以外,更重要的是为后续分析逻辑的立题与研究设计的展开,夯实学理上的基础性与必要性。当然,由于笔者学识、精力所限,不免有遗漏之处;此外,出于结构安排及受篇幅限制,在某些理论或问题的研究上可能只是简略地提及,相关的经典或重要参考文献并未详尽论述。

3 理论基础与制度环境分析

中国政府在经济发展中的作用,特别是宏观战略规划能力和资源配置权利,受到了越来越多的关注并对微观财务行为产生了深刻的影响。在中国式经济增长的进程中,作为"幕后推手的"政府始终有一只"闲不住的手",公司的行为必然会深受其影响。本章首先概括介绍了从"看不见的手"到"闲不住的手"的理论演变,再到政府干预理论的"扶持之手"观点,系统阐述了政府干预理论及其发展演变过程;其次分析了政治关联的形成机理;再次从融资和股利分配两方面,分别介绍了公司融资理论和股利分配理论及其发展演进过程,并以中国转轨经济制度为背景,分析我国公司融资和股利行为的特征及其影响动因;最后依据资源依赖理论、权衡理论、融资约束理论及代理理论,对政治关联影响公司股利政策的机理进行了简要分析。

3.1 从"自由放任理论"到"政府干预理论"的历史演进

目前,公司政治关联行为在世界各国普遍存在,特别是在产权保护较弱的国家或地区(Chaney,2011)。近年来,公司政治关联行为已经引起国内外许多学者的关注并成为国内外学者研究的焦点。这种行为产生的根本原因在于,市场这只"看不见的手"离不开政府那只"看得见的手"的管理和监督。因此,要探究公司的政治关联问题,首先要回顾政府干预理论。

政府在经济发展中的定位,大致可以分为以下两大阵营,以亚当·斯密为代

3 理论基础与制度环境分析

表的自由放任主义和以凯恩斯为代表的政府干预主义。自由放任主义主张政府不应干预经济生活，市场是万能的，自由竞争是市场上那只"看不见的手"，自发地调节生产的进行，在市场这只"看不见的手"的指引下，无须政府干预，市场将把大部分事情做好，整个经济领域会自发达到完美均衡。

政府干预理论的兴起是源于20世纪20年代末的资本主义国家经济发展由盛转衰，且以空前规模的大危机造成自由市场的全面崩溃，面对周期性经济危机的不断爆发，凯恩斯提出了政府参与经济管理的主张。即政府干预理论，政府干预学派力主国家应该利用行政手段、法律制度的经济调控手段管理经济，以弥补市场经济本身难以克服的缺陷。他们对政府与市场的关系作了比较系统的研究，并建立了一套政府干预理论体系。主要归纳为：

（1）市场失灵理论。20世纪30年代的经济危机，使人们逐渐认识到市场的局限性。尽管采用市场手段配置资源是一种最佳方式，但这种最佳方式是基于完全竞争的市场或充分竞争市场的假设前提之下，才被认为是对经济资源的配置最富有效率。但是在现实经济中，是不可能全部满足完全竞争市场结构假设的垄断、外部性、信息不完全和公共物品领域，仅依靠价格机制来配置资源无法实现效率——帕累托最优，出现了市场失灵。当市场失灵时，为了实现资源配置效率的最大化就必须借助于政府的干预，这实际上已经明确了政府干预经济的调控边界。Gulick（1962）亦主张，当市场"这只看不见的手"失灵时，政府这只"闲不住的手"就应该采取积极恰当的干预行动。

市场失灵理论是政府干预主义的理论起源，许多学者以市场失灵理论为基础，进一步从垄断、公共物品、外部性和信息不完全的视角拓展和深化政府干预理论。

（2）垄断理论。自然垄断一般是指热水、自来水、通信、电力、邮政、天然气、煤气、铁路、电视及广播等行业具有自然垄断属性。自然垄断产业基础设施的固定成本高，具有显著的规模经济和外部经济性，为社会经济活动和民众生活提供了基础性、稀缺性的公共商品和服务，因而应当排除或限制竞争。Adams（1887）把产业分为规模报酬不变、递减、递增三种类型，并认为自然垄断产业属于规模报酬递增的产业，应当实行政府管制，以维护大规模生产的经济效益优势。

(3) 公共利益理论。该理论的立论基础是"市场失灵"和"福利经济学"。斯蒂格利茨认为，在公共产品的供给和生产方面，政府建立公司，亲力亲为，进行"政府生产"，或者"政府提供"。公共产品服务于公共大众，目的在于追求公共利益，与私人部门追求利润最大化完全不同。政府干预的目的是为了克服市场失灵，提高资源配置效率，实现社会公平正义和福利最大化。

(4) 外部性。(Externalityy) 外部性又称为溢出效应、外部影响或外差效应，指一个人或一群人的行动和决策使另一个人或一群人受损（负外部性，Negative Externality）或受益的情况（正外部性，Positive Externality）。Mill（1848）分析了"灯塔效应"：虽然建造灯塔的人是为了私人利益，但是建造好的灯塔可以为来往的船只照亮，而无须向灯塔主人交费，由于无法向过往船只收费，很少有个人会为了私人利益而建造灯塔，都希望成为"搭便车"的免费用户，此时，为了过往船只顺利、安全地通过，政府要么通过征税方式给予修灯塔的个人以补贴，要么修建灯塔、维护灯塔的职责成为政府应当承担的职责。庇古（1928）提出"庇古税"方案：如对有污染的公司（造纸厂和钢铁厂）向外部排污，就会对周围环境造成污染，产生了负外部性，为了保护环境免受污染，政府就要对排污者进行征税或"排污收费"。对产生负外部性的公司或个人，课征相当于其所造成的外部成本的税收，这样外部成本便成了当事公司或个人的内部成本，即实现了负外部性的内在化，从而迫使其决策时必须考虑该成本。

综上所述，外部性在现实经济中广泛存在。无论是正的外部性还是负的外部性，都会导致市场失灵，影响市场资源配置缺乏效率，在现实经济中，市场参与者和公共部门都以各种方式对外部性进行治理，政府可以采用直接管制、税收和补贴等方式来解决外部性问题。从而使资源配置达到最优化，使整个社会的公共福利得到增加。

(5) 信息不对称理论。该理论是由James和William（1966）提出的，他们认为完全竞争自由市场下的"交易各方拥有完全对称的信息"假设前提不符合现实，揭示了信息不对称情境下的市场失灵问题。该理论认为信息不对称会引起"道德风险"和"逆向选择"，使市场无法实现对资源的优化配置，而造成信息不对称的原因主要包括：拥有信息优势的一方对信息的封锁或故意误导其他交易者；搜寻成本在一定程度上阻碍了信息劣势方对信息的搜寻；各交易主体接受信息和理解信息的能力存在一定的差异。

Stiglitz（2002）运用一系列信息经济学的思想，对劳动市场、产品市场、保险市场、资本市场等具体市场进行实证分析，结果表明，"那只手"（指市场）可能看不见的原因是它根本就不存在，或者说它如果存在的话至少也是瘫痪的（Palsied）。换句话说，就是市场失灵是无处不在的，为了弥补市场失灵，政府干预应该遍布各个经济部门和领域，而不仅仅是制定法规、再分配和提供公共品。此定理的深刻含义在于，无所不在的市场失灵要求更为广阔的政府干预范围，以此来提高经济资源的配置效率。

3.2 政府干预理论的"扶持之手"与"掠夺之手"观点之争

凯恩斯等基于"市场失灵"理论提出了政府干预理论。信息不对称理论、垄断理论和公共利益理论为政府干预市场理论提供了理论支撑。

基于政府干预理论提供的理论支撑，部分西方主要国家对经济生活的干预逐步加强。如：1890~1914年，美国政府相继出台了《谢尔曼反托拉斯法》《联邦贸易委员会法》和《克莱顿法》。三部反垄断法案的出台意味着政府干预经济有了合法性。同时，20世纪20年代末以后一段时间，政府干预理论大行其道，政府不仅对宏观经济政策进行干预，在微观领域也加强了干预，干预范围涉及商品和生产要素的价格、产业组织、公司管理、收入分配、社会福利和环境保护等。

亚洲作为当今世界上经济发展最快的地区。经济学家们认为是政府干预理论为亚洲经济起飞插上了"隐形的翅膀"，他们认为亚洲经济起飞离不开政府的干预。即使在日本，产业发展也是依靠工业目标推动发展的。具体而言，在日本，在某种价格体系中操作政府引导下的市场型的设计和精细的工业政策，这种操作虽然政府没有直接干预，但是通过政府非正式的说服和正式的立法来"引导"公司与政府的合作，最大限度地减少冲突的发生；在资源分配中，政府部门、政府官员和公司协商一致，使工业政策更为有效。

世界银行发表的研究报告（东亚的奇迹）（1993）也支持亚洲经济起飞，同样离不开政府的干预。从社会经济环境看，亚洲人口众多，除了日本和新兴的工业化国家和地区外，大多数国家以农业为支柱产业，市场机制不健全，资源分配不合理。现代市场经济体制建立必须由政府主导完成。事实证明，亚洲部分国家和地区的经济发展离不开政府的干预政策。如：韩国20世纪60年代和中国台湾早期工业化发展，通过政府主导，采用高效率吸引资本，建立劳动密集型的消费品生产产业，从海外进口资本、技术和半成品，加工出口等。两地的政府积极推进出口和出口产业，设立各种出口补贴、出口的外汇额度、出口加工区、保税区和仓库等，促进了地区经济的高速增长。中国的经济改革也是从农业入手，由政府主导"五年规划"，对全国重大建设项目、生产力分布和国民经济重要比例关系做出规划，为国民经济发展远景确立目标和方向，有计划地实现工业化。中国市场经济初创时期，各项制度不健全，法律制度不规范，在发展经济的30年里，经济取得了飞速发展，迅速成为全球第二大经济体，这与政府这只"闲不住的手"的推动作用是分不开的。在亚洲国家和地区，除了中国香港以外，政府都建立了明确的长期量化的增长目标，这为亚洲经济的高速发展起到了推动作用。

但是从全球经济发展史来看，政府干预并没有让市场变得更加理性和均衡。自20世纪20年代末经济大萧条以来，基于凯恩斯主义的政府干预理论，政府对经济发展进行了积极干预，然而并未"治愈"全球经济危机，经济危机仍然时有爆发且呈全球蔓延之势，如1973~1975年滞胀时期和2008~2011年国际金融危机和欧债危机证实，经济自由化与国家干预主义都不是万能药。

综观经济自由主义和国家干预主义的历次论争，说明政府干预并不是万能的，政府对经济的控制还滋生了既得利益集团。新自由主义认为政府干预为寻租打开了广泛的空间，与政府干预相伴的是广泛的贪污、行贿、受贿等活动，由此造成的"政府失效"比"市场失效"更糟糕。为了实现工业目标政策，政府干预在推动经济领域中的优先发展部门和扶持重点产业方面，它重点扶持的对象可以因而占有更多的经济资源，这种扶持会使被扶持方缺少创造性和自身的生存能力（何兴邦，2017）。

Shleifer和Vishny（1998）对政府干预行为进行了持续、系统、深入的跟踪研究，提出了政府的"掠夺之手"的观点，他们研究认为政治家们的目标并不是社会福利的最大化，而是追求自身利益最大化的"经济人"。不论是独裁者还是民主政府,都是运用他们手中权力以牺牲公共福利为代价,将资源配置给自己的政治支持者,目的是为了增加政治家自己的财富和权力。具体表现为:如地方政府、政府部门乱摊派、超过公共服务需要的费和税、通货膨胀等;官员利用手中的各种审批权力,把财富转移到自己手中的腐败行为;一些行业的行政垄断,游说政府对潜在竞争对手设定市场准入的限制(Olson,1965;Becker,1983),以及公司内部人控制、证券公司挪用客户保证金等。

在新兴市场经济体国家,国有产权公司的无效率是因为其追求的不是效率目标而是政治目标。在我国经济转型的过程中,地方政府主要面临着以下两种政治目标:一是地方政府的政策性负担目标。在我国由计划经济向市场经济转型的过程中,通过财政分权,地方政府获得了财政自主权、经济管理权等权力,同时承担了诸如就业、社会养老、社会稳定等政策性负担(Lin等,1998;潘红波等,2008)。二是地方政府的政治晋升目标。自20世纪80年代初以来,我国地方官员的选拔和提升的标准由过去的纯政治指标变成以当地GDP增长率为主的经济绩效指标,不同地区的地方官员在经济上为GDP进行激烈的竞争(Li和Zhou,2005)。在这些政治目标的驱动下,地方政府会利用当地国企的控制权来干预当地国企的经营管理活动,要求这些公司分担政策性负担(林毅夫、李志赟,2004)或进行更多的投资以实现其政治晋升目标(魏明海、柳建华,2007)。这些干预往往是与公司价值最大化目标相悖的,由此导致地方政府的掠夺效应。与民营公司相比较,管理层的代理问题在国有公司中更为突出(Shleifer和Vishny,1998;权小锋等,2011)。Shleifer和Vishny(1998)研究表明,国有公司与民营公司的一个本质区别在于,国有股东对高管监督、激励较弱,导致国有公司的高管在创新和降低成本的动机方面弱于民营公司。中国国有公司管理者的代理问题非常严重,会进行无效率的过度投资(Chen等,2011;夏立军、方轶强,2005),并导致公司的低效运作。国有公司高管会通过其权力进行薪酬操纵,从而获取控制权私利(权小锋等,2011)。

政府干预的"掠夺之手"还表现在对金融产业的干预造成的公司效率低下。在发展中国家,实体产业与金融产业是相互依存的,政府要干预实体经济领域,就必然依赖扩大货币政策和强制的金融政策。经济增长目标硬约束往往使得货币政策表现为过度调整(马草原、李成,2013)扩大货币政策和强制金融政策确实推动了优先扶持的产业部门,但是却推高了其他经济部门的机会成本。具体表现为货币增量推动的通货膨胀,工资、兑换率、公共设施的价格都会水涨船高;政府对金融部门的干预,剥夺了金融机构作为储户与投资者之间的中介作用;政府发展战略造成的金融亦导致公司"短贷长投",加剧了公司尤其是非国有公司的经营风险、引发非效率投资、提高了公司财务困境成本,从而对公司业绩产生负面效应(钟凯、程小可、张伟华,2016)。

总体而言,政府干预理论和市场自由理论都有应用边界。"扶持之手"和"掠夺之手"均认为政府干预市场有其自身必要性,但产生分歧的根本原因在于两者在分析问题时对政府干预市场的动机持不同的意见,"扶持之手"观点认为,政府干预市场是为了克服市场失灵以促进市场达到最优均衡;"掠夺之手"观点认为政府干预的主要动机在于使自身利益最大化,而非公共利益最大化。

3.3 公司政治关联形成机理分析

市场失灵理论、垄断理论、公共物品理论、外部性理论和信息不完全理论为政府干预行为提供了理论支撑。在现实的世界里,无论是西方发达的资本市场,还是新兴市场,都有政府忙碌的身影。政府干预与自由市场都是经济健康运行的必要条件。作为微观环境中的公司必然会受到政府干预行为的影响。企业家为给公司提供一个稳定、有利的制度环境,纷纷积极参政议政,构建政治关联。近年来,政治关联对公司运营所产生的影响已然成为国内外学者关注的热点。

政治干预是政府为了达到公共目的和社会目标或者官员出于私人利益,通过各种方式和途径影响公司,利用公司资源服务于自身利益(Shleifer 和 Vishny,1994;Bertrand、Kramaraz、Schoar 和 Thesmar,2006;徐浩萍、吕长江,2007),政治干预的发起者是政府。政治关联是公司为寻求某种利益或出于其他目的而主动与政府建立政治关系纽带,进而影响政府和市场,政治关联的发起者是公司。政治关联归根结底是一种政企关系,而且该关系在建立的过程中,公司是有动机的行为发起者。那么公司主动发起政治关联的动机是什么?公司构建政治关联会获取政府和官员的帮助吗？政府和官员会通过什么途径帮助公司？政府和官员给予公司帮助的同时会不会要求公司有所回报？要探究这些疑问，就需要我们了解公司政治关联行为的形成机理。

Bartels 和 Brady（2003）认为，建立政治关联的动机是由这些公司所处的制度环境所决定的，制度越落后，公司建立政治关联的动机越强。但是，一个既定事实是政治关联是一种全球现象，既有文献发现无论是在发达的西方国家还是在新兴市场中的国家，都存在有政治关联的公司（Johnson 和 Mitton, 2003；Xu 和 Zhou, 2008），且随着市场机制的不断完善，公司寻求建立政治关联的行为反而越来越普遍（Faccio, 2010）。学者们分别运用政治学、经济学、管理学和社会学的相关理论，从不同视角剖析了公司政治关联行为的形成机理。

3.3.1 寻租理论

寻租理论认为，政府运用行政权力来干预和管制公司和个人的经济活动，妨碍了市场机制正常发挥作用，为有特权者获取超额收入创造了机会，从而形成了权力寻租。拥有权力的政府部门或官员甚至可能会把一些规则或标准定得很模糊或具有很强的任意性，通过"设租"来获取额外收入（Okhmatovskiy, 2010）。因此，"租"是公司政治关联产生的重要土壤，"租"的空间越大，公司建立政治关联的意愿就越强。在绝大多数情况下，公司与政府（或政府官员）之间存在双向寻租意愿，但不同所有制公司的寻租存在较大的差异。国外学者的研究从寻租视角出发，认为在转型经济中，银行等金融系统受政府控制，且由于政府和民营公司间可能存在寻租关系从而带来融资便利（Fisman, 2001），甚至有学者将矛头直指腐败（Fan, 2007）。国有公司的寻租往往是政府部门或政府官员向公司寻租，而民营公司的寻租则大多是其主动向政府部门或政府官员寻租，以此促进公司发展。李莉、薛冬辉（2011）从寻租视角，以构建博弈模型的方式，研究政治关联影响融资约束的机制，选取管制行业内经营的民营公司为样本，研究认为，我国政治关联的寻租机制降低了民营公司的融资约束程度，且在非市场化资源配置地区，样本公司无论是否具有政治关联都会使用寻租手段而不受融资约束；在市场化资源配置地区，具有政治关联的公司通过降低寻租成本而使样本公司不受融资约束。

3.3.2 资源依赖理论

资源依赖理论认为任何一个组织都必须从外部环境中获取资源，这些资源既包括资金、人力、原材料等要素，也包括政策支持（如合法性认可）、信息、社会支持等内容；资源的稀缺性和重要程度决定了公司对资源的依赖程度，公司还会通过各种途径来改变这种依赖程度；公司的生存能力在很大程度上取决于其与外部环境（或控制者）的交往和谈判能力（Pfeffer 和 Salancik，1978）。政治关联是公司为获取政府掌握的稀缺资源主动迎合政府的行为，公司通过与政府积极建立政治关联，以期影响政府的资源分配行为，从而为公司提供一个稳定、有利的外部制度环境，以此改变对外部资源的依赖程度。Farashahi 和 Hafsi（2009）的研究表明，尽管在经济全球化的背景下，在世界范围内，出现了贸易自由化、管制放松化和产权私有化的趋势，但政府的干预政策仍对公司经营所需的一些外部资源产生重要影响；正是由于政府的对经济资源的控制和政策的不确定性，许多公司才"积极"建立政治关联来降低对外部资源的依赖程度。

3.3.3 交换理论

交换理论是指公司与政府之间的相互依赖。交换理论（George Homans，1960s）认为，政府和公司拥有彼此所需的资源，希望通过相互交换来促使各方利益达到最大。交换理论主张人类的一切行为都受到某种能够带来奖励和报酬的交换活动的支配，因此，人类一切社会活动都可以归结为一种交换，人们在社会交换中所结成的社会关系也是一种交换关系。例如，为了发展本地经济，地方政府可能会利用自身拥有的管制权等资源来扶持本地公司，甚至帮助本地公司突破中央的管制性壁垒，最终在满足公司获利需求的同时也提高了自身政绩。可见，政治关联行为可以为公司带来收益，有政治关联的公司能够优先获得贷款（Khwaja 和 Mian，2005）、政府政策支持以及财政援助等。特别是在一些法律不完善、官员腐败以及行业进入壁垒较高的经济转型国家中，政治关联的建立能够帮助公司谋求到更多的利益（Claessens，2008；Dombrovsky，2008），但公司也要帮助政府实现某些目标或者有政治关联的高管获取私人利益。Francis 等（2009）证实，政治关联会增加公司的负担，如向有政治关联的高管支付更高的薪酬、比非政治关联公司雇佣更多的劳动力等。政治关联对公司具有负面作用,如增加公司治理成本、加大公司风险与影响会计信息披露等(Cheung 等,2006;Aggarw M.,等,2007)。另外,由于政治家大多喜好从公司政治关系中获取租金,因此他们带有很强的动机帮助公司粉饰财务报告,进而影响到公司所披露的财务信息质量(Ball 等,2000)。

3.3.4 替代机制理论

替代机制理论认为,制度分为正式制度与非正式制度,其中正式制度主要包括宪法、契约制度和产权制度等,非正式制度主要包括习俗、社会价值取向、伦理道德和文化等;正式制度与非正式制度之间相互依赖,当正式制度不完善或无法有效实施时,非正式制度能弥补正式制度的不足,并成为正式制度的有效替代。政治关联便是一种非正式制度,公司可以通过建立政治关联来缓和现实的和潜在的体制问题。Braendle 等(2005)、Wei 等(2010)发现,政治关联中的各种"关系"可以成为正式制度的有效替代,帮助公司获得有用信息并降低政策风险。而研究表明,某国或某地区的法律制度健全与否与公司政治关联的数量和程度具有相关性。在转轨经济国家,公司建立政治关联的动机是由这些公司所处的制度环境决定的,制度越落后、政府管制较多,公司建立政治关联的动机越强(Bartels 和 Brady,2003;Chen、Li 和 Su,2005;Faccio,2006)。Chen 等(2011)发现,在那些市场化程度更低或者地方政府具有更多资源配置权的地区,控制权结构较为集中的公司更容易建立政治关联。

现阶段中国经济和政治体制尚欠健全,市场经济在经济生活中的主体地位仍然受到各种政治、政策条件的影响,制度缺位和缺失仍然广泛存在(徐细雄、杨卓、刘星,2010)。因此,作为非正式制度之一的公司政治关联不仅对社会经济整体产生着不可替代的重要作用,而且对于微观层面的公司也会产生深刻的影响(Peng、Luo,2000;Li、Meng,2006)。

3.3.5 委托代理理论

委托代理理论认为,不明晰的代理关系通常比明晰的代理关系会产生更多的代理问题和更高的代理成本。由于公司不能替代政府制定政策,而只能通过寻找政府官员作为自己的代理人来影响政府决策,因此,公司政治关联实际上明确了委托代理关系(Hillman 等,2004)。

3.3.6 利益相关者理论

从政治学角度来看,不同利益集团的目标、价值观等特征并不总是一致的。对于公司而言,为了让政策制定者支持自身发展,避免其他公司获得竞争优势,他们会积极建立政治关联。事实上,在美国等西方国家,公司为了向政府官员表达自身所关心的问题,进而影响政府决策(Muller 和 Whiteman,2009)。

综上所述,在转轨经济制度背景及市场制度不健全的现实背景下,我国政府干预经济的现象广泛存在,在外部融资受到"产权性质歧视"及"政府监管"的双重管制下,公司积极寻求构建政治关联的根本动机在于受利益驱动,通过与掌控稀缺资源的政府建立良好的关系,能够为公司带来更多的经济资源,扩展了公司生存发展的空间。

3.4 公司融资理论与股利理论及其发展演进

3.4.1 公司融资理论及其发展演进

MM 理论的提出为现代公司融资理论的开端。人们以此为理论基石和分析框架,从不同的研究视角对公司的融资行为展开探讨,形成了比较系统全面的融资理论,以下将对主流的公司融资理论进行阐述和剖析。

3.4.1.1 MM 理论

Modigliani 和 Miller(1958)在严格的假设前提下,即没有公司和个人所得税,没有公司破产风险、资本市场充分有效运作等假定条件下提出了 MM 理论。MM 理论主要解决公司市场价值与融资结构的关系问题,MM 理论证明了在无税收、无交易成本且无其他市场不完善性的情况下,公司资本结构与公司市场价值无关,与公司红利政策不相关。MM 理论有着严格的适用条件,该模型所要求的严格假设条件在现实中基本不存在。该命题前提假设条件太苛刻,缺乏实证意义。

在现实中,大多数国家对公司的收入都会征收所得税,当公司负债经营时,负债所需支付的利息可以在税前扣除,由此形成的"税盾"带来的收益归股东所有,可以增加公司价值。在考虑了公司所得税之后,得出了修正的MM理论,该理论认为:负债杠杆对公司价值和融资成本确有影响,如果公司负债率达到100%时,则公司价值最大,而融资成本最小。但是,现实中的公司很少会采取100%的高负债形式,是因为现实市场是不完美的(Dasgupta,P.和Stiglitz,J.,1972;Scott,1976),税收制度和破产惩罚制度就是市场不完美的重要体现,公司负债经营时,有可能因不能履行对债权人的承诺或出现兑付困难,而出现财务困境。当公司负债过多,财务困境大大增加时,困境成本可能大大损害了公司价值。当负债增加带来的税收节省的现值正好被增加的困境成本的现值抵消时,理论上的负债最优水平就出现了,此即形成了融资权衡理论。融资权衡理论的结论比较贴近实际,因而该理论一度成为主流的现代公司资本结构理论。修正后的MM理论只是接近了现实,离实际经验尚有不少差距。

3.4.1.2 信息不对称视角下的公司融资理论

权衡理论考察的公司价值和资本结构都是以信息完全的资本市场为前提的,而现实生活中信息不对称是普遍存在的,Ross(1974)、Myers和Majluf(1984)将信息不对称和博弈论引入公司融资理论,从新的学术视野来分析和解释公司融资问题,使公司融资理论研究发生了一次质的飞跃。成为公司融资理论新的主流学派。在Ross(1974)的信号—激励模型和Myers(1984)的优序融资理论中,假定公司的经理人对公司未来收益和投资风险都具有内部信息,而外部投资人只能通过经理人呈送的信息间接评价公司的市场价值,公司的负债率是公司对外传递盈利预期的信息手段。投资者把较高的负债率看作是公司高质量的表现。对破产公司的管理者施加"惩罚"约束(Ross,1974),使债务比例成为可靠的信息机制,从而使公司负债率成为正确的传递信息手段。Myers和Majluf(1984)沿着信息不对称的思路,提出了优序融资理论(The Pecking Order Theory,又称啄食理论)。该理论认为,公司筹措资金是在新项目投资愿望驱使下形成的,由于管理层与投资者的信息不对称,导致公司的权益市场价值可能面临错误的定价,并且由于交易成本的存在，迫使管理层在权益市场价值被低估或高估的情况下尽量少用权益方式融资；同时，破产成本对公司不断增加的负债抑制作用会促使公司具有融资需求时，遵循优序融资理论，首先选择内部融资，其次是债务融资，最后考虑采用股权融资。

3.4.1.3 代理冲突视角下的公司融资理论

公司所有权和经营权的分离导致公司在融资决策过程中，不同利益相关者之间利益冲突使得投资项目的选择受到干扰，由此产生的代理成本分为两种：一是管理层与股东之间的委托代理；二是引入债务产生的代理，主要表现在债权人与股东之间的冲突（Jensen 和 Meckling，1976）。经理人与股东之间的利益冲突表现为，当经理人努力工作时，必须承担全部努力成本和风险，却只获得兢兢业业工作增加的公司收入的一部分，更大比例的努力收益归于他人，因此，经理人可能会减少努力工作的程度或攫取更多的非现金利益。而股东总是希望经理人努力工作，减少在职消费，以实现股东权益最大化，两者的目标函数不一致促使股东对经理人实施监督和激励。当公司增加债务比例时，由于债务有明确的到期日和支付额，为了定期偿还本金和利息，避免破产风险，迫使公司经理人通过努力工作以便到期有能力偿还债务本金和利息。因此，通过举债是一种可以缓和经理和全体股东利益冲突的激励机制。

全体股东和债权人的利益冲突表现为，由于债务合约缺乏对股东进行次优投资的制约机制，诱使股东选择风险更大的项目进行投资。当项目盈利，股东占有债券的超额盈利部分；当项目亏损，由于股东存在"有限责任"保护，债权人将承担部分后果。随着举债比例的上升，股东将选择更具风险的项目。这种债权人承担了本应股东负担的次优投资后果的现象称为"资产替代效应"。然而由于理性的债权人将正确地预期到股东的资产替代行为并在合约中加以限制，股东就要承担由于借债造成投资价值递减项目所发生的成本，这就是债权融资的"代理成本"。Jensen 和 Meckling（1976）指出最优债务融资结构就是在债务的代理成本与代理收益之间权衡的结果。

3.4.1.4 生命周期理论视角下的公司融资理论

Mueller（1998）首次把生物学的生命周期理论运用于金融经济学，并提出了"公司生命周期理论"。Berger（1998）等将公司生命周期与融资结合，提出了公司金融成长周期理论。他们认为公司融资方式、规模、数量与公司生命周期阶段密切相关。当公司处于初创期,由于市场份额低、财务透明度差等原因,银行等金融机构无法甄别公司的优劣。因此,依靠自身留存收益和直接举债成为初创期公司主要融资来源。当公司处于发展期时,随着公司的发展,一方面资本结构得以改善,另一方面通过信息披露使银行等金融机构了解更多公司的财务状况,信息不对称情况得以缓和,使债务性融资比例增加。外源性的信贷融资逐步成为公司主要的融资渠道,当公司处于成熟阶段,直接融资已经成为可能,公司融资步入到以间接融资和直接融资相结合的阶段。生命周期理论视角下的公司融资理论为公司特别是为众多的中小公司融资问题提供了理论指导。

3.4.1.5 控制权视角下的公司融资理论

20世纪80年代,公司并购和控制权争夺活动日趋频繁,基于探讨公司控制权与融资行为的关系的控制权理论(Harris和Raviv,1990)受到了广泛关注。该理论认为,公司融资结构不仅决定公司剩余索取权的分配,也决定了公司控制权的分配。Aghion和Bolton(1992)认为,在交易成本和契约不完全的基础上,债务融资与股票融资在收益索取权和控制权安排上都不相同。通常债务融资契约是和破产机制相联系,而股票融资契约是与公司经营控制权相联系的。融资结构的选择就是控制权在不同证券持有者之间分配的选择,最优的负债比率应该是在控制权从股东转移给债权人的临界状态实现的。

资本结构控制权理论在不完全合同的分析框架中,深入到融资契约的内部,研究资本结构选择与公司控制权安排之间的关系,使人们对资本结构的理解有了质的飞跃。至少认识到:资本结构本质上是一种契约要求权结构,既决定公司剩余索取权的分配,也决定着公司控制权的分配;在融资契约中赋予投资者控制权可以限制内部人的私人收益,维护投资者的收益权,从而弱化投资者的参与条件;公司控制权具有状态依存性,即能够相机转移。

但控制权视角下的公司融资理论主要是考察公司特定时间即存在被并购的风险时公司拥有的融资决策问题,该理论只能解释公司特定时期资本结构变化,而不适合于解释公司长期资本结构的选择行为。

3.4.1.6 治理视角下的公司融资理论

股权融资和债权融资均对公司形成控制权,两者有着不同的控制权形式,共同形成了公司的治理结构。Jensen 和 Meckling（1976）首次从融资结构角度系统研究公司治理理论。Jensen（1986）指出：公司举债会迫使管理层承诺未来支付一定的现金流量，从而减少管理层未来可支配的现金流量，以此来制约管理层。Williamson（1988）在 Jensen 和 Meckling（1976）的代理成本理论基础上拓展了公司融资结构与公司治理的关系。他认为公司的债务和股权不应仅被看作是公司不同的融资工具，而应被看作是公司的治理手段。债务治理发挥作用主要通过债务合同中的固定条款来实现，称为"条约治理"；而股权治理则赋予经营者更多的自由度，称为"随意处置治理"。Shleifer 和 Vishny（1997）也指出债务在减少管理者和股东之间利益冲突中扮演着重要角色。Grossman 和 Hart（1980）也认为债务是一个惩罚机制，能用来削减自由现金流的代理成本。Jan Mahrt 和 Smith（2000）的理论模型也证明在控制经理自利行为方面，债权是对股权的有益补充，而并非对股权的替代。融资结构与公司治理的关系还表现在银行等金融机构作为债权人在公司治理中的地位。20 世纪 80 年代的杠杆收购或是利用财务杠杆调整融资结构相当盛行。Harris 和 Raviv（1988）认为，公司不同的财务杠杆比例会导致不同的并购和结果。Sablman（1990）指出：现代公司的融资模式、融资结构与治理结构有高度相关性，融资模式通过股东和债权结构的选择和结合，形成相应的产权关系和利益分配格局，影响到公司的委托代理关系及其代理成本，进而影响到公司治理结构的状态及运作方式。最优的公司治理结构不是某种单纯的"单边治理"，而是具有"控制权相机转移"的特征。

治理视角下的公司融资理论在 20 世纪 80 年代后期开始引起广泛关注，已有文献关于公司治理视角下的融资问题研究形成了一般分析框架，积累了较多的经验证据，也取得了丰硕的成果，为后续研究奠定了良好的基础。如：Harvey, C. R. 等（2003）研究证明增加债务的好处集中于那些预期拥有较高的经理人代理成本，同时也最有可能存在于过度投资问题的公司。结论支持了公司融资结构是公司治理的手段。但不可否认的是，随着社会环境和经济制度的不断变革，该领域仍存在较多值得进一步改进、完善和探讨的主题。

3.4.2　公司股利理论及其发展演进

20 世纪 60～70 年代，学者们研究股利政策理论主要关注的是股利政策是否会影响股票价值,其中最具代表性的是"一鸟在手理论"、MM 股利无关论和税差理论,这三种理论被称为传统股利政策理论。

3.4.2.1 "一鸟在手"理论

"一鸟在手"理论是 M. Gordon(1959)年在《经济与统计评论》上发表的《股利、盈利和股票的价格》一文中提出的,他认为公司将留存收益再投资时会有很大的不确定性,并且随着时间的推移投资风险将会不断扩大,因此投资者倾向于选择当期派发现金股利而非未来的收入。因为投资者一般都是风险厌恶型,更倾向于选择当期较少的股利收入,而不是未来具有较大不确定性的股利。在这种情况下,当公司提高其股利支付率时,就会降低不确定性,投资者可以要求较低的必要报酬率,公司股票价格上升;如果公司降低股利支付率或者延期支付,就会使投资者风险增大,投资者必然要求较高回报率,以补偿其承受的风险,公司的股票价格也会下降。

3.4.2.2 MM 理论

Miller 和 Modigliani(1961)在《股利政策、增长和公司价值》一文中提出了著名的"MM 股利无关论",该理论假定在一个无摩擦的完美市场中,股利政策和公司股价无关,公司的投资决策与股利决策彼此独立,公司价值仅依赖于公司资产的经营效率,股利分配政策的改变仅意味着公司的盈余如何在现金股利与资本利得之间进行分配。理性的投资者不会因为分配的比例或者形式而改变其对公司的评价,因此公司的股价不会受到股利政策的影响。MM 股利无关论因其假设条件的严苛性,与市场显示情况不相吻合,限制了其应用价值,但是为后期股利理论奠定了基础。

3.4.2.3 税差理论

Farrar 和 Selwyn(1967)首次对股利政策影响公司价值的问题作出了回答。他们采用局部均衡分析法,并假设投资者都希望试图达到税后收益最大化。只要股息收入的个人所得税高于资本利得的个人所得税,股东将情愿公司不支付股息。将资金留在公司里,使公司股价上涨,上涨的股价使公司回购股票时股东的收益更高,或股东若需要现金,可随时出售其持有的股票。因此,从税负角度来考虑,公司不需要分配股利,如果要向股东支付现金,也应通过股票回购来解决。

进入 20 世纪 70 年代以来,信息经济学的兴起,使得古典经济学产生了重大的突破。信息经济学改进了过去对于公司的非人格化的假设,而代之以经济人效用最大化的假设。这一突破对股利分配政策研究产生了深刻的影响。财务理论学者改变了研究方向,并形成了现代股利政策的两大主流理论——股利政策的信号传递理论和股利政策的代理成本理论。

3.4.2.4 股利政策的信号传递理论

20世纪70年代,随着信息经济学的兴起,财务理论学者逐渐将信息不对称理论引入到股利分配政策中。Bhattacharya(1979)、John和Williams(1985)、Miller和Rock(1985)、Williams(1988)、Ambarish(1987)、John和Williams(1985)等通过放松MM理论中投资者和管理者拥有相同信息的假定,从信号传递的视角分析了现金股利政策,并将股利视为管理者向外界传递其掌握的内部信息的一种手段。如果预计公司发展前景良好,未来业绩将大幅度增长,公司就会通过增加派发股利的方式将这一信息及时地传递给股东和潜在的投资者;相反,如果预计到公司的发展前景不好,未来盈利持续性不理想时,那么公司会继续维持甚至降低现有股利水平,这等于向股东和潜在投资者传递了不利的信号。因此,股利能够传递公司未来盈利能力的信息,当公司股利支付率上升时,公司的股价会随之上升;当公司股利支付率下降时,公司的股价也会下降,导致股利对股票价格有一定的影响。

3.4.2.5 股利政策的代理成本理论

在放松了MM理论的某些假设条件的基础上,Jensen和Meckling(1976)提出了股利代理理论,股利代理理论能较强解释股利存在和不同的股利支付模式,使其成为现代股利理论研究中的主流。Jensen和Meckling(1976)指出:管理者和所有者之间的代理关系是一种契约关系,代理人追求自己的效用最大化。如果代理人与委托人具有不同的效用函数,就有理由相信代理人不会以委托人利益最大化为目标行事。委托人为了限制代理人的这类行为,可以设立适当的激励机制或者对其进行监督,而这两方面都要付出成本。Jensen和Meckling(1976)将这两方面付出的成本称为代理成本(Agencycost),并定义代理成本为激励成本、监督成本和剩余损失三者之和。

3.4.2.6 股利迎合理论

20世纪90年代,Denis和Osobov(2008)发现,美国上市公司中支付现金

3 理论基础与制度环境分析

股利的公司比例呈现下降趋势,这一现象被称作"正在消失的股利"。之后,在加拿大、英国、法国、德国、日本等国也相继出现了类似的现象,其蔓延范围之广,堪称具有国际普遍性(Von 和 Megginson,2006)。在此背景下,Baker 和 Wurgler(2004)提出了股利迎合理论解释这种现象。他们认为,有些投资者偏好发放现金股利的公司,会对其股票给予溢价,而有些投资者正好相反,对于不发放现金股利的公司股票给予溢价。因此,管理者为了实现公司价值最大化,通常会迎合投资者的偏好来制定股利分配政策。为了证实他们提出的理论,他们通过1962~2000 年 Compustat 数据库里的上市公司数据进行了实证研究,研究发现,当股利溢价为正时,上市公司管理者倾向于支付股利;反之,若股利溢价为负时,管理者往往忽视股利支付(Baker 和 Wurgler,2004a);进一步检验证实,当股利溢价为正时,上市公司股利支付的意愿提高;反之,如果股利溢价出现负值时,上市公司股利支付的意愿降低(Baker 和 Wurgler,2004b)。上述两项实证检验结果均支持了股利迎合理论。

3.5 中国制度环境下公司融资与股利行为特征及其发展演进

3.5.1 中国制度环境下公司融资特征及其发展演进

在转型经济背景下,如何实现经济的持续健康发展最终必然会落实到考察微观层面的公司决策行为上来,由于上市公司是公司群体的代表和标杆,而公司财务政策又是公司管理的一项核心内容。因此,阐释并理解中国改革开放进程中公司的财务政策,以此促进微观公司层面的财务政策选择与制定行为的科学性,就成为推动经济持续健康发展的一项重要内容。

中国从计划经济体制向市场经济体制转轨的改革已历经 30 多年,在此期间,中国经济飞速发展。2010 年,中国经济总量已经超越日本,成为世界第二大经济体。一国经济飞速发展离不开资本市场的微观层面的公司发展,资本市场的单个细胞体的合力贡献为我国经济高速发展发挥了非常关键的作用。

资金是公司的血液,公司的发展需要一定的资金来源,公司的融资途径分为内源融资和外源融资。内源融资主要来自于业主投资和公司的留存收益,使公司获得稳定资金途径,但是内源融资因其数量有限,很难满足公司发展壮大的需求。此时,为了满足公司的投资需求,就需要公司从外部获得资金。外源融资的优点是资金来源极其广泛,其方式多种多样,使用灵活方便,可以满足资金短缺者的各种各样的资金需求。因此,与内源融资相比,外源融资对公司的发展更重要。通过外源融资的公司方式分为权益融资和债务融资。公司选择什么样的筹资途径、筹资方式及筹资规模不仅取决于自身发展水平、发展战略,更重要的还受外部宏观环境的影响等。Rajian 和 Zingales(2003)认为:各国证券市场的发展并不平稳,宏观经济环境是影响资本市场效率和公司融资行为的重要方面。其中,不存在财务约束的公司比存在财务约束的公司在融资决策方面更容易受到宏观经济环境的影响。在影响公司融资决策的外部环境中,制度背景受到了学者们的高度关注,并成为融资决策研究领域热点,已有文献从法律制度、资本市场发展、所有制情景等制度方面进行了大量研究,产生了丰硕的学术成果,极大地丰富和发展了公司融资理论(Booth 等,2001)。

历经 30 余年转轨改革,自 20 世纪 90 年代以来,随着中国市场经济逐步确立,在转型经济的改革进程中,我国宏观外部融资环境呈现出了独有的中国特色。法律制度不健全、资本市场发展不完善、公司产权保护严重缺失等,公司大多处于高成长、低自由现金流的发展阶段,通过内源融资规模非常有限,公司只能通过外源融资的方式来满足公司自身的发展需求。然而,在我国,信贷渠道作为公司的主要外部融资渠道,难以满足公司经营发展的需要(叶飞洋、马永强,2014),在我国国有商业银行为主的高度集中的金融体制下,信贷分配存在体制性主从次序(Huang,2003),以及信贷配给不足,使我国公司尤其是民营公司面临严重的融资歧视(林毅夫和李永军,2001)及融资约束。尽管国有商业银行的股份制改革和上市弱化了地方政府对银行地方分支行的"话语权",但在当前各级政府仍主要借助银行体系的力量来推动经济增长的背景下,商业银行依然不能完全摆脱政府的干预(吴军、白云霞,2009)。国有银行的政府背景会使其放贷行为受到政治目标的主导（Sapiena，2004；Din，2005）。在银行信贷投放受到政府偏好影响的背景下，国有银行和国有上市公司因股权同源性的特征，导致国有公司预算软约束问题，限制了债务治理功能，出现民营企业"融资难""融资贵"的一边倒现象。总体来看，我国公司的融资配置表现出与公司利润相关性很弱的低效率特征，其成因很可能是信贷资源在国企与民企间的错配（刘小玄、周晓艳，2011）。

在新兴加转轨经济背景下，由于信息不对称的存在会导致公司的外部融资受到信贷配给不足的约束，资金供求方关于公司未来经营状态的信息高度不对称，由此导致的逆向选择问题是妨碍民营公司融资的重要因素（林毅夫、李永军，2001；李志赟，2002；白重恩等，2005）。在西方发达的金融市场中，因有完善的评级机构和审计机构对公司质量和未来业绩加以分析评估，并提供给资金供给方。尽管我国的资信评级机构已有了初步的发展，但在人员、技术、业务范围等方面都与全球性评级机构差距较大，机构提供的资信研究报告的数量和质量都难以满足市场的需求，市场认可度不高（袁敏，2007），因此，作为资金供给方的银行和外部股权投资者关于公司信息的来源渠道非常有限，资金供求双方存在严重的信息不对称。资金供给方无法区分公司资信状况的优劣，为确保投资收益和资金安全，导致公司通过信贷渠道融资既贵且难（钟凯、程小可、张伟华，2016）。

受信贷歧视政策及信息不对称的限制，我国公司被迫依赖权益方式融资。自1989年我国政府积极推动股份制改造以来，虽然股票发行上市自2000年起由审批制转为核准制，但依然有浓厚的行政色彩，2008年创业板和中小板也未能满足公司尤其是中小公司发展的融资需求。因此，我国公司尤其是中小公司解决资金方式主要通过民间金融，而民间金融因其资金使用成本较高，风险较大，一直受到国家限制。使得"钱荒"一直是近些年我国金融市场中的热点议题，亦是制约我国实体经济，尤其是中小公司发展的重要因素。

综合以上分析，企业为了获取发展所需资源，积极构建政治关联，有政府支持的政治关联公司能够具有优先获取上市资格（Boubakri等，2010），上市后也更容易获得股权再融资资格。经济转型制度背景下的公司更倾向于将复杂的控制权结构和人际关系网络作为公司融资的实现渠道，而不是通过市场方式去获取资源与融资支持（Claessens、Feijend和Leaven，2008）。Johnson、Mcmillan和Woodruff（1999）认为，弱的产权保护机制制约了新兴产业公司的投资水平，而且一般情况下公司不会寻找外部融资渠道支持其投资项目。

随着市场化改革的不断深入,我国在不断推进金融体制改革,股份制银行的快速发展,使得银行信贷决策更加市场化,贷款发放将更多地依据公司的经营绩效、负债水平等硬性因素(林毅夫、李志赟,2005)。这为公司资本结构调整创造了较便捷的供给环境。

3.5.2 中国制度环境下的公司股利行为特征及其发展演进

从西方国家金融发展实践来看,分红制度能有效增强股票市场的吸引力和投资功能。对投资者来说,上市公司现金分红收益较高且有较强预期性时,往往会选择长期持股,以期获取未来股票增值收益和现金分红,形成公司股价走势与长期投资回报间的良性循环(李常青,2010)。在这个意义上,增强上市公司现金分红的稳定性和可预期性是资本市场长期、稳健、可持续发展的基础。

我国自20世纪90年代建立股票市场以来,上市公司的现金分红就一直处于较低水平。刘淑莲、胡燕鸿(2003)研究发现中国不进行现金分红上市的公司逐年增多。这一现象被归咎于我国资本市场不健全,导致上市公司忽视投资者利益。在资本市场发达的英美以及欧盟等国,近年来也出现现金股利支付率不断下降的趋势(Fama 和 French,2001;Von 和 Megginson,2008;Denis 和 Osobov,2008)。对于世界范围内的这种股利决策趋势,英美等国家选择依赖市场的自我调节,而我国则选择通过政府机构颁布有关的政策法规来引导和监督上市公司进行现金分红,目的是以此保护投资者利益。Laporta(2000,2008)通过不同国别的公司研究发现,在投资者保护强的国家,不仅融资成本低,而且股利支付通过缓解自由现金流的滥用,可起到减少代理成本的作用,而在投资者保护弱的国家,存在更多自由现金流的过度投资问题。

如果任由资本市场投机氛围盛行,不仅会抑制甚至损害价值型上市公司的健康发展,最终还会导致"柠檬资本市场"的形成(刘星、谭伟荣,2016),阻碍了资源的优化配置。因此,证监会将完善上市公司分红制度纳入市场基础性制度建设的重要范畴,积极支持、推动、引导上市公司现金分红。自2001年起,中国证监会先后颁布了一系列监管措施来规范上市公司现金股利决策行为。如2006年、2008年10月颁布实施的《关于修改上市公司现金分红若干规定的决定》,

亦称分红管制政策。2011年的首发上市承诺制度（王国俊、王跃堂，2014）。2013年11月发布的《上市公司监管指引第3号——上市公司现金分红》中就规定，"上市公司应当牢固树立回报股东的意识，严格依照《公司法》《证券法》和公司章程的规定，健全现金分红制度，保持现金分红政策的一致性、合理性和稳定性，保证现金分红信息披露的真实性"。《公司法》规定公司5年连续盈利，公司连续5年不向股东分配利润，对股东会该项决议投反对票的股东可以请求公司按照合理的价格收购其股权。一系列监管措施取得了一定成效，但与成熟市场相比，仍然存在一定的差距。

我国研究股利政策的文献，大多基于股利代理理论，在两种不同的代理冲突下，主要集中于公司治理机制对上市公司现金股利政策的影响研究，早期学者主要集中于内部公司治理——股权特征对上市公司现金股利政策的影响，产生了两种截然不同的观点。大多数国内学者的研究表明，公司治理得越好，公司支付股利的水平越高。（刘志强、余明桂，2009；肖作平、苏忠秦，2012），有效的公司治理机制能够加强公司分红对公司自由现金流的过度投资的抑制效果，可以降低公司由于代理问题而导致的效率损失，将有助于改善资本的使用效率（刘银国，2015）。另有观点认为，中国上市公司的现金股利支付极有可能是大股东套取上市公司资金，掠夺中小股东的（掏空）一种手段（肖珉，2010）。亦即公司治理质量越差，越倾向于派发现金股利。较早研究公司外部治理环境（投资者法律保护和产品市场竞争）对上市公司现金股利政策影响的是袁振兴（2006）、刘志强等（2009），他们研究发现，在法律保护较弱的阶段，符合法律保护替代模型。随着法律保护投资者权益逐渐完善，股利"结果模型"对我国上市公司的现金股利政策更具有解释力。

随着一系列分红管制政策的实施，学者们基于分红管制政策对公司股利行为影响研究发现，分红管制政策提高了公司股利支付率和股利支付意愿，但形成了监管悖论（李常青，2010；魏志华，2015），刘星、谭伟荣（2016）将分红管制政策作为外部治理变量，支持股利"结果模型"。张玮婷、王志强（2015）首次从财务灵活性和成长性的视角发现，对我国上市公司股利政策的影响机制支持"结果模型"。

综上所述，我国公司股利支付率低，不分红和少分红现象依然普遍存在，究其原因,大多数公司成长依然面临诸多瓶颈和制约,其中以融资约束问题最为突出(罗党论、甄丽明,2008)。信贷资源配给不足,企业在面临高度不确定的情况下,公司管理层为了实现公司价值最大化,会优先考虑公司的投资需求,而不会派发股利。随着中国市场化改革,外部资本市场完善,公司股利政策会渐趋规范和稳定性。

3.6 政治关联影响公司现金股利政策的机理分析

中国改革开放已经进行了 40 年,在此期间,市场经济逐步建立,但我国市场制度仍然存在诸多缺陷,市场这只"看不见的手"无法完全发挥作用。在中国式的经济增长中,政府作为"幕后推手"扮演着关键角色(Fan J. P.,2017)。Allen(2005)等提出了"中国之谜"的命题,认为中国目前的法律制度和金融发展水平不能有效地解释中国经济快速增长。在中国的市场转型进程中,政府主导的经济体制改革与制度环境演进渗透于公司决策和财务行为的各个方面。公司扩大发展空间、获取稀缺经济资源的最捷径就是与政府良好的"关系"。

首先,政府掌握着重要的经济资源,获得政府支持的公司则获得了竞争优势。在转型时期的中国,地方政府及官员和政策的连续性对经济发展和公司的投融资行为具有巨大的影响(周黎安,2007)。公司为了克服市场制度缺陷对公司发展的阻碍,积极参政议政来构建政治关联,期望借助政府及其官员的政治权力为公司寻求社会资本和经济资源。使公司获得资源优势或者独占的权利。Kanack 和 Keefer(1995)基于世界价值调查(World Value Survey)中有关 29 个市场经济国家的数据研究发现,政府对社会资本的扶持会带来公共信任的提升,从而降低交易成本,帮助公司获取外部资本,进而降低公司的融资约束程度。这也为新制度经济学中诺斯的"制度至关重要"(Institution Matters)假说提供了实证检验,我国学者也得出类似的研究结论。罗党论、甄丽明(2008)以投资—现金流敏感度作为融资约束的衡量指标,发现了政治关联帮助公司缓解融资约束的直接证据,公司通过政治关联在核心要素供给、税收缴纳以及市场准入等方面获得优惠待遇，以低于市场的价格获得各种资源，缓解公司融资约束，提升了公司的未来总收益和市场价值，降低了资金供给方提供资金的风险。这也为 Allen（2005）"关系至关重要"（Guanxi Matters）论断提供了实证检验。我国学者也得出类似的研究结论。

其次，政府在伸出"扶持之手"时，政府有动机利用公司资源来实现其政治任务，即通过行政审批、税收及生产资源分配等手段把社会负担转嫁给公司。Shleifer 和 Vishny（1994）验证了政府"掠夺之手"的存在，认为在转型经济国家中，为了迎合当地政府政绩的目标，具有政治关联公司存在过度投资行为，这在短期内可能会增加本地就业、增强社会服务功能，但会损害公司未来经济效益，从而为公司带来负面影响。

综上所述，公司构建政治关联，实际上在一定程度上将自己置于政府干预之下，公司既可能获得政府的"扶持"，也可能会遭到政府的"攫取"。作为"趋利性"的公司而言，公司积极构建政治关联获取的收益可能会高于受到的利益侵害。于蔚（2012）研究发现，政治关联确实能缓解公司融资约束，其核心机制在于信息效应和资源效应，其中资源效应占主导地位。田利辉（2013）综述政治关联文献，提出了"社会负担效应""产权保护效应"和"政府偏袒效应"三大假说，研究结论支持"政府偏袒效应"假说，即政治关联能够为公司带来更多的稀缺资源。

基于此，针对本书的研究视角和主体研究内容，结合图 3-1，本书对政治关联影响公司股利政策的机理进行如下简要分析：

（1）中国当前转轨经济制度下，政府在经济发展中扮演着关键角色。对于转型时期的中国公司而言，在发展过程中，面临诸多瓶颈和制约，其中以融资约束问题最为突出（罗党论、甄丽明，2008）。公司具有政治关联是一种非常重要的外部资源渠道。具体而言，包括较多的银行贷款、较低的贷款成本和较长的贷款期限（Faccio，2007）。同时，还能显著降低公司的股权融资成本（Boubakri 等，2010），能够获得税收优惠（吴文锋等，2009）、政府补贴（潘越等，2009）、管制行业的准入资格（罗党论、刘晓龙，2009）等诸多好处。从而导致公司融资渠道、融资成本等发生相应的变化，有助于缓解公司面临的融资约束困境，有效地缓解了公司"预防性动机"的资金持有，促使公司经营活动现金流配置发生适当改变。因此,相对于没有政治关联的公司,具有政治关联的公司,由于有了安全性的资金来源,公司受到融资约束程度更低,公司选择派发更高的现金股利。

依据社会网络理论和阶梯层级理论,政治关联广度和深度通过对政府官员倾斜分配影响能力差异不同导致其对公司财务行为影响机理存在不同。社会网络广度越广,公司获取信息和资源的渠道就越多,公司获取经济资源的能力就越强。政治关联层级越高,能够到达的政府部门的等级越高,对政府政策的影响就越大、获取的信息和资源就越多,但是由于层级高低关注的利益目标不一致,地方政府的政治关联更关注本地公司业绩的增加,为了提高地方 GDP 指标、在晋升锦标赛中获取优秀排名,地方政府官员更有可能从控制权私利出发,动用政策工具,从公司中"攫取收益",而政府亦会"投桃报李",对公司进行直接扶持,帮助公司进行负债融资。因此,具有地方政治关联的公司,承担的税负更低(吴文锋等,2009),更容易获得政府直接的财政补贴(唐清泉、罗党,2007;余明桂,2010),从而形成公司预算软约束。

相反,公司具有层级较高的政治关联,虽然掌控的资源更多,但是由于其在经济体制改革中,更多地处于推动经济体制改革主导地位,因此作为"游戏规则"的制定者,更容易"以己为范"约束自己的行为,较少直接使用行政力量对公司进行财政扶持;同时,具有政治关联层级越高的公司往往具有更大的规模和领先优势,自身盈利能力和资金都优于其他公司,公司现金流更为充分,出现资金链断裂的风险更低。因此,公司政治关联层级越高,对公司融资影响相对越弱。吴文锋等(2009)、唐清泉等(2007)、黎凯等(2007)、余明桂等(2010)研究发现,使用行政力量帮助公司减免税收、获取财政补贴、获取银行贷款等利益的往往是地方政府而非中央政府。据此,政治关联广度越广,公司获取资源优势越显著。政治关联层级越高,对公司影响越不显著。

(2)政治关联、货币政策和股利行为的影响机理分析。货币政策作为各国政府调控宏观经济的主要手段之一,其变化必然会影响微观公司的发展,货币政策对微观公司影响的传导路径主要通过调整信贷规模和信贷期限发挥作用(饶品贵、姜国华,2013b)。与成熟市场相比,我国公司融资渠道相对单一,银行信贷是公司主要的融资来源(Allen 等,2005)。因此,货币政策波动对公司信贷融资影响较大（叶康涛、祝继高，2009；李志军、王善平，2011）。目前，我国货币政策主要通过控制银行信贷来影响公司信贷规模和信贷期限（周英章、蒋振声，2002；盛朝晖，2006），进而影响公司现金持有水平、银行贷款及投资等行为（陆正飞等，2009；叶康涛、祝继高，2009；靳庆鲁等，2012；饶品贵、姜国华，2011，2013a，2013b），因此，企业融资规模和融资企业广受政府干预。

政治关联作为一种重要的社会资本，通过社会网络联结，公司可以在外部货币政策趋紧时（银行更倾向于降低信贷规模和缩短信贷期限时），凭借与政府良好的关系提供"担保机制"，能够更容易获得政府掌控的稀缺经济资源，从而减少了公司"预防性"持有更多现金的动机，保障了公司派发股利的资金来源。全怡（2016）研究发现紧缩的货币政策加剧了公司融资约束，进一步抑制了现金股利发放；而银企关联则有助于缓解紧缩货币政策对现金股利的抑制作用。

（3）政治关联对分红管制政策效应的影响机理分析。中国证监会为了约束公司不派发红利这一普遍现象，颁布了与再融资资格挂钩的分红管制政策，分红管制政策仅对有再融资需求的公司有约束性，当具有再融资需求的公司需要再融资时，必须达到证监会规定的再融资资格最低分红值。但是，这些有再融资需求公司具有政治关联时，由于政治关联能够为公司带来信贷方面等的融资优惠，放松了监管当局设置的通过"门槛股利"约束公司股利行为的管制效应，使得那些具有再融资需求的公司不会派发现金股利去迎合分红管制政策，从而影响分红管制政策的治理效应。

（4）当前中国转轨经济制度背景下，由于法律制度不健全，公司产权保护严重缺失，金融市场不健全等，政府通过制定宏观经济政策干预公司经营行为现象普遍。但是，随着我国市场化进程加快，政府通过完善产权保护和法律体系，构建起市场内经济主体间的信任关系，从而降低交易成本，有助于提升地区金融信贷资源的合理分配，使得公司的融资约束得到一定程度的缓解。此时，通过市场配置资源的基础性调节作用得以有效发挥"看不见的手"的作用，会优化资源配置，使公司未来的总收益和市场价值更高。

3.7 本章小结

本章以亚当·斯密自由放任理论为起点，归纳分析了政府干预理论的历史演变，系统阐述了公司构建政治关联的动机机理，结合中国转轨经济制度背景，分析了我国公司融资和股利行为特征；然后对政治关联影响公司股利政策的机理进行了简要分析，最后基于政治关联作为连接政府与公司融资途径的"桥梁"，清晰勾画出政治关联影响企业现金股利行为的逻辑链条：企业政治关联—经济资源获取—融资约束下降—股利支付水平提升。

本章的理论基础与制度背景分析为本书第4、第5、第6、第7章的理论推导以及研究假设奠定了坚实的基础，是主体研究内容得以提升的前提，具体影响机理如图3-1所示。

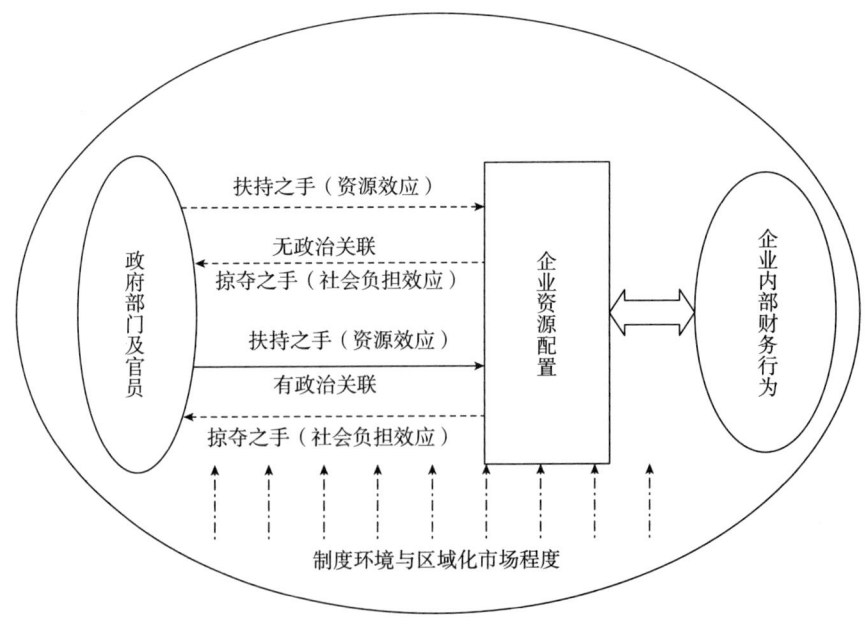

图3-1 政治关联对公司资本配置的影响机理

4 政治关联、融资约束与公司现金股利政策

中国从计划经济体制向市场经济体制转轨改革已经进行了40年，在此期间，微观层面的公司大多处于高速成长发展阶段，处于成长期的公司需要大量的资金来满足公司不同的投资机会，但是我国资本市场发展的滞后性和公司内源资金的有限性，迫使公司更多地依赖于一些替代性的非正式制度和机制来支持公司的发展，如更多的公司选择构建和维持政治关联，政治关联使公司可以获取资源的工具性效用，也能够缓解公司外部融资约束，进而影响公司对内源资金的依赖以及公司现金股利政策的决定。本章以中国转型经济下公司为了获取更多的稀缺资源，努力构建和维持政治关联为背景，依据权衡理论、融资约束理论，从资本配置的视角推理分析公司努力构建政治关联所获取的收益，继而运用"资源效应观"和"社会负担效应观"从两个侧面推理、实证检验政治关联对公司股利行为的影响；进一步依据社会网络理论和阶梯层级理论，将政治关联分为政治关联深度和广度两个维度，运用中国资本市场 A 股上市公司数据进行实证检验，考察其对股利行为差异性的影响；然后，拓展性地探讨了不同规模和不同产权控制特征下政治关联对公司股利行为的影响；并对实证结果进行讨论分析。

4.1 引言

股利政策是公司财务决策过程中最重要的经营决策之一，公司分配股利必然导致现金流出公司。理论上，在完美资本市场假设条件下，能够有效发挥市场配

置资源的基础性调节作用,因此,公司无须为满足"预防性动机"和"谨慎性动机"而持有过多的现金,为了避免公司持有超额现金可能引致的委托代理问题,股东会迫使公司派发现金股利,当投资机会来临时,公司能够方便地进入资本市场融资,及时获取公司所需资金,把握有价值的投资机会,以此实现公司价值最大化。Deangelo(2009)指出,公司应依据自身所处的经营环境,相机安排现金持有政策、股利分配政策和资本结构,适度保持公司财务弹性,既能避免公司过多持有现金引发的代理问题,又能满足未来遭受不利冲击或偶遇有价值的投资机会时所引发的非预期资金需求。

公司获取所需资金途径主要分为内源融资和外源融资两个渠道,公司内源融资多寡与公司营业收入和盈利状况有关。在中国目前转型经济背景下,"钱荒""融资难""融资贵"的问题一直是制约我国实体经济发展的重要因素。我国多数公司财务特征表现为高成长性、低自由现金流,公司留存收益数量受限,外源融资成为影响公司发展的重要因素(Demirgü-Kunt 和 Maksimovic,1998;Rajan 和 Zingales,1998),尤其是处于新兴市场下的公司。在优序融资的视角下,基于融资成本的考量,公司融资一般优先考虑内源融资,其次是债务融资、股权融资。在内源资金短缺的情况下,公司所需资金主要依靠债务融资和股权融资。然而,在我国新兴和转轨的资本市场环境下,债券市场还不够发达,同时权益融资受到较为严格的限制(我国公司权益再融资受到分红管制政策规定的门槛股利的限制,使得公司通过发行股票筹集权益资金举步维艰),银行信贷成为公司较为重要的融资来源。

中国作为一个高度政治集权的国家,国有经济仍然占据经济的主体地位,中央政府通过对官员任命、提拔、轮换与交流的控制,牢牢控制着我国经济、政治事务的方方面面。陈冬华、李真和新夫(2017)研究发现,我国政府的影响力主要体现在央行通过调整银行系统的货币供给对金融市场实施控制,导致公司不能够完全依赖于市场资源配置。这些特点决定了在中国,公司与政府(官员)建立关系的重要性(张建君、张志学,2005)。费孝通指出:中国社会的根本特点,就是"官本位"文化和"关系型"社会,不像西方社会那样以制度性的原则对待所有人,在中国,人们依据关系的亲疏远近的不同采取对待的方式不同。基于这种社会现实,近年来越来越多的公司积极参政议政,而且许多民营公司乐于聘

4 政治关联、融资约束与公司现金股利政策

请现任或前任政府官员担任公司董事、顾问（Chen、Li 和 Su，2005），之所以公司花费大量的时间与精力去构建政治联系（Krueger，1974），是因为通过与政府建立"亲密"的关系，可以为公司带来诸多的稀缺资源。现有文献研究发现，政治关联能够为公司带来融资便利，以此缓解公司融资约束，能够享有税收优惠，有助于公司进入政府管制行业，获取政府补贴、获批土地等利益，有助于优先获得政府合同，在公司陷入财务困境时获得政府救助等，政治关联能够使公司获得更多长期银行信贷（孙铮等，2005；谭劲松等，2011；段云、国瑶，2012；李健、陈传明，2013）。政治关联对公司财务绩效有显著的正相关性（Fisman，2001；Faccio，2006；Claessens 等，2008；胡旭阳，2006；吴文锋等，2009；潘越，2009；余明桂等，2010）。

国内外既有文献在研究政治关联对公司财务行为影响时，大多基于政治关联给公司带来的诸多益处即"扶持之手"和坏处即"攫取之手"对公司投融资行为和财务绩效方面的直接影响进行研究。然而，我们认为，政治关联除了对公司投融资行为和绩效行为有直接的影响外，还有可能通过资源效应传导机制对股利政策产生间接影响。作为微观层面的公司及其企业家都具有逐利性的特征，公司之所以耗费大量的时间和精力（政治献金）踊跃构建政治关联，使得我国政治关联普遍存在（Faccio，2006），其中利弊得失不言而喻，即在公司和政府博弈的过程中，构建政治关联为公司带来的"好处"（扶持之手）一定会大于政治关联给公司带来的"坏处"（攫取之手），企业家才会选择积极构建政治关联，以期在有限的资源竞争中获取竞争优势，以此疏通外源融资的渠道，有助于缓解公司的融资约束。

基于上述分析，本章通过引入融资约束程度，将政治关联的影响研究拓展至公司现金股利政策，提出并尝试探索以下问题：①公司积极主动参政议政，建立政治关联是否能够为公司带来资源效应，从而有助于缓解公司的融资约束。②政治关联对公司融资约束有着直接且持续的影响，此时，政治关联影响股利政策的路径可能有以下两种：一是公司外部融资约束的松绑，有效缓解了公司"预防性动机"的资金压力。为了避免公司持有过多"预防性动机"现金引致的代理问题，公司会迫切地希望通过提高股利支付水平来降低由此带来的委托代理冲突，并传递公司盈利能力的信号。二是通过构建政治关联，公司有了可靠的外部融通

资金的渠道，公司不需要通过派发股利传递公司盈利能力的信号来获取资金。因此具有政治关联的公司会选择怎样的现金股利政策。③在现实中，公司高管现任或曾任行政级别的高低对政府资源配置倾斜行为的影响有着显著的差异。在接下来研究的问题中，区分了政治关联数量与质量两个维度考察其对公司股利行为的不同影响，以期更深入地理解政治关联与公司现金股利决策的传导路径和影响机理，这样才能把握问题的实质，使研究结论更具现实意义。

本章的贡献主要体现在：①已有文献大多关注微观公司内部治理机制对公司股利行为的影响，自 La Porta 等（2000）从外部治理机制——投资者法律保护水平的视角研究公司股利行为，少量文献关注外部宏观制度环境对公司股利行为的影响。如李常青（2010）、魏志华（2014）、王志强（2012）等关注分红管制政策对公司股利行为的影响。全怡、梁上坤、付宇翔（2016）从宏观货币政策和微观融资约束视角研究公司现金股利行为。鲜有文献从政治关联的视角研究公司股利行为。本书以政治关联为新的视角，一方面，关注政治关联对公司股利行为的影响，有助于厘清政治关联对公司财务决策的影响路径和机理。另一方面，有助于我们理解公司融资决策与股利行为之间的影响关系，拓宽了公司股利政策研究视角。②已有文献在研究股利政策时，总是将公司各个财务决策割裂开来分别探讨（张玮婷、王志强，2015）。但在现实的市场环境下，外部融资摩擦的存在，公司财务决策之间是相互影响的，公司只能在权衡利弊的基础上对财务政策进行取舍。本书的研究发现，在我国转轨经济制度背景下，公司外部融资环境是决定公司股利行为的重要因素。本书的分析框架体现了公司的政治关联是如何通过融资决策影响公司现金股利行为的，研究发现，企业现金股利政策是公司不受融资约束困扰下的次优决策，普遍面临"钱荒"的公司将融资决策的重要性排在了股利政策之上。本书的研究丰富了股利政策理论，对于新兴市场国家制定合适的股利政策法规具有借鉴意义。

本章结构安排如下：第二部分为理论分析与假设推导；第三部分为研究设计；第四部分为实证结果与分析；第五部分是进一步的拓展检验：政治关联、融资约束与公司现金股利行为；第六部分是稳健性检验；第七部分是本章小结。

4.2 理论分析与假设推导

4.2.1 政治关联与公司融资约束

在西方主流观点中，良好的法治环境是资本市场发展至关重要的前提（LLSV，1997，1998，2002）。然而，转型经济时期的我国法律制度建设尚不健全。不同于英美发达资本市场，新兴市场投资者保护机制薄弱，中国作为一个高度政治集权的国家，国有经济仍然占据经济的主体地位，中央政府通过对官员任命、提拔、轮换与交流的控制，牢牢控制着我国经济、政治事务的方方面面（陈冬华、李真，2017），政府干预现象较为普遍（Faccio，2006）。公司通过构建政治关联与政府保持良好的关系。能够帮助公司克服落后的正式制度对自身发展的障碍，以此获得更多的贷款、税收优惠和补贴，也使更多机会进入政府管制行业。正如 Allen 等（2011）提出，中国等发展中国家的经济增长初期，可能存在一个比拥有成熟法律与金融体系的发达国家更加高效的替代性机制，这个"高效"的机制就是政治关联。政治关联对公司价值、公司运营、公司财务等产生了深远影响，如公司融资、税率优惠、政府合同等方面。Chaney 等（2011）研究认为，政治关联确实能缓解公司融资约束，其核心机制在于信息效应和资源效应。为了缓解融资约束，非国有公司更愿意通过政治关联，寻求政府干预（Xu 等，2013；李健、陈传明，2013），获取更多长期借款（段云、国瑶，2012；李健、陈传明，2013）。有政府支持的产业，上市公司 IPO 家数、融资额增速更快（陈冬华、李真、新夫，2017）。于蔚等（2012）进一步印证了政治关联的资源效应和信号效应，通过政治关联的信号效应，有助于缓解公司的融资约束，但缓解公司融资约束的关键在于政治关联的资源效应，即政治关联的资源效应占主导地位。基于以上分析提出如下假设：

假设1：相对于没有政治关联的公司，具有政治关联的公司所受到的融资约束程度更低。

4.2.2 政治关联与公司现金股利行为

在新古典的完美资本市场假设下,传统公司财务理论的开创者 Modigliani 和 Miller(1985)认为:公司投融资行为与公司的预期收益无关,与公司的投资效率无关,与公司的利润分配无关。然而,随着契约理论(Coase,1937)、委托代理理论(Jensen 和 Meckling,1976)和信息非对称理论(Myers 和 Majluf,1984)等新制度经济学和公司理论在公司财务领域的兴起、应用与发展,越来越多的理论研究和实证分析证实:在公司价值的创造过程中,公司的投资、融资和股利分配三大财务政策的选择与制定,并不能在新制度经济学的框架下独立无关。公司财务政策的选择及其经济后果,不仅受到信息非对称和代理成本的影响(Jensen 和 Meckling,1976;Aghion 和 Bolton,1992;Shleifer 和 Vishny,1989;Stein,2003),而且投资、融资和股利分配的关联性内生于相应的公司特征之中(Shleifer 和 Vishny,1997)。Dittmar 和 Thakor(2007)的研究表明:公司在向目标资本结构逐步调整的过程中,将同时考虑与之相匹配的投资阶段和股利分配方案。与融资决策的资金流向相异的是股利决策,它不仅是公司财务决策的重要组成部分,而且与公司投融资决策具有内在关联性。如:Jesen(1986)提出的自由现金流假说认为,股利的支付能够减少现金留存在公司被随意处置造成的浪费,进而缓解代理冲突问题;同时股利的持续支付迫使公司在需要资金时,通过寻求外部融资,不得不接受资本市场的监督,从而有助于减少代理成本。La porta 等(2002,2008)通过不同国别的公司研究发现:在投资者保护较强的国家,不仅融资成本低,而且股利支付通过缓解自由现金流的滥用,可起到减少代理成本的作用;而在投资者保护较弱的国家,存在更多自由现金流的过度投资问题(Easterbrook F. H.,1984)。公司基于降低代理成本的目的去发放股利,必然导致公司资金流出公司,在未来面临潜在投资机会,公司将会面临更高的融资约束。如果是在资本市场不健全的新型金融市场国家,其信息不对称的存在会进一步强化公司融资约束。Fazzari、Hubbard 和 Petersen(1988)最早依据信息非对称理论的研究发现:融资约束越严重,股利支付率越低,公司投资将更加依赖于内部资金投资的现金流敏感性将会越大。朱红军、何贤杰和陈信元(2006)的研究发现:金融发展水平的提高能够缓解公司的融资约束,降低公司投资对内部现金流的依赖性。曾爱民、张纯等（2013）研究发现，具有财务柔性的公司，受到融资约束困扰越小，拥有较高的经营净现金流量，并能支付较高的现金股利。余亮、梁彤缨（2013）研究发现，融资约束与代理成本分别实际股利支付朝过低和过高的方向偏离，而融资约束是造成我国股利政策治理效应损失的主要原因，二者共同作用使得股利整体支付水平偏低。

从上述研究发现，在现实中，由于市场摩擦的作用，公司财务决策并不能独立存在。在很多情况下，财务政策在追求各自目标的时候会相互掣肘，公司只能在权衡利弊的基础上对财务政策进行折中和取舍（张玮婷、王志强，2015）。在公司财务决策中，公司的融资政策和股利政策都是为投资决策服务的次要决策（陈艳等，2015），当公司面临未来融资不确定性时，公司遵循价值最大化原则，会选择持有现金以满足公司"预防性"动机和"谨慎性"动机的需要，从而减少公司的股利支付或不派发现金股利。Almeida H.（2004）、Han S. J.（2005）、李金（2007）等研究得出了相同的结论，即融资约束环境下的公司会选择储备充足的现金及其现金等价物以备未来的潜在的投资需求，从而表现出更高的现金—现金流敏感性水平。Bates T. W.（2009）研究认为，公司持有现金动机是预防可能发生的来自外部资本风险的冲击，公司面临的外部融资约束越严重，公司持有现金动机就越强。

事实上，上市公司管理层在进行股利支付决策时，通常分为两步：首先，根据公司的战略规划明确相应的再融资需求，进而结合资本市场的反应决定其支付股利策略；其次，在做出了股利支付决定后，结合相应的监管要求进一步决定公司实际的股利支付率（Lintner，1956）。也即，上市公司管理层依据公司财务行为，会首先决定是否支付股利，其次针对公司投资需求和融资需求，决定实际的股利支付率。因此，根据上述逻辑推演，本书认为政治关联作为公司一项重要的资源，能够在上市公司面临融资需求时有效"满足"。综上所述，融资约束情况下的"预防性动机"抑制了公司派发股利，而政治关联的资源效应"放松"了融资约束对公司股利行为的抑制。从而促使公司管理层做出股利支付决定。基于此，提出研究假设2：

假设2：相对于没有政治关联的公司，具有政治关联的上市公司有更强的股利支付意愿。

如上所述，具有政治关联的公司有效地疏通了公司外部融资渠道，提高了公司获取资源尤其是信贷资源的能力。胡旭阳（2006）以浙江省2004年百强民营公司为研究对象，发现企业家的政治身份有助于公司进入金融行业，提高资本获得能力。Fan 等（2008）以23例省部级官员腐败案件作为自然实验，也发现政治关联能够帮助公司获得更多的银行贷款。然而，在公司融资决策时，不仅考虑公司融资渠道，还要考虑公司的融资成本。公司的优序融资理论认为，公司的融资次序取决于融资成本，因而公司融资一般都会遵循优序融资理论（即内源融资、债务融资、权益融资）的融资顺序。在我国公司内源融资有限的既定条件下，若公司外源融资（债务融资、股权融资）的成本降低，公司可以将较多的内源资金作为现金股利发放，反之公司会发放较低水平的股利或干脆不发放。股利支付率的确定是再融资交易成本和代理成本之间进行权衡的重要结果（Jensen 和 Meckling，1976）。

因此，在外部制度环境不健全的现实背景下，公司与政府建立"亲密"关系，不仅疏通了公司外部融资渠道，还降低了公司外部融资成本。来自美国（Houston 等，2011）、马来西亚（Johnson 和 Mitton，2003）、巴基斯坦（Khwaja 和 Mian，2005）、泰国（Charumilind 等，2006）、巴西（Claessens 等，2008）以及跨国研究（Faccio，2007；Boubakri 等，2009）的经验证据都表明，政治关联显著提高了公司的信贷获得能力，具体表现为贷款规模增加、债务期限延长、贷款成本降低。除了银行信贷方面的融资优惠，政治关联还能显著降低公司的股权融资资本（Boubakri 等，2010）。据此，公司通过构建政治关联，降低了公司各项融资成本，为了控制代理成本，公司将内部资金通过现金股利的形式派发，进而提高了公司股利支付率。据此提出假设3：

假设3：相对于没有政治关联的公司，具有政治关联的公司现金股利支付率更高。

现金股利是投资者获取投资收益最直接和最稳定的方式，发挥着承前启后的重要作用。长期稳定的现金股利政策是成熟资本市场的标志，具有政策所具有的权威性、目标取向性和稳定性的基本特征（周晓中，1987）。从西方国家的经验可以看出，公司都尽力维持股利政策的稳定性，以此增强股票的预见性和股东信心，使股东队伍保持稳定（Allen 和 Michaely，2003）。持续稳定的股利政策提高公司善待股东的信任效用,能够建立公司良好的声誉,公司良好的声誉又可以提高公司在市场中横向联系、纵向联系和社会联系获取稀缺资源的能力(张敦力、李四海,2012)。

由于每个公司总是处于特定的环境之中,Glen等(1995)研究认为:发达资本市场和新兴资本市场公司股利政策完全不同,他们认为新兴市场公司能够制定公司目标股利支付率,但是却不能保持公司股利稳定性。新兴市场现金股利的稳定性较差(Aivazian,2003)究其原因是公司受到了融资约束的困扰。那么通过构建政治关联,公司拓宽了融资渠道,具有可靠的资金来源和更低的外部融资成本,更愿意长期支付股利(Fazzari、Hubbard和Petersen,1988),保持稳定的股利政策。Allen(2003)等认为,公司股利稳定有助于缓解管理层与股东之间的代理冲突。DeAngelo等(2007)认为较高且稳定的股利支付水平能够使得成熟的公司降低代理成本而不会牺牲(或增强)获得低成本的外部资金的能力。据此提出如下假设:

假设4:相对于没有政治关联的公司,具有政治关联的公司具有更稳定的现金股利。

4.2.3 政治关联维度与公司现金股利行为

4.2.3.1 政治关联维度与公司股利支付意愿

社会网络是指由一组特殊类型的社会关系(包括交易关系、友谊、成员资格等)联系起来的节点(如个人、群体、组织)所形成的网络。通常从节点、两两关系以及结构三个维度来理解社会网络的功能(姚小涛、席酉民,2008)。作为社会网络的一个节点,政治关联与其他节点(政府各部门)组成有价值的政治关系网络。

在转轨经济背景下,政治关联是一种有效的"关系"资源(潘越等,2009)。公司通过聘用曾任政府官员、政治参与,与政府之间建立"关系",以期政府在配置资源时,能得到政府的帮助和扶持,从而为公司获取更多的稀缺资源。然而,控制着公司发展所需大量资源的政府在配置资源时的偏袒行为存在机会成本,由于两者目标函数不同,一方面取决于政府的目标利益的权衡;另一方面还受公司与政府关联的广度和层级的影响。政府官员是否作出有利于公司的资源分配，取决于公司与政府之间的关系远近，取决于公司拥有的关系网的多少以及公司高管权力的大小。

现有文献虽然考察了政治关联对公司融资行为的影响（方军雄，2008），但是在度量政治关联时，没有考虑具有政治关联高管在高管层的比例，即政治关联广度；也没有考虑公司政治关联高管现任或曾任的行政级别的差异，忽略了两者掌控资源的差异对公司作用之间的异质性，没有区分公司政治关联数量与质量在其中所起的作用，并将它们视为一个整体。直接从公司有无政治关联来研究其对公司的财务行为影响后果。在中国现行的政治体制下，公司政治关联数量多少和层级高低差异对政府官员资源分配行为存在显著性的差异影响。在普遍关注政治关联的背景下，有必要区分政治关联数量与质量两个因素对公司股利行为的不同影响。据此，以社会网络理论和阶梯层级理论为依据，根据具有政治关联的高管在高管中的数量与曾任高管和现任高管的政治层级，将政治关联分为政治关联广度和政治关联深度两个平行维度，其中广度反映政治关系网络大小，深度反映政治关联官员行政级别高低（罗党论，2008；杜兴强，2012）。公司高管中具有政府背景的人数越多，公司获取经济资源和信息资源的途径就越多，公司政治关联高管行政级别越高，因为所具有的顶端优势，所能控制的资源就越多，就越能为公司谋得更多资源。如与曾为市级官员的高管相比，曾为省部级以上或省级人大代表的公司高管能够为公司带来的资源更多。公司资金"安全感"就越强，为了减少公司代理成本和提高公司的声誉机制，公司就越愿意支付股利。据此提出如下假设：

假设5a：政治关联广度与股利支付意愿正相关。

假设5b：政治关联深度与股利支付意愿正相关。

4.2.3.2 政治关联维度与公司现金股利支付率

在中国"官本位"文化和"关系型"社会中，公司无法通过体制内、市场化的途径获得经济资源。公司开始考虑通过与政府建立关系，以期公司在分配资源时获取更多的政府资源，在公司面临财务困境时，政府能够给予公司更多的帮助和关心。在我国"关系型"的社会中，公司与政府建立关系，并不是追求浅尝辄止，更多地"受多条朋友多条路"的文化习俗的影响，公司与更多的政府官员建立联系，秉承"西方不亮东方亮"的思想，以获取更多的优势资源和政策优惠,因此政治关联广度越大,公司获取信息和资源的渠道就越多,公司获取的资源越多,当有价值的投资机会来临时,公司能够方便地进入资本市场融资,及时获取或调用财务资源,把握住投资机遇进行投资,以实现公司价值最大化。

公司聘请的离职官员其以往的官员任职层级越高,融资越便利(胡旭阳,2006)。何镜清等(2013)还认为政治关联强度与贷款作用之间呈显著正相关。公司政治关联官员层级越高,能够到达的政府部门的等级越高,对政府政策的影响就越大,所掌握的经济资源和人脉资源更广,对公司提供帮助的能力也越大。有安全资金来源的公司,基于减少委托代理成本的动机会减少公司持有现金及现金等价物的规模,促使公司派发现金股利,并且派发更高的现金股利。基于以上分析,提出以下假设:

假设6a:政治关联广度与公司股利支付率正相关。

假设6b:政治关联深度与公司股利支付率正相关。

4.2.3.3 政治关联广度、政治关联深度与公司现金股利稳定性

持续稳定的股利是资本市场成熟的标志,也是资本市场健康运行的基石。根据Lintner(1956)的股利平滑假说,为避免股价的过度波动并保持财务灵活性,公司的现金股利政策会维持在一个相对稳定的水平,弱化了现金股利与外部经济环境或经济政策的相关性。应展宇(2004)指出我国上市公司的现金股利分配波动性极强,表现出极不稳定的特性。王茜、张鸣(2009)考察了经济波动对股利政策的影响,他们的实证研究表明在经济下降期,公司支付现金股利的意愿变弱。由此表明,公司外部融资环境的不确定性,使得公司为了"不时之需"而减少公司股利的发放,选择持有更多的现金。这意味着,为缓解代理冲突派发现金股利并不是影响我国公司股利行为的主因,我国公司股利行为更多地受公司外部融资环境的影响。而政治关联的网络越广,政治关联层级越高,公司获得资源途径就越宽广,公司资金来源就越稳定,公司的财务行为受外部其他变化的影响就越弱。政治关联的资源效应为公司稳定的资金来源和较低的融资成本提供了有力保障。由此,公司会选择维持稳定的股利政策,以此迎合公司监管层,同时向外界传递善待股东的良好声誉,以此达到双赢。基于此,提出如下假设:

假设7a:政治关联广度与公司股利稳定性正相关。

假设7b:政治关联深度与公司股利稳定性正相关。

4.2.4 政治关联广度与政治关联深度的作用比较

由于中国的政府官员由上级任命,公司的政治关联深度越高,公司在政治关系网络中的节点层次和质量就越高,从而越容易获得各地区各级政府官员的认同和支持,有利于公司克服各种市场和行政障碍,获取公司所需的诸如信息资源和管制资源,对政府政策的影响就越大。为公司提供帮助和扶持公司的能力就越高。但是,在中国现行的政治体制下,自上而下的经济体制改革的"游戏规则"是他们主导制定的,出于"以身作则"的示范效应,他们更愿意使用公平原则来处理关系,较难作出倾斜于政治关联公司的资源分配。吴文锋(2009)等发现,高管的地方政府背景对公司价值的正面影响要大于中央政府背景的影响。此外,如果公司拥有担任省部级或省人大政协职务的高管,这通常意味着该公司具有一定的经济实力和公司规模,弱化了政治关联的资源效应对这些公司的影响作用。据此,本书提出以下假设:

假设8:对于公司股利行为的影响,政治关联广度的作用大于政治关联深度。

4.3 研究设计

4.3.1 样本选择与数据来源

本章初始样本为2008~2016年沪深全部A股公司,对初始样本按以下标准进行筛选:①剔除ST及金融类上市公司;②剔除数据缺失的上市公司;③为了消除异常值的影响,本书删除了股利支付率大于1和小于0的样本公司;④为减少极端值的影响,对连续变量前后两端做了1%缩尾处理(Winsorize)。经过如上标准筛选和处理,最终获得10901个观测值作为研究样本。表4-2详示了样本具体分布情况。样本数据来源于Csmar数据库、Wind数据库以及手工搜集整理。

4.3.2 模型设定和变量定义

如何从经验上识别融资约束的强弱？Fazzari 等（1988）、Hubbard（1995）提出的投资—现金流敏感度（Investment – cash Flow Sensitivity）方法用于识别公司融资约束。虽然该方法得到了广泛实证证据支持，但 Kaplan 和 Zingales（1997）及一系列理论和实证研究表明（Alti，2003；Cummins 等，2006；曾爱民、魏志华，2013；连玉君、程建，2007），该方法存在诸多缺陷。因此，为了增强研究结论的可靠性，本书在研究政治关联对公司融资约束程度的影响时，借鉴 Almeida 等（2004）和连玉君等（2008）的研究构建了现金—现金流敏感性模型（4 – 1）及其研究假设 1 进行检验。

$$\Delta Cash = \alpha + \beta_1 Pol \times CashFlow + \beta_2 CashFlow + \beta_3 Lev + \beta_4 TobinQ + \beta_5 size + \beta_6 Inv + \beta_7 Cashhold + \beta_8 Roe + \beta_9 Fcontral + \beta_{10} Soedum + \beta_{11} Ind + \beta_{12} Year + \varepsilon$$

(4 – 1)

其中模型（4 – 1）中被解释变量 $\Delta Cash$ 为公司当年现金持有量的变动，交乘项 $Pol \times Cash\ Flow$ 中 Pol 为公司是否具有政治关联哑变量，现有文献通常以公司高管的政治身份度量公司是否具有政治关联（胡旭阳，2006；Fan 等，2007；陈钊等，2008；罗党论、唐清泉，2009a，2009b；刘慧龙等，2010）。罗党论、唐清泉（2009a，2009b）以有政治背景高管占整个高管人数的比例刻画公司政治关联；刘慧龙等（2010）仅以总经理是否具有政治身份作为公司高管代表，衡量公司是否具有政治关联。依据我国基本国情，即在公司管理的过程中，实行高度集权的管理模式，与非核心成员相比，董事长和总经理作为核心高管，对公司经营拥有更多权力，负有更大责任，其政治背景可为公司带来更多的利益空间。因此本书研究以下内容，对公司政治关联的界定和度量，借鉴 Fan 等（2007）的做法：具体分为以下四种情形：曾任党政官员（包括人大和政协常设机构任职经历）、现任或曾任政协委员、现任或曾任人大代表、曾在军队任职。只要董事长或总经理有 1 人具有上述四类政治身份中的一种，就定义该公司为具有政治关联公司，构建政治关联代理变量 Pol，Pol 取值为 1，表示公司具有政治关联，否则为 0；回归模型中变量 Cash Flow 的系数就是现金—现金流的敏感度，是公司经年初总资产标准化之后的经营活动现金净流量。根据 Almeida 等（2004）的融资约束理论，模型中自变量 Cash Flow 的回归系数用于测度公司是否受融资约束困扰，自变量 Cash Flow 的回归系数显著为正，说明公司面临融资约束的困扰。自变量 Cash Flow 的回归系数越大，表明公司所受融资约束程度越大，为保证公司持续经营所需储备的现金也越多，表现出更高的现金—现金流敏感性。Pol × Cash Flow 是政治关联的代理变量与公司经营活动现金流量（Cash Flow）的交乘项，这一变量代表政治关联对现金—现金流敏感度的增量影响，是融资约束的增量影响，若该交乘项回归系数显著为正，则说明与具有政治关联的公司相比，无政治关联的公司更大程度地受到了融资约束的困扰，这些公司更多依赖于公司的内部现金流量，从而存在融资约束问题。

由于政治关联的资源效应和信息效应，政治关联确实能够缓解公司融资约束（于蔚等，2012；田利辉，2013），因而表现出低的现金—现金流敏感性，即（Pol × Cash Flow）的回归系数越小。本书的研究假设预期该交乘项系数（Pol × Cash Flow）显著为负，即具有政治关联公司所受融资约束程度更轻。表明公司的政治关联关系改善了外部融资约束环境，增加了公司的融资渠道，降低了公司对内部资金的依赖性。

此外，借鉴 Almeida（2004）等研究融资约束的文献，本章选择的控制变量具体包括：公司资产负债率（Lev）、公司投资机会（TobinQ）、公司规模（Size）、公司投资水平（Inv）、公司现金持有量（Cashhold）、公司盈利能力（Roe）。此外，还控制了公司第一大股东持股比例（Fcontral）、公司最终控制人性质（Soedum）、行业（Ind）和年份（Year）控制变量，其中，行业变量（Ind）以证监会 2012 年行业分类标准进行划分，相关变量具体度量方法详见表 4-1。

政治关联与现金股利行为之间的关系是本书的重要基础性假设。本书参考了 Francis B. 等（2011）关于现金股利行为的相关研究，因 Divprob 的二值特征，本书设计了股利支付意愿 Logistic 模型（4-2），以此检验政治关联对公司股利支付意愿的影响；模型（4-3）中的被解释变量 Divpay 代表公司股利支付率，其特征为截尾变量，本书采用 Tobit 回归模型，用于检验政治关联对公司股利支付水平的影响；采用 OLS 回归模型（4-4），检验政治关联对公司股利稳定性的影响效应。模型（4-2）、模型（4-3）、模型（4-4）分别如下：

$$Divprob = \alpha + \beta_1 Pol + \beta_2 Lev + \beta_3 TobinQ + \beta_4 Size + \beta_5 Inv + \beta_6 Cashhold + \beta_7 Roe +$$

$$\beta_8 Beta + \beta_9 Growth + \beta_{10} Fcontral + \beta_{11} Soedum + \beta_{12} Ind + \beta_{13} Year + \varepsilon$$

(4-2)

$$Divpay = \alpha + \beta_1 Pol + \beta_2 Lev + \beta_3 TobinQ + \beta_4 Size + \beta_5 Inv + \beta_6 Cashhold + \beta_7 Roe +$$
$$\beta_8 Beta + \beta_9 Growth + \beta_{10} Fcontral + \beta_{11} Soedum + \beta_{12} Ind + \beta_{13} Year + \varepsilon$$

(4-3)

$$Divsolid = \alpha + \beta_1 Pol + \beta_2 Lev + \beta_3 TobinQ + \beta_4 Size + \beta_5 Inv + \beta_6 Cashhold + \beta_7 Roe +$$
$$\beta_8 Beta + \beta_9 Growth + \beta_{10} Fcontral + \beta_{11} Soedum + \beta_{12} Ind + \beta_{13} Year + \varepsilon$$

(4-4)

其中，在模型（4-2）中，Divprob 是被解释变量，代表公司是否支付股利，公司当年支付现金股利取值为1，不支付现金股利取值为0；模型（4-3）中，Divpay 是被解释变量，代表公司现金股利支付率；在模型（4-4）中，Divsolid 是被解释变量，代表公司股利稳定性水平，该解释变量为逆指标，数值越大，代表公司股利越不稳定。Pol 是解释变量，取值同模型（4-1），表示是否具有政治关联，不具有政治关联的公司 Pol 取值为0，具有政治关联的公司取值为1。

已有文献表明，影响公司股利行为包括公司自身特征（李善民等，2007；方军雄，2008）和外部宏观环境（李增泉等，2005；陈信元等，2007）。公司自身特征包括公司资产负债率（Lev）、公司投资机会（TobinQ）、公司规模（Size）、公司投资水平（Inv）、公司现金持有量（Cashhold）、公司盈利能力（Roe）、经营风险（Beta）、公司成长能力（Growth）、公司第一大股东持股比例（Fcontral）、公司产权性质（Soedum）（李善民、周小春，2007；方军雄，2008）等；后者主要包括经济制度环境。除了上述公司自身财务特征外，公司自身特征还包含公司具有政治关联网络的大小和政治关联官员身份背景所处的层级，所以进一步考察了公司政治关联网络大小（政治关联广度）和政治关联深度（权力层级）两个维度，并检验它们对公司股利行为的差异性影响。

为检验假设5a 和假设5b、假设6a 和假设6b、假设7a 和假设7b 及假设8，本书构建股利支付意愿模型、股利支付水平模型和股利稳定性模型来检验本书提出的假设。

$$Divprob = \alpha + \beta_1 Polboard + \beta_2 Poldeep + \beta_3 Lev + \beta_4 TobinQ + \beta_5 Size + \beta_6 Inv +$$
$$\beta_7 Cashhold + \beta_8 Roe + \beta_9 Beta + \beta_{10} Growth + \beta_{11} Fcontrol + \beta_{12} Soedum +$$
$$\beta_{13} Industry + \beta_{14} Year + \varepsilon \qquad (4-5)$$

$$Divpay = \alpha + \beta_1 Polboard + \beta_2 Poldeep + \beta_3 Lev + \beta_4 TobinQ + \beta_5 Size + \beta_6 Inv +$$
$$\beta_7 Cashhold + \beta_8 Roe + \beta_9 Beta + \beta_{10} Growth + \beta_{11} Fcontrol + \beta_{12} Soedum +$$
$$\beta_{13} Ind + \beta_{14} Year + \varepsilon \qquad (4-6)$$

$$Divsolid = \alpha + \beta_1 Polboard + \beta_2 Poldeep + \beta_3 Lev + \beta_4 TobinQ + \beta_5 Size + \beta_6 Inv +$$
$$\beta_7 Cashhold + \beta_8 Roe + \beta_9 Beta + \beta_{10} Growth + \beta_{11} Fcontrol + \beta_{12} Soedum +$$
$$\beta_{13} Ind + \beta_{14} Year + \varepsilon \qquad (4-7)$$

模型（4-5）中 Divprob 是被解释变量，代表公司支付股利意愿，因 Divprob 的二值特征，本书设计了股利支付意愿 Logistic 模型，以此检验政治关联广度和深度对公司股利支付意愿的影响。模型（4-6）中的被解释变量 Divpay 代表公司股利支付率，其特征为截尾变量，本书采用 Tobit 回归模型，以此检验政治关联广度和深度对公司股利支付率的影响。模型（4-7）中，Divsolid 是被解释变量，同模型（4-4）代表公司股利稳定性水平，该解释变量为逆指标，数值越大，代表公司股利越不稳定。模型（4-5）、模型（4-6）、模型（4-7）中解释变量分别为 Polboard，代表公司政治关联的广度，Poldeep 代表公司政治关联的深度。Faccio（2006）指出，政治关联的内涵及度量与公司所处制度环境特点有着密切关系。因其制度背景的差异，国内外文献对政治关联的定义与度量亦有差异，不过从现有文献整体分析来看，主要根据"社会网络理论"和"高层梯队理论"从公司高管层的关系网络大小和所在权力层级来研究公司的政治关联问题。国外研究政治关联维度的文献，主要是依据公司高管是否是政府高级官员，是否为国会议员或者与某位高官以及政党是否有紧密联系来进行定义与计量（Shon, 2004; Goldman 和 Rocholl, 2006; Michelson, 2010; Dombrovsky, 2008），也有文献根据政治关联程度不同而赋值计量（Fishman, 2001）。

在国内研究公司政治联系的文献中，大多是以高管政府背景衡量公司的政治关联（杜兴强等，2009；李健，2013）。然而，现实中政治关系网络的大小对公司行为存在差异性的影响，同理，政治关联层级高低对公司行为影响机理也不同

(江若尘，2013)。基于此，本章借鉴罗党论（2008）、杜兴强（2010）对政治关联维度的度量方法，我们将政治关联分为政治关联广度（Polboard）和政治关联深度（Poldeep）两个维度。政治关联广度（Polboard）是指具有政治关联的高管占整个公司高管人数比例（包括董事会董事和高级管理人员，其中高级管理人员具体指：法定代表人、总裁或总经理、副总裁或副总经理、财务负责人或财务总监，以及董事会秘书），以此反映公司政治关系网络的大小。政治关联的广度在信息节点数量、资源获取范围等方面影响公司获取资源渠道的多寡。政治关联深度（Poldeep）指公司高管曾任或现任人大代表、政协委员的议政级别或曾任官职的行政级别高低，反映公司自身节点的层次和质量，公司高管成员曾任或现任官员层级越高，能够接触的政府部门等级越高，从而越能影响政府政策和政府分配资源的倾斜行为，越能为公司带来更多的资源。我们希望探究这两个维度对公司现金股利行为带来的差异性影响的大小。

借鉴以往的研究股利政策（雷光勇，2007；魏志华，2010）的实证文献来选择控制变量，模型（4-2）、模型（4-3）、模型（4-4）、模型（4-5）、模型（4-6）、模型（4-7）中控制变量包括：公司资产负债率（Lev）、公司投资机会（TobinQ）、公司规模（Size）、公司投资水平（Inv）、公司现金持有量（Cashhold）、公司盈利能力（Roe）、公司成长能力（Growth）、公司第一大股东持股比例（Fcontral）、公司产权性质（Soedum）等。另外，公司经营风险越大，公司外部融资约束程度越高、外部融资成本越高，公司就会更多依赖内部资金投资而较少发放股利。Hoberg等（2010）认为，与股利溢价相比，公司异质性风险对公司股利行为影响更大，因此，模型（4-2）、模型（4-3）、模型（4-4）、模型（4-5）、模型（4-6）、模型（4-7）中也控制了异质性风险（Beta）变量，并预期该变量与股利支付意愿负相关、与股利支付率负相关、与股利稳定性正相关（股利稳定性指标 Divsolid 为逆指标）。此外，模型（4-2）、模型（4-3）、模型（4-4）、模型（4-5）、模型（4-6）、模型（4-7）中还控制了行业变量（Ind）和年份变量（Year），其中，行业变量（Ind）以2012年证监会行业分类标准进行划分（其中，制造业按二级子行业划分，共构建了20个行业虚拟变量）。

上述模型涉及的被解释变量、解释变量及控制变量含义及度量方法见表4-1。

表 4-1 变量含义及度量方法

	变量符号	变量含义
被解释变量	ΔCash	当期现金持有量-上期现金持有量
	Divprob	股利支付意愿,支付股利为1,否则为0
	Divpay	股利支付率=每股现金股利/每股收益
	Divsolid	股利稳定性,3年股利标准差/3年收益标准差
解释变量	Cash Flow	公司经年末总资产标准化之后的经营活动现金净流量,经营活动现金净流量/年初总资产
	Pol	表示不具有政治关联的公司Pol取值为0,具有政治关联的公司取值为1
	Pol1	表示现任不具有政治关联的公司Pol取值为0,具有政治关联的公司取值为1
	Polboard	该变量取值范围为[0,1],表示政治关联的高管占公司高管总数的比例
	Polboard1	该变量取值范围为[0,1],表示现任具有政治关联的高管占公司高管总数的比例
	Poldeep	当公司高管曾任或现任省部级以上(含省部级)的政府官员或省级人大代表、政协委员时赋值为1,否则为0
	Poldeep1	当公司现任高管为省部级以上(含省部级)的政府官员或省级人大代表、政协委员时赋值为1,否则为0
控制变量	Lev	资产负债率,负债总额/年末总资产
	TobinQ	投资机会,公司市场价值/账面价值
	Size	公司规模,样本期前一年的总资产的自然对数
	Inv	投资水平,资产支出/总资产
	Cashhold	现金持有量,现金和有价证券/年初总资产
	Roe	净资产收益率,净利润/年末总资产
	Beta	异质性风险,月回报数据的CAPM回归残差
	Growth	公司成长性,公司总资产增长率
	Fcontral	第一大股东持股比例
	Soedum	当国有控制时取1,否则为0
	Ind	行业哑变量
	Year	年份哑变量

4.4 实证结果与分析

4.4.1 描述性统计结果

表4-2报告了样本（2008~2016年）各年有政治关联公司占整个样本公司的比例，从表4-2中可以看到，从2008年到2014年各年有政治关联公司占整个样本公司的平均比例为42.3%，但2015年、2016年有政治关联公司占整个样本公司的比例下降到34.52%和27%，表明伴随新一届政府《关于进一步规范党政领导干部在公司兼职（任职）问题的意见》出台，严格限制了政府官员兼职公司管理层的现象，从而降低了具有政治关联的公司占比。

表4-2 样本分布详情

年份	2008	2009	2010	2011	2012	2013	2014	2015	2016
有政治关联	275	319	459	566	607	602	567	476	425
样本总数	676	765	1073	1312	1404	1379	1355	1379	1565
百分比（%）	40.68	41.70	42.78	43.14	43.23	43.65	41.85	34.52	27

表4-3列示了主要变量的描述性统计结果。由历年（2008~2016年）的全样本统计量结果发现，是否具有政治关联公司均值为0.414，表明大约41.4%的样本公司具有政治关联。从全样本统计结果可以看到，整个样本期间股利支付意愿均值为0.72，表明大约72%的公司倾向于支付现金股利；股利支付率均值为0.116，表明虽然上市公司都倾向于支付股利，但其支付比例相对较低；股利稳定性均值为0.514，标准差为0.825，表明我国公司股利稳定性比较差，公司派发股利的随机性较强，体现了我国公司股利存在较大程度的波动性，进一步地，依据是否具有政治关联分组比较，发现具有政治关联的公司股利支付意愿和股利

支付率均高于不具有政治关联的公司,这与我们的预期一致,即具有政治关联的公司会选择派发更高的股利。但具有政治关联的公司的股利稳定性比不具有政治关联的公司股利稳定性要差,初步表明政治关联加剧了公司股利的波动性。

表4-3 主要变量描述性统计结果

变量	样本	观察值	均值	标准差	最小值	最大值
Pol	全样本	10901	0.414	0.493	0	1
	有政治关联	4296	1	0	1	1
	无政治关联	6605	0	0	0	0
Divprob	全样本	10901	0.720	0.449	0	1
	有政治关联	4296	0.749	0.433	0	1
	无政治关联	6605	0.700	0.459	0	1
Divpay	全样本	10901	0.116	0.156	0	0.8
	有政治关联	4296	0.126	0.162	0	0.8
	无政治关联	6605	0.109	0.151	0	0.8
Divsolid	全样本	10901	0.514	0.825	0	4.934
	有政治关联	4296	0.543	0.831	0	4.934
	无政治关联	6605	0.494	0.820	0	4.934
Pol×Cash Flow	全样本	10901	0.018	0.054	-0.209	0.261
	有政治关联	4296	0.042	0.077	-0.209	0.261
	无政治关联	6605	0	0	0	0
Cash Flow	全样本	10901	0.040	0.076	-0.209	0.261
	有政治关联	4296	0.042	0.077	-0.209	0.261
	无政治关联	6605	0.039	0.076	-0.209	0.261
Lev	全样本	10901	0.396	0.221	0.043	1.064
	有政治关联	4296	0.392	0.213	0.043	1.064
	无政治关联	6605	0.398	0.226	0.043	1.064
TobinQ	全样本	10901	2.473	2.081	0.234	12.390
	有政治关联	4296	2.321	1.862	0.234	12.390
	无政治关联	6605	2.582	2.217	0.234	12.390
Size	全样本	10901	21.579	1.086	19.087	25.749
	有政治关联	4296	21.634	1.091	19.087	25.749
	无政治关联	6605	21.541	1.081	19.087	25.749

续表

变量	样本	观察值	均值	标准差	最小值	最大值
Inv	全样本	10901	0.061	0.055	0.001	0.253
	有政治关联	4296	0.066	0.056	0.001	0.253
	无政治关联	6605	0.058	0.054	0.000	0.253
Cashhold	全样本	10901	0.189	2.081	0.137	0.753
	有政治关联	4296	0.187	0.129	0.01	0.753
	无政治关联	6605	0.191	0.141	0.01	0.753
Roe	全样本	10901	0.068	0.118	−0.664	0.453
	有政治关联	4296	0.074	0.106	−0.664	0.453
	无政治关联	6605	0.063	0.126	−0.664	0.453
Beta	全样本	10901	1.075	0.195	0.783	1.642
	有政治关联	4296	1.073	0.196	0.783	1.642
	无政治关联	6605	1.077	0.194	0.783	1.642
Growth	全样本	10901	0.291	0.538	−0.310	2.811
	有政治关联	4296	0.299	0.515	−0.330	2.811
	无政治关联	6605	0.285	0.554	−0.330	2.811
Fcontral	全样本	10901	0.368	0.155	0	0.900
	有政治关联	4296	0.372	0.157	0	0.900
	无政治关联	6605	0.365	0.153	0	0.841
Soedum	全样本	10901	0.320	0.466	0	1
	有政治关联	4296	0.261	0.439	0	1
	无政治关联	6605	0.361	0.480	0	1

基于社会网络理论和高层梯队理论，政治关联网络的大小与关联官员行政级别对公司财务行为的影响存在显著差异性（罗党论，2008；李健、陈传明，2013；江若尘，2013）。鉴于此，将政治关联划分为政治关联网络（政治关联广度，Polboard）、政治关联权力级别即政治关联深度（Poldeep）两个维度，具体划分标准为将全样本政治关联广度比例均值作为分组依据，广度比例大于等于均值的（Polboard ≥ 0.177）为公司社会网络较宽组，小于均值的（Polboard < 0.177）为公司社会网络较小组。政治关联的深度以具有政治关联行政级别是否为省部级为依据分类，行政级别为省部级及以上的为高组，行政级别低于省部级

的为低组。(Poldeep=1，行政级别为省部级及以上；Poldeep=0，行政级别为省部级以下)。

表4-4列示了样本变量分组的描述性统计结果。从分组样本统计结果来看，总体而言，政治关联的广度和深度对公司股利影响有显著差异，表4-4Panel A 具有社会网络较宽组显示，公司股利支付意愿的均值为0.729，表明有72.9%的公司更愿意派发股利；股利支付率均值为0.119；股利稳定性均值为0.525；Panel A 政治关联广度较小组的统计结果显示，公司股利支付意愿的均值为0.712，表明有71.2%的公司更愿意派发股利；股利支付率均值为0.113；股利稳定性均值为0.505，由统计结果初步发现，公司社会网络越宽广，即公司董事会和高管群里有政治关联的人数越多，公司越倾向于派发股利，股利支付率也越高，公司股利稳定性越差。

表4-4 样本变量分组的描述性统计

Panel A 政治关联维度（政治关联广度分组描述性统计）

变量		样本数	均值	标准差	最小值	最大值	中位数
Polboard≥0.177	Divprob	4706	0.729	0.445	0	1	1
Polboard<0.177	Divprob	6195	0.712	0.453	0	1	1
Polboard≥0.177	Divpay	4706	0.119	0.161	0	0.8	0.065
Polboard<0.177	Divpay	6195	0.113	0.151	0	0.8	0.06
Polboard≥0.177	Divsolid	4706	0.525	0.815	0	4.934	0.267
Polboard<0.177	Divsolid	6195	0.505	0.834	0	4.934	0.239
Polboard≥0.177	Polboard	4706	0.284	0.092	0.18	0.82	0.26
Polboard<0.177	Polboard	6195	0.087	0.054	0	0.17	0.09
Polboard≥0.177	Poldeep	4706	0.564	0.496	0	1	1
Polboard<0.177	Poldeep	6195	0.207	0.405	0	1	0
Polboard≥0.177	Lev	4706	0.407	0.220	0.043	1.064	0.386
Polboard<0.177	Lev	6195	0.386	0.221	0.043	1.064	0.366
Polboard≥0.177	TobinQ	4706	2.259	1.878	0.234	12.390	1.737
Polboard<0.177	TobinQ	6195	2.654	2.223	0.234	12.390	2.012
Polboard≥0.177	Size	4706	21.629	1.096	19.087	25.749	21.46
Polboard<0.177	Size	6195	21.539	1.075	19.087	25.749	21.404

续表

变量		样本数	均值	标准差	最小值	最大值	中位数
Polboard≥0.177	Inv	4706	0.069	0.059	0.001	0.269	0.053
Polboard<0.177	Inv	6195	0.066	0.059	0.001	0.269	0.050
Polboard≥0.177	Cashhold	4706	0.228	0.167	0.010	0.753	0.178
Polboard<0.177	Cashhold	6195	0.236	0.180	0.010	0.753	0.175
Polboard≥0.177	Roe	4706	0.071	0.115	-0.664	0.453	0.072
Polboard<0.177	Roe	6195	0.065	0.121	-0.664	0.453	0.070
Polboard≥0.177	Beta	4706	1.073	0.205	0.783	1.642	1.004
Polboard<0.177	Beta	6195	1.077	0.186	0.783	1.642	1.014
Polboard≥0.177	Growth	4706	0.261	0.481	-0.330	2.811	0.120
Polboard<0.177	Growth	6195	0.316	0.581	-0.330	2.811	0.126
Polboard≥0.177	Fcontral	4706	0.372	0.160	0	0.894	0.359
Polboard<0.177	Fcontral	6195	0.365	0.149	0	0.90	0.357
Polboard≥0.177	Soedum	4706	0.340	0.474	0	1	0
Polboard<0.177	Soedum	6195	0.303	0.460	0	1	0

Panel B 政治关联维度（政治关联深度分组描述性统计）

变量		样本数	均值	标准差	最小值	最大值	中位数
Poldeep=1	Divprob	3885	0.758	0.428	0	1	1
Poldeep=0	Divprob	7016	0.698	0.459	0	1	1
Poldeep=1	Divpay	3885	0.127	0.161	0	0.8	0.8
Poldeep=0	Divpay	7016	0.109	0.152	0	0.8	0.05
Poldeep=1	Divsolid	3885	0.551	0.838	0	4.934	0.282
Poldeep=0	Divsolid	7016	0.492	0.817	0	4.936	0.233
Poldeep=1	Polboard	3885	0.246	0.115	0.04	0.69	0.23
Poldeep=0	Polboard	7016	0.137	0.108	0	0.82	0.12
Poldeep=1	Poldeep	3885	1	0	1	1	1
Poldeep=0	Poldeep	7016	0	0	0	0	0
Poldeep=1	Lev	3885	0.393	0.210	0.043	1.064	0.374
Poldeep=0	Lev	7016	0.397	0.226	0.043	1.064	0.378
Poldeep=1	TobinQ	3885	2.280	1.825	0.234	12.390	1.782
Poldeep=0	TobinQ	7016	2.586	2.211	0.234	12.390	1.945

续表

变量		样本数	均值	标准差	最小值	最大值	中位数
Poldeep = 1	Size	3885	21.656	1.098	19.087	25.749	21.474
Poldeep = 0	Size	7016	21.535	1.076	19.087	25.749	21.405
Poldeep = 1	Inv	3885	0.072	0.058	0.001	0.269	0.058
Poldeep = 0	Inv	7016	0.064	0.059	0.001	0.269	0.047
Poldeep = 1	Cashhold	3885	0.229	0.165	0.010	0.753	0.178
Poldeep = 0	Cashhold	7016	0.234	0.179	0.0105	0.753	0.174
Poldeep = 1	Roe	3885	0.075	0.104	-0.664	0.453	0.075
Poldeep = 0	Roe	7016	0.064	0.125	-0.664	0.453	0.069
Poldeep = 1	Beta	3885	1.071	0.194	0.783	1.642	1.006
Poldeep = 0	Beta	7016	1.078	0.195	0.783	1.642	1.012
Poldeep = 1	Growth	3885	0.302	0.514	-0.330	2.811	0.134
Poldeep = 0	Growth	7016	0.284	0.552	-0.330	2.811	0.116
Poldeep = 1	Fcontral	3885	0.374	0.158	0	0.90	0.369
Poldeep = 0	Fcontra	7016	0.365	0.153	0	0.841	0.352
Poldeep = 1	Soedum	3885	0.244	0.430	0	1	0
Poldeep = 0	Soedum	7016	0.364	0.481	0	1	0

同时，表4-4 Panel B 分组描述性统计结果显示，对于政治关联层级高的公司，公司股利支付倾向的均值为0.758，表明有75.8%的公司更愿意派发股利；股利支付率均值为0.127；股利稳定性均值为0.551；对于政治关联层级低的公司，公司股利支付倾向的均值为0.698，表明有69.8%的公司更愿意派发股利；股利支付率均值为0.109；股利稳定性均值为0.492。统计结果初步表明，公司政治关联层级越高，公司越倾向于派发股利，股利支付率也越高，股利稳定性也越差。

表4-5列示了是否具有政治关联、政治关联维度与股利行为的均值t检验，根据有无政治关联对样本进行分组，分别就股利支付意愿、股利支付率和股利稳定性进行了均值t检验，以查看是否存在显著差异。表4-5的结果显示，公司是否具有政治关联对于股利的发放有显著影响，具有政治关联的公司更愿意派发股利。由于政治关联的资源效应和信息效应，降低了公司的融资约束以及对内部

资金的依赖,为了降低公司的代理成本,公司选择派发更多的现金股利,传递公司善待股东的信息,初步支持研究假设2。但是具有政治关联的公司股利稳定性较差,并不支持假设4,即有政治关联的公司外部融资约束得以缓解,并不需要维持稳定的股利政策,以传递信号获取融资。

表4-5 政治关联对公司股利行为影响的单变量检验

变量	按是否具有政治关联分组			
	有政治关联组 (n=4296)	无政治关联组 (n=6605)	组间均值差异	t值
股利支付意愿均值	0.749	0.699	-0.050***	-5.314
股利支付率均值	0.125	0.108	-0.157***	-5.209
股利稳定性均值	0.543	0.494	-0.049***	-2.845

注:*代表在10%水平上显著,**代表在5%水平上显著,***代表在1%水平上显著。

为了更进一步考察政治关联对公司股利行为的影响差异,表4-6列示了按政治关联维度分组的公司主要特征变量的均值,并采用t检验和Wilcoxon-Mann-Whitney检验判断了统计显著性。由于二者的检验结果高度一致,因此表4-6中仅报告了t检验的有关结果。

表4-6 t统计结果显示,政治关联广度较高组的公司,股利支付意愿更高(72.9%)、股利支付率更高(0.119)、股利稳定性更差(0.525)、公司的负债比率越高、公司规模越大,现金持有越少,第一大股东持股比例越高,表明政治关联的广度显著提升了公司获取的信贷,公司建立了稳定的外部融资渠道,不需要持有更多的现金以满足未来的潜在需求,公司派发更高的股利。同样,政治关联层级高的公司股利支付意愿、股利支付率和股利稳定性亦有显著差异。这表明,政治关联层级越高,公司在有限的资源竞争中,通过政治关联获取优势地位,能够为公司带来更多的经济资源。初步验证了假设5a、假设5b、假设6a、假设6b、假设7a、假设7b和假设8。

同时,表4-6 t统计检验结果显示,公司是否有政治关联财务特征有显著差异,如政治关联广度高组的资产负债率高于政治关联广度低组;初步表明政治关

表4-6 各子样本变量均值及显著性差异检验

样本分组	Divprob	Divpay	Divsolid	Lev	TobinQ	Size	Inv	Cashhold	Roe	Beta	Growth	Fcontral	Soedum
Polboard < 0.177	0.712	0.113	0.505	0.386	2.654	21.539	0.060	0.236	0.065	1.077	0.316	0.365	0.303
Polboard ≥ 0.177	0.729	0.119	0.525	0.407	2.259	21.629	0.069	0.228	0.071	1.073	0.261	0.372	0.340
t检验	-1.721*	-2.049**	-1.120	-4.674***	9.200***	-4.093***	-2.944***	2.200***	-2.156**	1.036	4.954***	-2.474**	-3.799***
Poldeep = 0	0.698	0.109	0.492	0.397	2.586	21.535	0.064	0.234	0.064	1.078	0.284	0.365	0.364
Poldeep = 1	0.758	0.127	0.551	0.393	2.280	21.656	0.072	0.229	0.075	1.071	0.302	0.374	0.244
t检验	-5.544***	-6.284***	-3.341***	0.739	6.894***	-5.264***	-6.729***	1.556	-4.466***	1.526	-1.518	-3.029	12.144**

注：*代表在10%水平上显著，**代表在5%水平上显著，***代表在1%水平上显著。

联广度越广,能够为公司带来更多的信贷资金,但政治关联层级高低两组资产负债率没有显著差异,层级高低两组的公司价值没有显著差异,表明层级越高,政治关联对公司财务行为影响越不显著。初步验证了政治关联维度对公司财务行为影响机理显著不同;对于层级较高的政治关联担负着诸多的政治目标和社会责任,政府官员向公司寻租,不但不会给公司带来经济资源,有可能还会损害公司的价值。对于层级较低且政治关联度广度较大的公司而言,企业家花时间和金钱建立政治关联,为公司带来更多的长期借款,更多地关注公司本身的经济利益,增加地方 GDP,以此达到政治晋升的目的(陆梦龙、苏忠秦,2012)。

由于单变量检验的说服力和稳健性较低,为了弥补描述性统计中单变量的缺陷,因此,参照 Francis B.(2011)的研究,本书进一步利用多元回归分析检验各研究假设是否成立。本书从现金—现金流敏感性考察了政治关联对公司依赖内部资金程度的影响。公司股利行为分别从三个维度衡量,即股利支付意愿、现金股利支付水平及股利稳定性。根据被解释变量的特征,实证分析分别采用了 Logistic 回归、Tobit 回归和混合最小二乘法(OLS),具体结果如表 4 - 7 所示。

表 4 - 7 政治关联、融资约束及股利政策的回归结果

	(1)	(2)	(3)	(4)
	ΔCash	Divprob	Divpay	Divsolid
Pol	-0.026***	0.120**	0.013***	0.037**
	(-3.16)	(2.05)	(3.84)	(2.14)
Pol × Cash Flow	-0.147**			
	(-2.06)			
Cash Flow	0.577***			
	(11.78)			
Lev	-0.641***	-2.573***	-0.225***	-0.510***
	(-30.25)	(-12.79)	(-18.92)	(-9.41)
TobinQ	0.016***	-0.011	0.002*	-0.018***
	(6.74)	(-0.52)	(1.97)	(-3.30)
Size	0.025***	0.226***	0.028***	-0.008
	(5.50)	(5.72)	(12.56)	(-0.73)

续表

	（1）	（2）	（3）	（4）
	ΔCash	Divprob	Divpay	Divsolid
Inv	0.459***	2.481***	0.208***	0.321**
	(9.94)	(4.64)	(7.42)	(2.16)
Cashhold		1.888***	0.227***	0.452***
		(7.86)	(18.40)	(7.10)
Roe	0.044***	11.41***	1.124***	0.542***
	(3.5)	(25.39)	(42.80)	(7.22)
Beta		-2.917**	-0.056	0.196
		(-2.03)	(-0.63)	(0.46)
Growth		0.364***	0.030***	0.032*
		(4.64)	(8.82)	(1.79)
Fcontral	0.086***	0.843***	0.096***	0.363***
	(3.70)	(4.34)	(9.02)	(6.62)
Soedum	-0.089***	-0.126*	-0.152***	-0.094
	(-10.39)	(-1.78)	(-3.89)	(-4.61)
Ind	控制	控制	控制	控制
Year	控制	控制	控制	控制
_cons	-0.061	-2.250	-0.572***	0.467
	(-0.63)	(-1.58)	(-6.72)	(1.11)
Sigma_cons			0.146***	
			(113.64)	
R-squared	0.307	0.304	3.069	0.376
N	10901	10901	10901	10901

注：*代表在10%水平上显著，**代表在5%水平上显著，***代表在1%水平上显著。

4.4.2 实证检验：政治关联与公司融资约束

从表4-7（1）列回归结果中可以看到，模型（4-1）中 Cash Flow 的回归系数为正，且在1%显著性水平上显著，也即现金—现金流敏感度为正，表明样本公司面临着融资约束的困扰。

交乘项 Pol×Cash Flow 的回归系数在5%显著性水平上为负。这表明，政治关联的确能够缓解公司融资约束。与于蔚（2012），陆梦龙、苏忠秦（2012）的研究结果一致，即公司政治关联的信息效应和资源效应有助于强化公司的资源获取能力，切实提高公司的未来总收益，其中政治关联的资源效应起主导作用，从而降低了公司现金—现金流敏感度，这一结果意味着公司的融资约束降低，对于内部资金的依赖程度降低（Almeida 等，2004）这一证据验证了本书研究假设 1，即具有政治关联的企业依托其资源效应缓解了公司的融资约束程度，进而降低了公司对内部现金流的依赖。

4.4.3　实证检验：政治关联与公司现金股利行为

表 4-7（2）列示了政治关联对公司股利支付意愿影响的回归结果，需要指出的是，由于股利支付意愿（Divprob）二变量的特征，因此采用 Logit 回归。结果显示，Pol 的回归系数为 0.136，且在 5% 的水平上显著为正，这表明，具有政治关联的公司更愿意向投资者支付股利，假设 2 得证。表 4-7（3）列报告了政治关联对公司股利支付率影响的回归结果，需要指出的是，股利支付水平（Divpay）为双截尾变量，因此采用 Tobit 回归，由结果显示，Pol 的回归系数为 0.010 且在 1% 的水平上显著为正，表明具有政治关联的公司更愿意向投资者支付股利，假设 3 得证。表 4-7（4）列报告了是否具有政治关联对公司股利支付稳定性影响的回归结果，Divsolid 为逆指标，由结果显示，Pol 的回归系数为 0.034 且在 5% 的水平上显著为正，表明具有政治关联的公司股利稳定性比没有政治关联的公司稳定性差。

4.4.4　实证检验：政治关联维度与公司股利现金行为

表 4-8 列示了政治关联对公司股利支付意愿影响的回归结果，表 4-8（1）列、（2）列对应假设 5a 和假设 5b 的检验结果，表 4-8（1）列政治关联广度（Polboard）的回归系数为 0.433，在 10% 的水平上显著相关；表明政治关联广度越广，公司股利支付意愿越强，假设 5a 得到了证明。表 4-8（2）列政治关联深度（Poldeep）的回归系数为 0.191，且在 1% 的水平上显著正相关；这表明，在控制了其他影响因素之后，公司政治关联层级越高，公司越愿意派发股利，假设 5b 得到了验证。

表4-8 政治关联广度、政治关联深度与公司支付股利倾向及股利支付率

	(1) Logit 回归 Divprob	(2) Logit 回归 Divprob	(3) Tobit 回归 Divpay	(4) Tobit 回归 Divpay	(5) OLS 回归 Divsolid	(6) OLS 回归 Divsolid
Polboard	0.433* (1.80)		0.036** (2.58)		-0.195*** (2.81)	
Poldeep		0.191*** (3.18)		0.011*** (3.13)		-0.045** (2.57)
Lev	-4.996*** (-24.49)	-4.972*** (-24.38)	-0.384*** (-31.60)	-0.383*** (-31.49)	0.059*** (3.76)	0.059*** (3.73)
TobinQ	-0.224*** (-10.33)	-0.222*** (-10.26)	-0.015*** (-11.50)	-0.015*** (-11.42)	0.016** (2.89)	0.016** (2.85)
Size	0.548*** (14.31)	0.544*** (14.20)	0.051*** (24.38)	0.051*** (24.34)	0.052*** (4.99)	0.051*** (4.91)
Inv	3.408*** (5.95)	3.317*** (5.79)	0.189*** (5.89)	0.185*** (5.76)	-0.385** (-2.59)	-0.367** (-2.47)
Cashhold	1.784*** (6.96)	1.781*** (6.95)	0.244*** (18.55)	0.245*** (18.58)	-0.659*** (-10.72)	-0.660*** (-10.74)
Roe	11.75*** (25.77)	11.75*** (25.75)	1.134*** (43.38)	1.133*** (43.37)	-0.578*** (-7.25)	-0.582*** (-7.30)
Beta	-0.899 (-0.62)	-0.820 (-0.57)	0.130 (1.46)	0.133 (1.50)	-0.813 (-1.90)	-0.823 (-1.92)
Growth	0.238** (3.16)	0.230*** (3.06)	0.036*** (10.53)	0.035*** (10.36)	-0.022 (-1.20)	-0.019 (-1.05)
Fcontral	1.016*** (5.82)	1.018*** (5.82)	0.094** (2.34)	0.093** (2.34)	-0.359*** (-6.18)	-0.357*** (-6.16)
Soedum	-0.136* (-1.94)	-0.124* (-1.76)	-0.164*** (-4.24)	-0.147*** (-3.75)	-0.099*** (-4.86)	-0.092*** (-4.51)
Ind	控制	控制	控制	控制	控制	控制
Year	控制	控制	控制	控制	控制	控制
_cons	-10.55*** (-7.38)	-10.52*** (-7.43)	-1.194*** (-14.28)	-1.192*** (-14.23)	-0.576 (-1.37)	-0.575 (-1.37)
Sigma _cons			0.146*** (113.58)	0.146*** (113.59)		
Adj R²	0.293	0.293	3.124	3.126	0.06	0.06
N	10901	10901	10901	10901	10901	10901

注：*代表在10%水平上显著，**代表在5%水平上显著，***代表在1%水平上显著。

4 政治关联、融资约束与公司现金股利政策

本章利用模型（4-6）验证假设6a、假设6b，表4-8（3）列、（4）列对应假设6a、假设6b的检验结果。由表4-8（3）列可知，政治关联广度（Polboard）回归系数为0.036，且在5%的水平上显著正相关；表明政治关联广度越广，公司股利支付率越高；由表4-8（4）列可知，政治关联深度（Poldeep）回归系数为0.011，在1%的水平上显著正相关；表明政治关联层级越高，公司股利支付率越高。

本章利用模型（4-7）验证假设7a、假设7b，表4-8（5）列、（6）列对应假设7a、假设7b的检验结果。由表4-8（5）列可知，政治关联广度（Polboard）回归系数为0.195，在1%的水平上显著负相关，表明政治关联广度越广，公司股利稳定性越差；由表4-8（6）列可知，政治关联深度（Poldeep）回归系数为0.045，在5%的水平上显著负相关；表明政治关联层级越高，公司股利越不稳定。

4.4.5 实证检验：政治关联广度、政治关联深度的作用比较

表4-8显示，政治关联的广度（Polboard）和政治关联的深度（Poldeep）都对公司股利的行为有显著影响，但其对股利的影响作用不同。因此，本章利用模型（4-5）、模型（4-6）、模型（4-7）验证假设8，进一步检验了政治关联广度（Polboard）和政治关联深度（Poldeep）对公司股利行为差异性影响。

表4-9（1）列显示，在控制了政治关联广度（Polboard）后，政治关联深度（Poldeep）与公司股利支付倾向（Divprob）的系数为0.072（标准化系数为0.069），在10%的水平上显著相关。政治关联广度（Polboard）与公司股利支付倾向（Divprob）的系数为0.143（标准化系数为0.124），在5%的水平上显著正相关。表4-9（2）列在控制政治关联的广度（Polboard）后，政治关联深度（Poldeep）与公司股利支付率（Divpay）的系数为0.008（标准化系数为0.047）且在5%的水平上显著；政治关联广度（Polboard）与公司股利支付率（Divpay）的系数为0.030（标准化系数为0.008）且在5%的水平上显著相关。表4-9（3）列在控制政治关联的广度（Polboard）后，政治关联深度（Poldeep）与公司股利稳定性（Divsolid）系数为0.029（标准化系数为0.017）且不显著，政治关联广度（Polboard）与公司股利稳定性（Divsolid）的系数为0.145（标准化系数为0.022）

且在5%水平上显著相关（未控制 Polboard 时，表4-8（2）列、（4）列、（6）列显示政治关联深度（Poldeep）与股利支付倾向（Divprob）系数为0.191，在1%水平上显著正相关；政治关联深度（Poldeep）与股利支付率（Divpay）系数为0.011，在1%水平上显著相关；政治关联深度（Poldeep）与股利稳定性（Divsolid）系数为0.045，在5%水平上显著相关。

表4-9 政治关联广度、政治关联深度对公司股利行为的作用比较

	(1) Logit 回归 Divprob	(2) Tobit 回归 Divpay	(3) OLS 回归 Divsolid
Polboard	0.143** (2.60)	0.030** (2.06)	0.145** (2.20)
Poldeep	0.072* (1.72)	0.008** (2.14)	0.029 (1.52)
Lev	-3.159*** (-14.97)	-0.277*** (-23.86)	0.059*** (3.73)
TobinQ	-0.129*** (-5.57)	-0.012*** (-9.30)	0.016** (2.85)
Size	0.182*** (4.50)	0.020*** (9.31)	0.052*** (4.99)
Inv	2.555*** (4.78)	0.215*** (7.70)	-0.373* (-2.51)
Cashhold	1.929*** (7.57)	0.233*** (19.19)	-0.660*** (-10.74)
Roe	9.494*** (19.45)	0.845*** (31.74)	-0.577*** (-7.23)
Beta	-1.169 (-0.83)	-0.002 (-0.02)	-0.822 (-1.92)
Growth	0.149* (1.96)	0.024*** (7.32)	-0.021 (-1.16)
Fcontral	0.642** (3.18)	0.079*** (7.71)	-0.358*** (-6.50)

续表

	（1） Logit 回归 Divprob	（2） Tobit 回归 Divpay	（3） OLS 回归 Divsolid
Soedum	-0.291*** (-4.38)	-0.015*** (-3.94)	-0.095*** (-4.68)
Ind	控制	控制	控制
Year	控制	控制	控制
_cons	-2.758 (-1.93)	-0.466*** (-5.75)	-0.570 (-1.36)
Sigma_cons		0.138*** (114.25)	
Pseudo R^2	0.642	3.642	0.056
N	10901	10901	10901

注：*代表在10%水平上显著，**代表在5%水平上显著，***代表在1%水平上显著。

控制政治关联广度（Polboard）后，政治关联深度（Poldeep）（政治关联层级高低）对公司现金股利支付行为的作用减弱了。实证结果表明政治关联广度（Polboard）和深度（Poldeep）必须同时考虑，否则回归结果不具有稳健性。由此表明，政治关联广度（Polboard）和深度（Poldeep）都对公司股利支付意愿和股利支付率有正向影响，但政治关联广度加剧了公司股利的波动性，政治关联深度对公司股利稳定性没有显著影响。根据政治关联广度和深度对公司股利意愿、股利支付率和股利稳定性的标准化系数绝对值大小比较可知，政治关联的广度对公司股利行为的影响大于政治关联深度对公司股利行为的影响，假设8成立。

正如"众人拾柴火焰高"，公司政治关系网络越大，公司信息获取的速度和资源可获取程度就越大，究其原因，在地方政府与公司关系中，地方政府会在税收、审批、资金支助等方面向公司提供制度性资源（赵峰等，2011），使其在当地获得更大的生存空间。公司政治管理层级越高，决定资源分配的权力就越大，但是关注的目标不同，如更多地关注公司健康发展，树立民族品牌，对于公司的干预程度相对较小。因此，与政治关联深度相比，政治关联广度对公司股利行为影响更大。

4.5 进一步的拓展检验：政治关联、融资约束与公司现金股利行为

对于研究假设2、假设3及假设4，在回归模型（4-2）、模型（4-3）、模型（4-4）的基础上根据融资约束程度进行分样本回归检验。借鉴樊纲、王小鲁和朱恒鹏（2011），本书分别从两个维度选取变量刻画公司面临的融资约束程度、公司规模（Size）和产权性质（Soedum）（姜国华和饶品贵，2011）。与规模较大的公司相比，规模较小的公司受到的融资约束程度相对较高（Hadlock 和 Pierce, 2010; 屈文洲等, 2011）。与国有公司相比，非国有公司受到的融资约束程度相对较高（王彦超, 2009; 屈文洲等, 2011）。以上两个衡量指标从不同侧面刻画了公司融资约束程度，并且均有较多的文献支持，比较可靠（全怡、梁上坤, 2016）。

公司通过构建政治关联改变外部融资环境，有助于缓解公司融资约束（Khwaja 和 Mian, 2005; 罗党论、甄丽明, 2008）。然而，从理论上讲，外部环境尤其是宏观层面制度的变化也必然会显著影响到微观公司行为的适应性（Douglass C. North, 1990; 雷光勇、刘慧龙, 2007）。由于公司自身所具有的多样性特质，不同特征公司财务行为受到外部宏观政策变化影响存在很大的差异，而公司规模和产权性质就是其中两个关键因素。

首先，根据公司生命周期理论，公司所处生命周期阶段的不同，公司规模不同对现金流需求具有异质性（Grullon G., Michaely R., Benartzi S. 等, 2005），与规模较大的公司相比，对处于快速成长期的公司而言，通常他们成立时间更短、拥有更低的信息透明度及更少的担保物，其金融市场摩擦成本更高、更难获取外源融资（Almeida 等, 2004）。但是公司又拥有更多净现值为正的投资项目而更多地将现金用于投资。因此，与那些自由现金流充裕的成熟期公司相比，受限于高成长性下的小规模和低自由现金流，因而更有可能陷入融资约束困境。从这个意义上说，通过政治关联拓宽融资渠道对小公司而言尤为重要。理论上可预

4 政治关联、融资约束与公司现金股利政策

期,小公司对于政治关联资源效应敏感性更强。

其次,从产权性质的角度来看,与国有公司相比,政治关联对于"融资难"的民营公司而言资源效应更显著。因为民营公司政治关联不仅将显著改善产权歧视所造成的融资约束,也起到了向外界发送公司业绩良好的信号功能,从而缓解了信息不对称导致的逆向选择问题。孙铮等(2005)指出,由于业绩好的优质公司更容易建立起政治关联,政治关联可被视为传递公司未来经营业绩好的一种重要声誉机制。在我国,由于国家对国有公司的"父爱情结"(Kornai,1986)和"预算软约束"(Soft Budgetary Constrain),往往使国有公司可以更加容易地获得融资便利,包括 IPO 融资,再融资(配股、增发等),举借长期、低息的银行贷款(余明桂、潘红波,2008),发行公司债。在我国,产权性质不同公司所遭受的融资约束差异较大(李延喜,2015)。相对于非国有公司,由于国有公司具有巨大的资源优势,所受融资约束相对较小。因此,通过构建政治关联,显著提高了非国有公司的信贷获得能力,因而非国有公司由于信贷歧视而遭遇融资约束的问题将明显改观。与国有公司相比,政治关联对非国有公司融资约束的缓解程度明显较大。

Rajan 和 Zingales(2003)认为,各国证券市场的发展并不平稳,宏观经济环境是影响资本市场效率和公司融资行为的重要方面。其中,不存在财务约束的公司比存在财务约束的公司在融资决策方面更容易受到宏观经济环境的影响。因此,融资约束程度高的小规模公司和非国有的公司对政治关联带来的资源效应敏感性更强,这种放大效应对公司现金股利政策可能带来差异性的影响。即在融资约束程度高的公司中,政治关联对现金股利发放的促进作用更为显著。

根据研究假设 1、假设 2、假设 3 及假设 4,在融资约束程度不同的公司中,政治关联对现金股利发放的影响作用会有不同。在融资约束较高的公司中,政治关联对现金股利发放的促进作用可能更加明显。参考以往文献(Hadlock 和 Pierce,2010;王彦超,2009;沈红波等,2010;屈文洲等,2011),本书选取公司规模(Size)和产权性质(Soe)两个维度变量刻画公司面临的融资约束。规模较小的公司和非国有公司面临融资约束程度较高。根据公司规模(Size)的平均数,将全样本分为公司规模(Size)较大组(Size > 21.597),即公司规模值大于平均数和公司规模值小于平均数的公司规模较小组(Size < 21.597)。根据产

权性质将全样本分为国有公司组与非国有公司组,即 Soedum = 1 为国有公司,Soedum = 0 为非国有公司。依据上述分组,进行测试。

表4 - 10、表4 - 11(1)至列(6)列显示了检验结果。结果显示,在融资约束程度较低组,即公司规模较大组和国有公司组的政治关联(Pol)系数均不显著。而在融资约束程度较高组,即公司规模较小组和非国有公司组的政治关联(Pol)系数均为正,且均在1%水平下显著相关,组间 Chow test 的 Chi 值基本显著。以上结果表明,融资约束程度较低的公司派现行为受到政治关联的影响较小,而融资约束程度较高的公司其派现行为受到政治关联的影响较大,两类公司在政治关联影响下股利发放行为存在显著差异,回归结果支持了研究假设1、假设2、假设3及假设4。即政治关联对融资约束程度高的公司的股利支付行为的影响程度更大,敏感性更强。

表 4 - 10 政治关联、融资约束与现金股利行为

Panel A:按公司规模分组

	(1) 规模较大组 Divprob	(2) 规模较小组 Divprob	(3) 规模较大组 Divpay	(4) 规模较小组 Divpay	(5) 规模较大组 Divsolid	(6) 规模较小组 Divsolid
Pol	0.081 (0.95)	0.112* (1.80)	0.012** (2.36)	0.013*** (2.92)	-0.008 (-0.37)	0.056*** (2.23)
Lev	-3.785*** (-12.77)	-4.525*** (-16.84)	-0.344*** (-20.08)	-0.335*** (-19.56)	-0.421*** (-6.27)	-0.041** (-2.32)
TobinQ	-0.194*** (-4.39)	-0.339*** (-13.42)	-0.018*** (-7.17)	-0.024*** (-15.00)	-0.022** (-2.14)	-0.013* (-1.84)
Inv	1.775** (2.41)	4.535*** (6.22)	0.248*** (5.34)	0.206*** (5.21)	-0.126 (-0.63)	0.572** (2.63)
Cashhold	1.845*** (4.34)	2.179*** (6.84)	0.322*** (14.63)	0.203*** (12.08)	0.476*** (4.94)	0.646*** (7.84)
Roe	12.70*** (18.54)	11.68*** (18.79)	1.337*** (36.03)	1.063*** (27.76)	0.571*** (5.69)	0.616*** (5.79)
Beta	3.748** (2.04)	-6.730** (-2.93)	0.600*** (4.20)	-0.304** (-2.17)	0.228 (0.46)	0.973 (1.30)
Growth	0.030 (0.25)	0.365*** (3.49)	0.014** (2.05)	0.041*** (9.55)	-0.071** (-2.43)	0.028 (1.16)

续表

	(1) 规模较大组	(2) 规模较小组	(3) 规模较大组	(4) 规模较小组	(5) 规模较大组	(6) 规模较小组
	Divprob	Divprob	Divpay	Divpay	Divsolid	Divsolid
Fcontral	0.755***	1.662***	0.092***	0.116***	0.261***	0.437***
	(2.88)	(5.97)	(5.84)	(7.63)	(3.82)	(5.16)
Soedum	0.043	-0.376***	0.006	-0.025***	-0.085***	-0.104***
	(0.47)	(-4.03)	(1.03)	(-4.09)	(-3.52)	(-3.22)
Ind	控制	控制	控制	控制	控制	控制
Year	控制	控制	控制	控制	控制	控制
_cons	-1.473	5.909***	-0.483***	0.238**	0.468	-0.698
	(-0.94)	(3.15)	(-4.08)	(2.08)	(1.12)	(-1.16)
Sigma_cons			0.153***	0.144***		
			(76.88)	(83.27)		
Pseudo R^2	0.230	0.321	2.597	3.463	0.041	0.065
N	4881	6020	4881	6020	4881	6020
Chow test (pol)	(1) vs. (2) =0.04		(3) vs. (4) =11.9***		(5) vs. (6) =5.25**	

Panel B：按产权性质分组

	(1) 国企组	(2) 非国企组	(3) 国企组	(4) 非国企组	(5) 国企组	(6) 非国企组
	Divprob	Divprob	Divpay	Divpay	Divsolid	Divsolid
Pol	-0.074	0.176**	-0.008	0.016***	-0.004	0.044**
	(-0.72)	(2.41)	(-1.31)	(3.81)	(-0.13)	(2.01)
Lev	-5.303***	-4.266***	-0.386***	-0.387***	-0.203***	-0.039**
	(-15.84)	(-16.99)	(-19.67)	(-25.75)	(-5.27)	(-2.20)
TobinQ	-0.192***	-0.243***	-0.013***	-0.017***	-0.004	-0.022**
	(-4.12)	(-9.84)	(-4.76)	(-10.85)	(-0.43)	(-3.10)
Size	0.770***	0.329***	0.059***	0.045***	-0.002	-0.056***
	(12.83)	(6.11)	(18.72)	(14.80)	(-0.13)	(-3.75)
Inv	2.886***	3.396***	0.200***	0.219***	0.294	0.297
	(3.18)	(5.26)	(3.60)	(6.23)	(1.21)	(1.59)
Cashhold	2.872***	2.160***	0.322***	0.217***	0.594***	0.670***
	(5.92)	(7.19)	(12.87)	(14.10)	(5.48)	(8.90)

续表

	（1） 国企组 Divprob	（2） 非国企组 Divprob	（3） 国企组 Divpay	（4） 非国企组 Divpay	（5） 国企组 Divsolid	（6） 非国企组 Divsolid
Roe	10.65*** (15.49)	13.19*** (20.59)	1.150*** (28.88)	1.115*** (31.78)	0.527*** (5.69)	0.736*** (6.52)
Beta	-0.824 (-0.25)	-0.235 (-0.15)	0.235 (1.14)	0.114 (1.12)	0.718 (0.83)	1.018* (1.99)
Growth	0.320 (1.72)	0.173** (2.04)	0.020** (2.08)	0.029*** (7.41)	-0.036 (-0.83)	0.017 (0.81)
Fcontral	0.978*** (3.07)	1.089*** (4.41)	0.029 (1.55)	0.121*** (9.17)	0.212** (2.58)	0.437*** (6.10)
Ind	控制	控制	控制	控制	控制	控制
Year	控制	控制	控制	控制	控制	控制
_cons	-14.29*** (-4.86)	-6.174*** (-3.63)	-1.413*** (-8.05)	-1.037*** (-10.08)	-0.266 (-0.36)	0.531 (1.00)
Sigma_cons			0.140*** (59.71)	0.149*** (96.62)		
Pseudo R^2	0.312	0.267	1.887	6.081	0.047	0.051
N	3476	7425	3476	7425	3476	7425
Chow test（pol）	（1）vs.（2）=0.05		（3）vs.（4）=0.903***		（5）vs.（6）=0.993	

注：*代表在10%水平上显著，**代表在5%水平上显著，***代表在1%水平上显著。

4.6 稳健性检验

4.6.1 政治关联和公司现金股利行为

为保证研究结论的可靠性，本章借鉴章贵桥（2013）的方法，采用替换现金流量（Cash Flow）度量的方法，用净利润和当期折旧之和来替代度量现金流量（Cash Flow）指标，代入模型（4-1），重复回归过程，回归结果如表4-11

(1) 列所示，Pol1×Cash Flow1 在1%的水平上显著为负，结果稳健。

同时，为了检验政治关联对公司股利行为影响结果的稳健与否，本书借鉴潘红波等（2008）、吴文锋等（2008）；王利平、高伟（2010）度量政治关联的方法，即如果一家公司的总经理、董事长、董事、高管是现在任职于中央政府、地方政府、军队，或者是人大代表、政协委员，那么这家公司就属于政治关联公司，代入模型（4-2）、模型（4-3）、模型（4-4），重新进行了回归检验，结果如表4-11（2）列、（3）列、（4）列所示，发现主要研究结论仍然成立。

表4-11 政治关联对股利行为影响的稳健性检验

	（1） ΔCash	（2） Divprob	（3） Divpay	（4） Divsolid
Pol1	-0.013*** (-4.69)	0.128** (2.10)	0.009** (2.20)	0.019** (2.02)
Cash Flow1	0.353*** (6.94)			
Pol1×Cash Flow1	-0.177*** (-4.18)			
Lev	-0.350*** (-39.63)	-3.969*** (-27.33)	-0.221*** (-17.95)	-0.357*** (-13.41)
TobinQ	0.008*** (8.64)	-0.177*** (-12.04)	0.004** (3.25)	-0.009*** (-3.46)
Size	0.006** (3.28)	0.252*** (6.21)	0.034*** (14.69)	0.013** (2.32)
Inv	-0.348*** (-14.08)	2.602*** (4.57)	0.149*** (4.95)	0.479*** (6.19)
Soedum	-0.029*** (-8.29)			
Cashhold		1.841*** (7.30)	0.244*** (18.72)	0.289*** (9.11)
Roe	0.127*** (17.47)	11.76*** (26.17)	1.141*** (43.26)	0.585*** (7.84)

续表

	(1) ΔCash	(2) Divprob	(3) Divpay	(4) Divsolid
Beta		-3.100* (-2.13)	-0.040 (-0.45)	-0.076 (-0.38)
Growth		0.317*** (4.05)	0.027*** (7.96)	-0.016 (-1.91)
Fcontral	0.040*** (4.25)	0.728*** (3.74)	0.098*** (9.29)	0.205*** (7.90)
Ind	控制	控制	控制	控制
Year	控制	控制	控制	控制
_cons	0.216*** (5.49)	-3.568* (-2.46)	-0.750*** (-8.47)	0.094 (0.45)
Sigma_cons			0.142*** (113.59)	
R-squared	0.383	0.308	3.283	0.122
N	10897	10897	10897	10897

注：*代表在10%水平上显著，**代表在5%水平上显著，***代表在1%水平上显著。

4.6.2 政治关联维度和公司现金股利行为

除上述检验外，文章还进行了稳健性测试：基于"人走茶凉"的现实，本章采用公司高管和董事会成员现任有政府背景的比例来度量公司政治关联的广度（Polboard1），采用公司高管和董事会成员现任具有政治关联的层级度量政治关联深度（Poldeep1），代入模型（4-5）、模型（4-6）、模型（4-7），重复回归过程，得出如表4-12所示的检验结果稳健的结论。

表4-12 政治关联广度和政治关联深度对公司股利行为的影响

	(1) Logit 回归 Divprob	(2) Tobit 回归 Divpay	(5) OLS 回归 Divsolid
Polboard1	1.702** (2.23)	0.118*** (3.10)	0.472** (2.27)

续表

	（1） Logit 回归 Divprob	（2） Tobit 回归 Divpay	（5） OLS 回归 Divsolid
Poldeep1	0.119 (1.73)	0.009*** (2.59)	0.019 (0.09)
Lev	-3.142*** (-14.79)	-0.277*** (-23.81)	-0.490*** (-8.99)
TobinQ	-0.132*** (-5.72)	-0.012*** (-9.52)	-0.025*** (-4.52)
Size	0.176*** (4.33)	0.020*** (9.23)	0.016 (1.43)
Inv	2.526*** (4.73)	0.214*** (7.65)	0.227 (1.52)
Cashhold	1.933*** (7.59)	0.232*** (19.10)	0.468*** (7.20)
Roe	9.384*** (19.59)	0.842*** (31.93)	0.570*** (7.18)
Beta	-1.342 (-0.95)	-0.013 (-0.15)	0.405 (0.95)
Growth	0.151** (2.00)	0.024*** (7.28)	0.021 (1.14)
Fcontra	0.646** (3.20)	0.078*** (7.67)	0.344*** (6.27)
Soedum	-0.300*** (-4.57)	-0.021*** (-5.02)	-0.098*** (-4.85)
Ind	控制	控制	控制
Year	控制	控制	控制
_cons	-2.507 (-1.75)	-0.450*** (-5.56)	-0.447 (-1.07)
Sigma_cons		0.138*** (114.25)	
Pseudo R^2	0.346	3.634	0.063
N	10901	10901	10901

注：*代表在10%水平上显著，**代表在5%水平上显著，***代表在1%水平上显著。

4.6.3 政治关联广度、政治关联深度的作用比较

表4-12（1）列显示，在控制了政治关联广度（Polboard）后，政治关联深度（Poldeep）与公司股利支付倾向（Divprob）的系数为0.119（标准化系数为0.102），且不显著。政治关联广度（Polboard）与公司股利支付倾向（Divprob）的系数为1.702（标准化系数为1.565），在5%的水平上显著正相关；控制政治关联的广度（Polboard）后，政治关联深度（Poldeep）与公司股利支付率（Divpay）的系数为0.009（标准化系数为0.008）且在1%的水平上显著正相关；政治关联广度（Polboard）与公司股利支付率（Divpay）的系数为0.118（标准化系数为0.106）且在1%的水平上显著相关。在控制政治关联的广度（Polboard）后，政治关联深度（Poldeep）与公司股利稳定性（Divsolid）系数为0.019（标准化系数为0.013）且不显著，政治关联广度（Polboard）与公司股利稳定性（Divsolid）的系数为0.472（标准化系数为0.452）且在5%水平上显著相关。根据政治关联广度和深度对公司股利意愿、股利支付率和股利稳定性的标准化系数绝对值大小比较，发现政治关联广度（Polboard1）对公司股利行为的影响大于政治关联深度（Poldeep1）。与前述回归分析结果高度一致，表明前述分析结果稳健。

4.7 本章小结

本章以中国2008~2016年沪、深A股上市公司为样本，考察了政治关联对公司现金股利行为的影响。研究结果表明：①我国公司普遍存在融资约束的困扰，与没有政治关联的公司相比，具有政治关联的公司受到融资约束程度更轻，即政治关联能够有效地缓解公司的融资约束。②考察了政治关联对公司股利行为的影响，发现具有政治关联的公司更倾向于派发现金股利。与没有政治关联的公司相比，具有政治关联的公司现金股利支付率更高。但政治关联加剧了公司股利的波动性。③进一步地讲，基于社会网络理论和阶梯层级理论，将政治关联划分

为政治关联广度（政治关系网络）和政治关联深度（权力级别）两个维度，研究发现，政治关联广度和深度都对公司股利行为有影响，公司扩大政治关联广度比加大政治关联深度更有利于增强其派现能力。表明如果公司构建政治关联的动机是为了获取更多的经济资源与信息资源以缓解公司融资压力，那么公司应该增加拥有政府背景的高管比例，而非一定要聘请省部级以上高官担任公司高管。④进一步拓展研究发现，政治关联确实能够立竿见影地改善公司外部融资环境，使公司不再为了"预防性动机"和"谨慎性动机"持有更多的现金，缓解了公司的融资约束，降低了公司对内部现金流的依赖，提高了公司的股利支付意愿和支付水平。

在当前我国产品和要素市场发育不完善、政府干预过多、非国有经济比重和地位不高的制度环境下，寻求政治关联是公司适应环境、获取资源竞争优势应对的"不得不为之"的措施，但其中的寻租造成了社会资源的浪费。短期来看，公司依靠政治关联能够改善公司融资环境，获取优势资源、增强市场竞争力，能够有效缓解公司融资约束困境，改善了公司不分红或少分红的现象。但政治关联加剧了公司股利行为不稳定性表明，依靠建立政治关联获取的资源优势和信息优势没有可持续性，即随关系的亲近而增加，随关系的疏远而减少，官员更替加剧了这种关系的不稳定性，而上市公司现金分红的稳定性和可预期性是资本市场长期、稳健、可持续发展的基础。从这个意义而言，公司过度依靠政治关联不利于公司改善经营，增强市场竞争力；政治关联的寻租行为造成了社会资源的浪费，造成了公司短期行为，并给公司带来了经营风险。因此，加快中国经济体制转型、减少政府部门行政干预行为、降低地区市场分割、加速市场化进程才是公司健康有序发展的长远之计。

5 政治关联、货币政策与公司现金股利政策

在转型背景和关系主导型社会结构下,微观公司的财务行为不仅受宏观货币政策的影响,而且受广泛存在的政治关联的影响。本章将在传统的微观影响因素的基础上,将政治关联和货币政策纳入同一框架,进而从政治关联的"资源效应观"出发,结合货币政策信贷渠道的微观传导机理,推理政治关联和货币政策对公司股利行为的综合影响;然后运用中国资本市场上市公司数据进行实证检验,并对实证结果进行讨论分析;最后归纳研究结论并提出规范我国上市公司股利行为的政策建议。

5.1 引言

公司持续支付现金股利将迫使公司在内源资金不足时从外部获取。然而,公司获取外部融资的能力会受诸多因素的影响,这不仅取决于公司层面的融资约束,也依赖于外部宏观经济政策影响。与西方成熟的资本市场相比,我国公司融资渠道相对单一,银行信贷作为我国主要的融资来源,不可避免地受货币政策的影响。作为灵活性强、内部时滞较短的政策工具,当货币政策宽松时,信贷资金供给相对充裕,外部融资环境较为宽松,公司倾向派发现金股利。当货币政策紧缩时,银行会直接减少放贷资金,降低了公司的借贷能力(陆正飞等,2009)。因而整体来看,紧缩的货币政策会增大公司的融资难度,外部融资渠道的不畅迫使公司为了维持正常的生产经营,抵御外部不确定性风险的冲

击，需要储备更多的现金及其现金等价物，进而减少现金股利支付或不支付股利。

如前文所言，政治关联是公司为了适应政府干预行为普遍存在的现象，政治关联能够为公司带来很多资源优势。相对而言，在转型经济时期，具有政治关联的公司在债务融资方面具有更多的"融资"优势，公司具有的政治关联可以帮助其在产品市场、要素市场等其他市场中，具有更多的政策优待，使其应对经营风险能力更强，有利于获取长期债务融资，降低公司的违约风险。因此，政治关联的资源效应会提升公司获取信贷资金的能力，具有政治关联的公司普遍存在预算软约束。那么，相比较而言，公司凭借政治关联的"关系"疏通和政治关联的担保机制，提高了公司抵御外部风险的能力。在货币政策宽松时期，与不具备政治关联的公司比较而言，具备政治关联的公司融资能力更强；在银根紧缩、银行惜贷的情况下，具备政治关联的公司面临的外部融资环境更宽松，能够在信贷竞争中获胜，获取更多的信贷资源。基于此，面对货币政策调控引起的银根松紧的变化，政治关联对公司股利行为的影响是否有着不同的表现？更进一步地将政治关联分为政治关联广度和政治关联深度，考察公司在面对货币政策调控引起的银根松紧的变化下，政治关联维度对公司股利行为的差异性影响。

结合已有文献，本章试图探讨，在央行货币政策调控经济环境的背景下，政治关联对公司股利行为的影响。研究发现，政治关联的资源效应将提升公司对宏观货币政策对冲的能力；在货币紧缩期，具备政治关联的公司对宏观货币政策的调整能力较强，此时，政治关联削弱乃至抵消了货币政策对公司股利发放的抑制效应。研究结论进一步支持了政治关联的资源效应假说。即在我国目前转轨经济背景下，我国公司积极构建政治关联更直接的动机是主动适应环境，为了获取更多政府掌控的经济资源，拓宽公司发展空间（Hillman 等，2004；Leuz 和 Oberholzer – Gee，2006），谋求公司更好的发展。研究结论为规范微观层面的公司行为以及对完善宏观层面的资本市场和金融体系均具有一定的理论和现实意义。为政治关联的资源效应影响公司融资行为进而影响股利政策的路径机理提供了进一步的证据支持。

本章结构安排如下：第二部分为理论分析与假设推导；第三部分为研究设计；

第四部分为实证结果与分析;第五部分为稳健性检验;第六部分为本章小结。

5.2 理论分析与假设推导

5.2.1 政治关联、货币政策和公司现金股利行为

从理论上讲,外部环境尤其是宏观层面制度的变化必然会显著影响到微观公司行为的适应性(雷光勇、刘慧龙,2007)。公司的个体行为不能独立于外部宏观环境(Douglass C. North,1990),宏观环境变化对公司股利行为的影响日渐受到重视。在我国特定的制度背景下,除了公司层面的影响因素之外,上市公司的分红行为不仅直接受到分红管制政策的影响,也会间接地受国家宏观经济政策的影响,尤其是货币政策是影响公司的重要因素之一,货币政策通过调控货币供给数额改变公司投融资环境,间接地影响公司的现金股利行为。

货币政策是央行干预和调节宏观经济的重要手段,主要通过增减经济体中的资金供给量与资金成本水平达到调控的目的(姜国华、饶品贵,2011)。当央行通过减少货币供给量、提高基准利率等政策紧缩银根时,货币政策的调整效应会通过信贷渠道传导到实体经济,具体表现在信贷融资额的大幅下降(叶康涛、祝继高,2009)和信贷资金成本的增加。面对货币政策的调控,因公司特征的不同使得货币政策对公司分红的影响存在差异。理论上说,一方面,当央行货币供应量增加时,货币政策较宽松,公司的资金相对充裕,因此更有可能发放现金股利(全怡,2016)。而当央行货币供应量减少时,银根紧缩,外源融资渠道不畅,公司为维持正常运营,而选择持有更多现金,从而降低了分配现金股利的概率。宣扬、杨中军(2012)研究发现在货币政策紧缩期,公司发放现金股利的概率更小,并且这一变化在国有公司中更为显著。

另一方面,根据公司的优序融资理论,基于融资成本的考量,公司融资顺序为内源融资,外源融资(债务融资、股权融资),其他条件既定时,若外源融资的成本降低,公司可以将较多的内源资金作为现金股利发放,反之公司降低股利

的发放水平或干脆不发。公司内外部环境的变化将导致公司各项融资成本的增减变化,进而引起股利政策的变化。由此,当央行降低基准利率,公司的债务融资成本相对较低,公司可以将较多的内源资金作为现金股利发放;反之,当央行降低基准利率,银根紧缩下,增加了公司的债务融资难度和成本,此时公司需要更多地保留内源资金以维持正常的生产经营,现金股利的发放将相应减少。

公司通过构建政治关联改变外部融资环境,有助于缓解公司融资约束(Khwaja 和 Mian,2005;罗党论、甄丽明,2008)。在信贷配给不足的境况下,公司会通过政治关联获取优势资源,从而缓解公司外部融资约束,即相比于宽松的货币政策,货币紧缩时期抑制了公司现金股利的发放,公司面临的融资约束进一步强化了银根紧缩对现金股利的抑制作用,现金股利的发放水平更低;但公司政治关联的资源效应有助于缓解紧缩货币政策对现金股利的抑制作用(全怡等,2016),即具备政治关联的公司,在货币政策紧缩期间,股利支付意愿高于不具有政治关联的公司。据此提出如下假设:

假设1:政治关联有助于缓解货币紧缩政策对公司股利意愿的抑制作用。

假设2:政治关联有助于缓解货币紧缩政策对公司股利支付率的抑制作用。

假设3:政治关联有助于缓解货币紧缩政策对公司股利稳定性的抑制作用。

5.2.2 政治关联维度、货币政策和公司现金股利行为

基于Fan等(2007),罗党论、甄丽明(2008)的政治关联度量方法,采用虚拟变量法,对其度量方法进行了拓展,分别采纳赋值法和虚拟变量法,根据具有政府背景高管占整个公司高管比例设置为政治关联广度,将依据具有政府背景高管的权力层级设置为政治关联深度,尝试全面度量政治关联。第4.5节已经述及,随着政治关联的广度越广,政治关联资源效应越显著;政治关联层级越高,掌控的经济资源和信息越多,为公司倾斜分配资源的能力就越强。那么,在货币紧缩时期,公司的政治关联广度和政治关联深度有助于缓解紧缩货币政策对现金股利的抑制作用。据此提出如下假设:

假设4a:政治关联广度有助于缓解货币紧缩政策对公司股利意愿的抑制作用。

假设4b：政治关联深度有助于缓解货币紧缩政策对公司股利意愿的抑制作用。

假设5a：政治关联广度有助于缓解货币紧缩政策对公司股利支付率的抑制作用。

假设5b：政治关联深度有助于缓解货币紧缩政策对公司股利支付率的抑制作用。

假设6a：政治关联广度有助于缓解货币紧缩政策对公司股利稳定性的抑制作用。

假设6b：政治关联深度有助于缓解货币紧缩政策对公司股利稳定性的抑制作用。

5.2.3 政治关联广度与政治关联深度的作用比较

由于政治关联官员层级不同，各自关注的目标函数不一致，层级越高，越关注社会责任和公平原则，政治关联的偏袒效应越不显著；政治关联层级越低，越关注当地政府的政绩和自身的政治晋升，政治关联的偏袒效应越显著。因此，政治关联的广度越广，层级越低，对公司股利影响就越显著。政治关联广度和深度能够有效缓解紧缩货币政策对公司股利的抑制作用。同时政治关联广度越广，抑制效应越显著，层级越高抑制效应越不显著。据此提出如下假设：

假设7：政治关联广度对紧缩货币政策抑制公司股利支付意愿的缓解效应大于政治关联深度。

假设8：政治关联广度对紧缩货币政策抑制公司股利支付率的缓解效应大于政治关联深度。

假设9：政治关联广度对紧缩货币政策抑制公司稳定性的缓解效应大于政治关联深度。

5.3 研究设计

5.3.1 样本选择与数据来源

本书以沪深两市 A 股上市公司 2008~2016 年数据为研究样本,剔除金融保险类公司、ST 公司及数据缺失的公司。对连续变量 1% 以下和 99% 以上的分位数进行了缩尾处理(Winsorize),以消除极端值的影响。剔除了相关研究变量数据缺失的公司数据,最终获得 10901 个观测值作为研究样本。表 5-2 详示了样本具体分布情况。数据主要来自 Csmar 数据库和 Wind 数据库,主要使用统计软件 Execl15.0 和 Stata13.0。

5.3.2 模型的设定与变量的选取

研究首先设计了模型(5-1)、模型(5-2)、模型(5-3),用于检验假设 1、假设 2 和假设 3。

$$Divprob = \alpha + \beta_1 Pol + \beta_2 Lev + \beta_3 TobinQ + \beta_4 Size + \beta_5 Inv + \beta_6 Cashhold + \beta_7 Roe + \beta_8 Beta + \beta_9 Growth + \beta_{10} Fcontrol + \beta_{11} Soedum + \beta_{12} Ind + \beta_{13} Year + \varepsilon \quad (5-1)$$

$$Divpay = \alpha + \beta_1 Pol + \beta_2 Lev + \beta_3 TobinQ + \beta_4 Size + \beta_5 Inv + \beta_6 Cashhold + \beta_7 Roe + \beta_8 Beta + \beta_9 Growth + \beta_{10} Fcontrol + \beta_{11} Soedum + \beta_{12} Ind + \beta_{13} Year + \varepsilon \quad (5-2)$$

$$Divsolid = \alpha + \beta_1 Pol + \beta_2 Lev + \beta_3 TobinQ + \beta_4 Size + \beta_5 Inv + \beta_6 Cashhold + \beta_7 Roe + \beta_8 Beta + \beta_9 Growth + \beta_{10} Fcontrol + \beta_{11} Soedum + \beta_{12} Ind + \beta_{13} Year + \varepsilon \quad (5-3)$$

其中,模型(5-1)中,Divprob 是被解释变量,代表公司是否支付股利,公司当年支付现金股利取值为 1,不支付现金股利取值为 0;模型(5-2)中,Divpay 是被解释变量,代表公司现金股利支付率;模型(5-3)中,Divsolid 是被解释变量,代表公司股利稳定性水平,该解释变量为逆指标,数值越大,代表公司股利越不稳定。Pol 是解释变量,取值同模型(4-1),表示是否具有政治关联,不具有政治关联的公司 Pol 取值为 0,具有政治关联的公司取值为 1。

若研究假设1、假设2、假设3成立,则模型(5-1)、模型(5-2)政治关联(Pol)的系数应该为正且显著相关。模型(5-3)中政治关联(Pol)的系数应该为负且显著相关。模型(5-1)、模型(5-2)、模型(5-3)中控制变量借鉴以往的研究股利政策(雷光勇,2007;魏志华,2010)的实证文献来选择控制变量,包括公司资产负债率(Lev)、公司投资机会(TobinQ)、公司规模(Size)、公司投资水平(Inv)、公司现金持有量(Cashhold)、公司盈利能力(Roe),此外,还控制了公司第一大股东持股比例(Fcontral)、公司最终控制人性质(Soedum)。另外,Hoberg等(2010)认为,相对于股利溢价,异质性风险对公司现金股利行为影响更大,因此,模型(5-1)、模型(5-2)、模型(5-3)中也控制了异质性风险(Beta)变量,并预期该变量与股利支付意愿负相关、与股利支付率负相关,由于股利稳定性为逆指标,预测其与股利稳定性正相关。此外,我们还控制了行业(Ind)变量和年份(Year)变量,其中,行业(Ind)变量以证监会2012年行业分类标准进行划分。

为检验政治关联维度缓解紧缩货币政策对公司股利行为的抑制效应的关系,根据假设4a、假设4b、假设5a、假设5b、假设6a、假设6b,本书设计模型(5-4)、模型(5-5)、模型(5-6)。

$$Divprob = \alpha + \beta_1 Polboard + \beta_2 Poldeep + \beta_3 Lev + \beta_4 TobinQ + \beta_5 Size + \beta_6 Inv + \beta_7 Cashhold + \beta_8 Roe + \beta_9 Beta + \beta_{10} Growth + \beta_{11} Fcontrol + \beta_{12} Soedum + \beta_{13} Ind + \beta_{14} Year + \varepsilon \quad (5-4)$$

$$Divpay = \alpha + \beta_1 Polboard + \beta_2 Poldeep + \beta_3 Lev + \beta_4 TobinQ + \beta_5 Size + \beta_6 Inv + \beta_7 Cashhold + \beta_8 Roe + \beta_9 Beta + \beta_{10} Growth + \beta_{11} Fcontrol + \beta_{12} Soedum + \beta_{13} Ind + \beta_{14} Year + \varepsilon \quad (5-5)$$

$$Divsolid = \alpha + \beta_1 Polboard + \beta_2 Poldeep + \beta_3 Lev + \beta_4 TobinQ + \beta_5 Size + \beta_6 Inv + \beta_7 Cashhold + \beta_8 Roe + \beta_9 Beta + \beta_{10} Growth + \beta_{11} Fcontrol + \beta_{12} Soedum + \beta_{13} Ind + \beta_{14} Year + \varepsilon \quad (5-6)$$

其中,模型(5-4)中Divprob是被解释变量,代表公司是否支付股利,公司当年支付现金股利取值为1,不支付现金股利取值为0;模型(5-5)中,Divpay是被解释变量,代表公司现金股利支付率;模型(5-6)中,Divsolid是被解释变量,代表公司股利稳定性水平,该解释变量为逆指标,数值越大,代表公

5 政治关联、货币政策与公司现金股利政策

司股利越不稳定。Pol 是解释变量，取值同模型（4-1），表示是否具有政治关联，不具有政治关联的公司 Pol 取值为 0，具有政治关联的公司取值为 1。

模型中的解释变量 Polboard 为政治关联广度、Poldeep 为政治关联深度模型。借鉴罗党论（2008）、杜兴强（2010）对政治关联维度的度量方法，我们将政治关联分为政治关联广度（Polboard）和政治关联深度（Poldeep）两个维度。政治关联广度（Polboard）是指具有政治关联的高管占整个公司高管人数比例（包括董事会董事和高级管理人员，其中高级管理人员具体指：法定代表人、总裁或总经理、副总裁或副总经理、财务负责人或财务总监，以及董事会秘书），以此反映公司政治关系网络的大小。政治关联的广度在信息节点数量、资源获取范围等方面影响公司获取资源渠道的多寡。政治关联深度（Poldeep）是指公司高管曾任或现任人大代表、政协委员的议政级别或曾任官职的行政级别高低，反映公司自身节点的层次和质量，公司高管成员曾任或现任官员层级越高，能够接触的政府部门等级就越高，从而越能影响政府政策和政府分配资源的倾斜行为，也越能为公司带来更多的资源。我们希望探究这两个维度对公司现金股利行为带来的差异性影响的大小。

根据 Francis B.（2011）等研究股利政策的实证文献来选择控制变量，模型（5-1）、模型（5-2）、模型（5-3）控制变量包括：公司资产负债率（Lev）、公司投资机会（TobinQ）、公司规模（Size）、公司投资水平（Inv）、公司现金持有量（Cashhold）、公司盈利能力（Roe），此外，还控制了公司第一大股东持股比例（Fcontral）、公司最终控制人性质（Soedum）。另外，Hoberg 等（2010）认为，相对于股利溢价，异质性风险对公司现金股利行为影响更大，因此，模型（5-1）、模型（5-2）、模型（5-3）中也控制了异质性风险（Beta）变量，并预期该变量与股利支付意愿负相关、与股利支付率负相关，由于股利稳定性为逆指标，预测其与股利稳定性正相关。此外，我们还控制了行业（Ind）变量和年份（Year）变量。其中，根据证监会行业分类标准，对行业变量（Ind）进行划分（其中制造业按二级子行业划分，共设置 20 个行业虚拟变量）。

上述模型涉及的变量含义及度量方法详见表 5-1。

此外，本章设定货币政策变量 MP，MP 为虚拟变量，当货币政策处于紧缩时取 1，否则取 0。使用每年度（M2 增长率 - GDP 增长率 - CPI 增长率）（陆正飞、

杨德明，2011；钟凯、陈小可，2016）的差值作为衡量当年货币政策的代理变量，将样本期间中 MP 值较大的 6 年取值为 0，此 6 年期间为货币政策宽松期；MP 值较小的 3 年取值为 1，此 3 年为银根紧缩期。基于以上计算指标，2008～2016 年，2008 年、2011 年、2013 年为货币政策紧缩期，2009 年、2010 年、2012 年、2014 年、2015 年、2016 年为货币政策宽松期。该年度分类结果与其他相关研究基本相同（钟凯、陈小可，2016），具有较高的可靠性。

表 5-1 变量含义及度量方法

	变量符号	变量含义
被解释变量	Divprob	是否支付股利，支付股利为 1，否则为 0
	Divpay	股利支付率 = 每股现金股利/每股收益
	Divsolid	3 年股利标准差/3 年收益标准差
解释变量	Pol	表示不具有政治关联的公司 Pol 取值为 0，具有政治关联的公司取值为 1
	MP	虚拟变量，当货币政策处于紧缩时取 1，否则取 0
	Polboard	公司具有政治关联的高管占公司高管总数的比例，该变量取值范围为 [0, 1]
	Poldeep	当公司高管曾经为省部级以上（含省级）的政府官员或省级人大代表、政协委员时赋值为 1，否则为 0
	MP × Polboard	货币政策与政治关联广度交乘项
	MP × Poldeep	货币政策与政治关联深度交乘项
控制变量	Lev	资产负债率，负债/年末总资产
	TobinQ	投资机会，公司市场价值/账面价值
	Size	公司规模，样本期前一年的总资产的自然对数
	Inv	投资水平，资产支出/总资产
	Cashhold	现金持有量，现金和有价证券/年初总资产
	Roe	净资产收益率，净利润与年末总资产之比
	Beta	异质性风险，基于月回报数据的 CAPM 回归残差
	Growth	公司成长性，公司总资产增长率
	Fcontral	第一大股东持股比例
	Soedum	当国有公司控制时取 1，否则为 0
	Ind	行业哑变量
	Year	年份哑变量

5.4 实证结果与分析

5.4.1 变量的描述性统计

表5-2列示了全样本各主要变量的描述性统计结果。可以看到,股利支付意愿虚拟变量均值为0.72,表明大约72%的样本公司倾向于支付现金股利;整个样本期间股利支付率均值为0.116,表明虽然上市公司支付现金股利,但其支付比例相对较低;对比La Porta等(2000)研究样本国家股利支付率,总体上我国上市公司的股利支付率还处于较低水平。紧缩货币政策(MP)的观测占比36%,与年份占比基本接近(3/8),资产负债率(Lev)、盈利能力(Roe)均值分别为39.6%、6.8%,这些变量的统计值均处于合理范围之内。

表5-2 各主要变量描述性统计

变量	样本数	均值	标准差	最小值	最大值
Divprob	10901	0.720	0.449	0	1
Divsolid	10901	0.514	0.825	0	4.934
Divpay	10901	0.116	0.156	0	0.8
Pol	10901	0.415	0.492	0	1
Polboard	10901	0.177	0.123	0	0.82
Poldeep	10901	0.371	0.483	0	1
MP	10901	0.360	0.480	0	1
Lev	10901	0.396	0.221	0.043	1.064
TobinQ	10901	2.473	2.081	0.234	12.390
Size	10901	21.580	1.086	19.087	25.749
Inv	10901	0.067	0.059	0.001	0.269
Cashhold	10901	0.232	0.174	0.010	0.753
Roe	10901	0.068	0.118	-0.663	0.453

续表

变量	样本数	均值	标准差	最小值	最大值
Beta	10901	1.075	0.195	0.783	1.642
Growth	10901	0.291	0.538	-0.330	2.811
Fcontral	10901	0.368	0.154	0	0.90
Soedum	10901	0.320	0.466	0	1

5.4.2 实证检验：政治关联、货币政策与公司现金股利行为

表5-3（1）~（6）列报告了货币政策紧缩与宽松期间，公司是否具备政治关联对企业股利行为实证检验结果。（1）、（3）、（5）列结果显示，在货币紧缩期，政治关联（Pol）与股利支付意愿（Divprob）的系数为0.250，且在1%的水平上显著为正；政治关联（Pol）与股利支付水平（Divpay）的系数为0.024，在1%的水平上显著为正；政治关联（Pol）与股利稳定性（Divsolid）的系数为0.041，在5%的水平上显著为正。（2）、（4）、（6）列结果显示，在货币宽松期，政治关联（Pol）与股利支付意愿（Divprob）的相关系数为0.099且不显著；政治关联（Pol）与股利支付水平（Divpay）的系数为0.011，在5%的水平上显著为正；政治关联（Pol）与股利稳定性（Divsolid）的系数为0.041，在10%的水平上显著为正。并且组间Chow test 的Chi值基本显著。这一结果表明，公司的政治关联能够有效缓解紧缩货币政策对公司股利行为的抑制效应；研究结果与全怡等（2016）研究结果相吻合，并支持了研究假设1、假设2和假设3，即在具有政治关联的公司中，紧缩货币政策对现金股利发放的抑制作用会有所缓解。

表5-3 政治关联、货币政策与公司股利行为

	(1) 货币紧缩期 Divprob	(2) 货币宽松期 Divprob	(3) 货币紧缩期 Divpay	(4) 货币宽松期 Divpay	(5) 货币紧缩期 Divsolid	(6) 货币宽松期 Divsolid
Pol	0.250*** (5.15)	0.099 (1.38)	0.024*** (5.91)	0.011** (2.68)	0.041** (2.36)	0.041* (1.89)

续表

	(1) 货币紧缩期 Divprob	(2) 货币宽松期 Divprob	(3) 货币紧缩期 Divpay	(4) 货币宽松期 Divpay	(5) 货币紧缩期 Divsolid	(6) 货币宽松期 Divsolid
Lev	-5.418*** (15.16)	-4.504*** (-18.84)	-0.419*** (-20.71)	-0.376*** (-25.64)	-0.135*** (-3.48)	-0.047** (-2.77)
TobinQ	-0.392*** (-7.28)	-0.182*** (-7.73)	-0.022*** (-7.82)	-0.014*** (-9.44)	-0.021 (-1.71)	-0.014** (-2.14)
Size	0.610*** (9.30)	0.514*** (10.81)	0.054*** (15.14)	0.049*** (17.66)	-0.021 (-1.24)	-0.034** (-2.63)
Inv	4.385*** (4.96)	2.632*** (4.09)	0.241*** (5.02)	0.215*** (5.68)	0.222 (0.91)	0.380** (2.01)
Cashhold	2.791*** (6.14)	1.881*** (6.25)	0.241*** (11.01)	0.249*** (15.45)	0.748*** (7.29)	0.582*** (7.60)
Roe	12.02*** (14.86)	11.49*** (20.60)	1.154*** (25.34)	1.129*** (34.65)	0.640*** (5.28)	0.605*** (6.30)
Beta	-15.69** (-2.53)	0.532 (0.38)	-0.411 (-1.33)	0.216** (2.25)	0.869 (0.57)	1.109** (2.48)
Growth	0.252 (1.47)	0.152 (1.76)	0.026*** (4.04)	0.027*** (6.38)	0.028 (0.83)	0.007 (0.32)
Fcontral	1.008** (3.01)	1.029*** (4.36)	0.085*** (4.75)	0.095*** (7.01)	0.322*** (3.53)	0.379*** (5.51)
Soedum	-0.314** (-2.77)	-0.285*** (-3.49)	-0.030*** (-4.38)	-0.014** (-2.71)	-0.086* (-2.41)	-0.103*** (-4.07)
Ind	控制	控制	控制	控制	控制	控制
Year	控制	控制	控制	控制	控制	控制
_cons	1.160 (0.23)	-10.48*** (-4.16)	-0.776*** (-3.04)	-1.364*** (-8.23)	0.156 (0.12)	-0.872 (-1.11)
Sigma_cos			0.147*** (68.58)	0.147*** (90.60)		
Pseudo R^2	0.337	0.264	3.17	2.996	0.07	0.06
N	3929	6972	3929	6972	3929	6972
Chow test (Pol)	(1) vs. (2) = 6.88***		(3) vs. (4) = 11.43***		(5) vs. (6) = 2.63*	

注：*代表在10%水平上显著，**代表在5%水平上显著，***代表在1%水平上显著。

5.4.3 实证检验：政治关联维度、货币政策与公司现金股利行为

更进一步将政治关联分为政治关联广度和政治关联深度，检验政治关联广度和政治关联深度对紧缩货币政策抑制公司股利行为的缓解效应。实证结果如表5-4所示。

表5-4（1）~（6）列分别报告了货币紧缩与宽松期，政治关联广度和政治关联深度对公司股利行为的影响，（1）、（3）、（5）列结果显示，在货币紧缩期，政治关联广度与股利稳定性回归系数为0.793且在10%的水平上显著；与股利支付率的回归系数为0.048且在10%的水平上显著；与股利稳定性回归系数为0.256且在5%的水平上显著为正。政治关联深度与公司股利支付意愿、股利支付率和股利稳定性都不显著，并且组间Chow test的Chi值基本显著，政治关联深度对股利稳定性影响没有显著差异。以上结果表明，政治关联广度能够缓解紧缩货币政策对公司股利行为的不利冲击，在紧缩货币政策期间，政治关联广度加剧了公司的股利波动性。而在货币宽松时期，政治关联维度对公司的派现决策没有显著影响，在紧缩货币政策时期，政治关联维度对公司股利决策影响存在明显差异，结论验证了研究假设4a、假设5a、假设6a。

表5-4 政治关联维度、货币政策与公司股利行为

	(1) 货币紧缩期 Divprob	(2) 货币宽松期 Divprob	(3) 货币紧缩期 Divpay	(4) 货币宽松期 Divpay	(5) 货币紧缩期 Divsolid	(6) 货币宽松期 Divsolid
Polboard	0.793* (1.78)	0.535* (1.68)	0.048* (1.93)	0.001 (0.04)	0.256** (2.02)	0.117 (1.20)
Poldeep	0.005 (0.04)	0.175** (2.15)	0.004 (0.59)	0.012** (2.42)	-0.015 (-0.47)	0.034 (1.38)
Lev	-5.429*** (-15.18)	-4.505*** (-18.85)	-0.418*** (-20.72)	-0.376*** (-25.66)	-0.135*** (-3.48)	-0.047** (-2.78)
TobinQ	-0.392*** (-7.25)	-0.182*** (-7.75)	-0.022*** (-7.78)	-0.014*** (-9.43)	-0.020 (-1.69)	-0.014** (-2.12)
Size	0.610*** (9.28)	0.511*** (10.74)	0.054*** (15.07)	0.049*** (17.61)	-0.021 (-1.28)	-0.034** (-2.68)

续表

	(1)	(2)	(3)	(4)	(5)	(6)
	货币紧缩期	货币宽松期	货币紧缩期	货币宽松期	货币紧缩期	货币宽松期
	Divprob	Divprob	Divpay	Divpay	Divsolid	Divsolid
Inv	4.451***	2.603***	0.244***	0.216***	0.236	0.382**
	(5.02)	(4.04)	(5.07)	(5.70)	(0.97)	(2.02)
Cashhold	2.815***	1.877***	0.242***	0.249***	0.752***	0.581***
	(6.19)	(6.24)	(11.09)	(15.44)	(7.34)	(7.59)
Roe	12.01***	11.51***	1.152***	1.130***	0.630***	0.603***
	(14.84)	(20.62)	(25.30)	(34.67)	(5.20)	(6.28)
Beta	−15.60**	0.528	−0.405	0.218*	0.904	1.119**
	(−2.52)	(0.38)	(−1.31)	(2.27)	(0.59)	(2.50)
Growth	0.262	0.148	0.026***	0.027***	0.031	0.009
	(1.53)	(1.71)	(4.12)	(6.38)	(0.91)	(0.40)
Fcontral	1.013**	1.032***	0.085***	0.095***	0.325***	0.379***
	(3.02)	(4.38)	(4.76)	(6.99)	(3.55)	(5.51)
Soedum	−0.322**	−0.269**	−0.030***	−0.014**	−0.086**	−0.103***
	(−2.82)	(−3.26)	(−4.41)	(−2.63)	(−2.52)	(−4.06)
Ind	控制	控制	控制	控制	控制	控制
Year	控制	控制	控制	控制	控制	控制
_cons	0.947	−10.34***	−0.784***	−1.365***	0.01	−0.891
	(0.18)	(−4.12)	(−3.07)	(−8.22)	(0.08)	(−1.13)
Sigma_cons			0.147***	0.147***		
			(68.59)	(90.60)		
Pseudo R^2	0.338	0.264	3.179	2.996	0.063	0.058
N	3929	6972	3929	6972	3929	6972
Chow test (Polbodar)	(1) vs. (2) =3.87**		(3) vs. (4) =6.64***		(5) vs. (6) =3.21*	
Chow test (Poldeep)	(1) vs. (2) =7.55***		(3) vs. (4) =12.27***		(5) vs. (6) =1.70	

注：*代表在10%水平上显著，**代表在5%水平上显著，***代表在1%水平上显著。

5.4.4 政治关联广度与政治关联深度的作用比较

根据表5-4,在货币紧缩时期,政治关联广度对企业股利支付倾向、股利支付率具有正向影响,但却加剧了股利波动,政治关联深度对企业股利支付倾向、企业股利支付率和股利稳定性没有显著影响,政治关联广度和政治关联深度对企业股利支付倾向的标准化系数分别为 0.96 和 0.91,对股利支付率的标准化系数分别为 0.013 和 0.005,对股利稳定性的标准化系数分别为 0.157、0.001,政治关联广度标准化系数绝对值都大于政治关联深度,表明政治关联广度对企业派现决策行为的影响效应大于政治关联深度,假设7、假设8和假设9得到验证,结果间接支持了杜兴强(2012)、李健(2013)的研究结论,企业家地方政治关联对公司信贷融资的正向影响要显著强于中央政治关联。

5.5 稳健性检验

为验证结论的可靠性,文章还进行了多项稳健性测试,具体如下:首先,基于货币供给量应满足物价水平增长需求与 GDP 增长需求这一假设,借鉴陆正飞和杨德明(2011)、段云和国瑶(2012)的研究方法及计算公式,构建度量货币政策变量 MP1,计算如式(5-7)所示:

$$MP1 = -\left(\frac{\Delta M_2}{M_2} - \frac{\Delta GDP}{GDP} - \frac{\Delta CPI}{CPI}\right) \qquad (5-7)$$

其中,$\Delta M_2/M_2$ 表示货币供应量增长率、$\Delta GDP/GDP$ 表示 GDP 增长率、$\Delta CPI/CPI$ 表示物价水平增长率。

其次,在模型中增加部分控制变量,如增加每股累计未分配利润(Reta)等;改变部分控制变量定义,如以资产收益率 Roa 替换净资产收益率 Roe 衡量公司盈利水平等。

表5-5构建交乘项是否具备政治关联(Pol)和货币政策变量 MP1 的交乘项 Pol×MP1,分别代入模型(5-1)~模型(5-3),重复回归,结果见表5-5

和表5-6，相关回归结果同样支持了前文的假设1、假设2及假设3的研究结论。

表5-5 政治关联、货币政策和股利行为

	(1)	(2)	(3)
	Divprob	Divpay	Divsolid
Pol	0.250***	0.011**	0.040*
	(5.15)	(2.50)	(1.89)
MP1	-0.105***	-0.003	0.763**
	(-5.72)	(-0.42)	(2.17)
Pol×MP1	0.212**	0.020**	-0.036
	(2.63)	(2.83)	(-1.02)
Lev	-4.756***	-0.388***	-0.061***
	(-24.21)	(-32.89)	(-3.91)
TobinQ	-0.215***	-0.016***	-0.016**
	(-10.08)	(-12.07)	(-2.80)
Size	0.551***	0.051***	-0.030**
	(14.40)	(23.25)	(-2.96)
Inv	3.289***	0.227***	0.335*
	(6.36)	(7.64)	(2.25)
Cashhold	2.202***	0.248***	0.656***
	(8.84)	(19.17)	(10.78)
Roa	20.01***	1.132***	0.619***
	(19.79)	(43.08)	(8.27)
Beta	-1.086	0.145	0.990**
	(-0.74)	(1.62)	(2.32)
Growth	0.167**	0.027***	0.011
	(2.18)	(7.64)	(0.62)
Fcontral	1.041***	0.092***	0.363***
	(5.41)	(8.53)	(6.61)
Soedum	-0.299***	-0.020***	-0.097***
	(-4.53)	(-4.79)	(-4.78)
Reta	0.977***	0.054***	-0.003
	(20.33)	(31.63)	(-0.29)

续表

	（1）	（2）	（3）
	Divprob	Divpay	Divsolid
Ind	控制	控制	控制
Year	控制	控制	控制
_cons	-8.402***	-1.190***	-0.686
	(-4.43)	(-10.57)	(-0.94)
Sigma_cons		0.147***	
		(113.62)	
Pseudo R^2	3.042	0.06	0.06
N	10901	10901	10901

注：*代表在10%水平上显著，**代表在5%水平上显著，***代表在1%水平上显著。

同时，构建交乘项 MP1×Polboard、MP1×Poldeep，分别代入模型（5-4）~模型（5-6），重复回归，结果见表5-6，相关回归结果同样支持了前文的假设4a、假设5a 和假设6a 及假设7、假设8 和假设9 的研究结论。综合以上稳健性检验的结果来看，本章实证检验结果和结论具有较高的稳定性和可靠性。

表5-6 政治关联、货币政策和股利行为

	（1）	（2）	（3）
	Divprob	Divpay	Divprob
MP1	-2.094***	-0.022**	-0.057**
	(-4.08)	(-2.22)	(-2.40)
Polboard	0.150**	0.012***	-0.064
	(2.50)	(3.71)	(-1.36)
Poldeep	0.220**	0.017***	0.037***
	(2.74)	(3.37)	(3.16)
MP1×Polboard	0.876*	0.075***	0.140*
	(1.73)	(3.49)	(1.85)

续表

	(1)	(2)	(3)
	Divprob	Divpay	Divprob
MP1×Poldeep	0.101	0.012**	-0.015
	(0.97)	(2.23)	(-0.77)
Lev	-3.884***	-0.314***	-0.487***
	(-21.45)	(-27.29)	(-20.36)
TobinQ	-0.332***	-0.026***	-0.04***
	(-17.20)	(-20.64)	(-15.89)
Inv	3.472***	0.231***	0.498***
	(6.81)	(7.54)	(6.89)
Cashhold	2.154***	0.246***	0.296***
	(8.80)	(18.48)	(9.38)
Roa	12.31***	1.288***	1.203***
	(27.33)	(48.93)	(34.25)
Beta	-1.115	0.197**	-0.163
	(-0.77)	(2.13)	(-0.78)
Growth	0.310***	0.036***	0.036***
	(4.03)	(9.92)	(4.08)
Fcontral	1.356***	0.114***	0.216***
	(7.30)	(10.22)	(8.18)
Soedum	-0.057	0.004	-0.022*
	(-0.90)	(0.87)	(-2.26)
Reta	1.108***	0.063***	-0.004
	(24.42)	(39.82)	(-0.48)
Ind	控制	控制	控制
Year	控制	控制	控制
_cons	3.527**	-0.157	0.951**
	(2.11)	(-1.46)	(2.80)
Sigma_cons		0.152***	
		(113.32)	
Pseudo R^2	0.267	2.755	0.256
N	10901	10901	10901

注：*代表在10%水平上显著，**代表在5%水平上显著，***代表在1%水平上显著。

5.6 本章小结

本章以中国 2008~2016 年 A 股公司为样本,系统探讨了政治关联和宏观货币政策对公司现金股利行为交互影响。研究发现,货币紧缩时期,公司政治关联在一定程度上能够缓解银根紧缩对公司现金股利造成的不利冲击。进一步,将政治关联细分为政治关联广度和政治关联深度,研究发现政治关联广度和政治关联深度都能够缓解银根紧缩对公司现金股利造成的不利冲击,其中政治关联广度的缓解作用大于政治关联深度。但是,政治关联加剧了公司股利波动性。本章的研究丰富了有关现金股利的影响因素和政治关联经济后果的文献;为政治关联的资源效应影响公司融资行为进而影响股利政策的路径机理提供了进一步的证据支持。另外,为规范微观层面的公司行为以及对完善宏观层面的资本市场和金融体系均具有一定的理论意义和现实意义。

6 政治关联、分红管制政策与公司现金股利政策

本章基于融资约束与代理理论,以一系列分红管制政策的实施为制度背景,从政治关联的"融资效应"和"信息效应"推理分析了政治关联这只"隐形的手",可能通过影响公司外部融资约束环境而间接抑制分红管制政策对公司股利行为的治理效应。然后运用中国资本市场上市公司数据进行实证检验,并对实证结果进行讨论分析。最后归纳研究结论并提出规范我国上市公司股利行为的政策建议。

6.1 引言

从西方国家金融发展来看,现金分红是上市公司股利分配的重要方式,分红制度能够增强股票市场的吸引力和投资功能。对投资者来说,上市公司现金分红是投资者实现合理投资回报的有效渠道,上市公司现金分红收益率高且有较强预期性时,投资者会选择长期持有股票,以期获取未来股票增值收益和现金分红,并形成公司股价走势与长期投资回报间的良性循环(李常青,2010)。同时,增强上市公司现金分红的稳定性和可预期性是证券市场稳定健康发展的内在要求,也是资本市场长期、稳健、可持续发展的基础。对于公司而言,希望通过股利支付降低委托代理冲突(Jensen 和 Meckling,1976),并传递公司盈利能力的信号(Bhattacharya,1979),从而在融资市场上建立善待股东的良好声誉,以期提高公司未来融资成功的概率。

中国股市自1989年成立以来，规模不断扩大，截至2016年底沪深两市市值已达45.33亿元人民币。在市场规模不断扩大、金融摩擦不断减小、金融市场信息不对称得到有效缓解、公司治理环境逐渐改善的背景下，公司经过一定期间的发展及资金积累，现金持有大幅攀升，但上市公司分红主动性依然不强，重融资、轻回报仍然是我国证券市场发展中的一个普遍现象（见图6-1），出现了较为严重的金融空转（于泽，2017）。为了引导和鼓励上市公司建立透明、持续的分红政策，自2001年以来中国证监会曾多次推出将上市公司再融资资格与股利分配相挂钩的分红管制政策，但是成效甚微。上市公司"重融资、轻回报、多集资、少分红"的现状一直困扰着监管者。

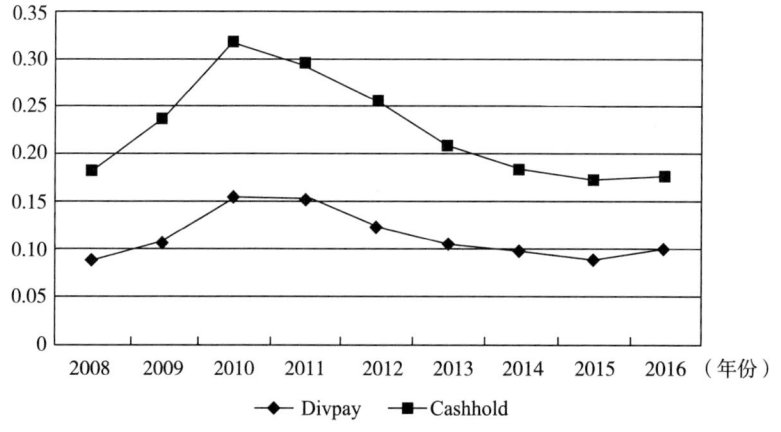

图6-1 企业现金股利和现金持有趋势图

事实上，上述情况并非中国的特例。过去30年，公司持有现金大幅上升并且不派发红利是世界性的普遍现象。近些年来，随着信息化技术的提高，金融市场信息不对称得以有效缓解，公司治理环境极大改善。如果根据企业股利代理理论和股利信号理论，公司应该减少现金持有并且提高股利支付率，但是事实并非如此，特别是2008年金融危机以来，公司"现金为王"的趋势日益明显。例如，近年在资本市场发达的欧美国家，也出现了现金股利支付率不断下降的趋势（Fama和French，2001；Denis和Osobov，2005）。因此，这一现象引起学术界广泛关注。

6 政治关联、分红管制政策与公司现金股利政策

公司股利政策及其影响因素一直是公司金融的重要话题。国内外相关研究主要基于信号传递理论（Miller 和 Rock，1985）和代理理论（Jensen，1986；Jagannathan 等，2000）展开研究。早期，学者沿袭股利信号理论和代理理论，从微观公司特征讨论了财务指标（应展宇，2004；王茜、张鸣等，2009；蒋东生，2009；权小锋、滕明慧、吴世农等，2010；许文彬、刘猛，2009；张路、罗婷等，2015），研究发现，股权结构（魏志华等，2012）、董事会治理等（Roseff，1982；Short 等，2002；Hu 和 Kumar，2004；Akhigbe 和 Whyte，2012）和会计信息透明度等（Brockman 和 Unlu，2011）会影响公司股利政策。然而，这些研究大多基于主流的公司股利理论，主要从公司微观层面（投资者权益保护、两权分离制度下对管理层制衡）分析公司派发股利的动机。事实上，公司股利行为是微观公司资金供给和需求共同作用的结果，仅仅从需求层面分析（减少企业代理成本等）并没有考虑我国特殊的宏观制度环境导致的供给偏差对企业股利行为的影响。近年来，金融市场迅猛发展，且逐渐与国际市场接轨，货币供给增长速度较快（中国人民银行《2013 年第一季度货币政策执行报告》），但货币政策执行模式与西方仍有很大差别，基于产权性质歧视性差异的金融抑制以及证券市场上再融资资格的限定，货币金融与实体经济割裂程度的加剧，"钱荒""融资难""融资贵"是制约我国实体经济发展的重要因素之一（中国企业家调查系统，2014）。这种货币供给层面的因素决定了公司基于交易动机、谨慎动机和代理动机会选择持有过高现金（Bates 等，2009），不派发和少派发现金股利的主要原因。

自 La Portal 等（2000）从投资者保护角度研究表明，法律制度等宏观环境方面的差异可能会显著影响到公司的股利行为以来，外部宏观制度环境受到了学者们的高度重视，并成为股利政策研究领域的热点话题。基于此，为了约束公司股利分红行为，中国证监会自 2000 年颁布了一系列分红管制政策（李常青，2010；王国俊、王跃堂，2014），立即引起学术界的高度关注及热议。学者们对于监管部门推行的一系列"分红管制"政策的治理效果毁誉参半（李常青，2010；张玮婷，2015；魏志华等，2014；王国俊、王跃堂，2014；陈艳；2015）。之所以得出两种截然相反的结论，关键在于这些文献分析仅直观讨论了单项具体的外部制度（例如只关注分红管制政策）对公司不同时期现金股利行为的影响，

忽略了我国非正式制度（政治关联）对公司融资的影响，进而间接地影响公司股利行为的路径机理。

我们认为，除上述这种直接影响外，政治关联这只"隐形的手"可能通过影响公司外部融资环境而间接影响分红管制政策对公司股利行为的治理效应，迄今为止鲜有文献关注。政治关联作为市场机制不完善的替代机制，在我国普遍存在。通过政治关联影响股利政策的路径可能为：由于我国金融抑制及信贷"歧视"以及预算软约束等原因，公司尤其是非国有公司内部资金有限，无法通过信贷渠道获取资源，只能通过股权再融资获取资金，而通过股权再融资受到一系列"分红管制政策"的门槛限制——再融资资格的限制，即公司必须派发符合分红政策规定的现金股利，公司才能在资本市场上获取融资资格，由于公司内部本就"钱荒"，无力满足"门槛"现金股利，这就决定了公司无法通过市场化、正式制度获取公司发展所需的经济资源，只能通过构建政治关联缓解公司融资困境。由此，政治关联的资源效应可能抑制了我国分红管制政策约束公司股利行为的治理效应。因此，研究我国公司股利政策要立足我国现实的制度背景，既要考虑正式制度对公司微观层面的影响，也要考虑非正式制度对我国公司股利行为的交互影响，使得研究结论更具有现实意义。

与已有文献相比，本书的贡献在于：①理论上进一步支持了公司构建"政治关联"的资源效应。②已有文献研究股利政策影响机理，更多关注公司微观层面的影响因素，鲜有文献关注外部宏观环境对公司的股利行为的影响。然而，在我国特定历史制度背景下，公司股利行为更多的是一种宏观制度影响的影子，而非公司微观层面决策意志来决定。本书拓展了研究公司股利行为的研究视角和空间。③已有文献结合我国特殊制度背景，探讨了更多正式制度即分红管制政策等一系列正式制度对公司股利行为的影响，忽视了普遍存在的政治关联通过改变公司融资约束环境而间接改变公司股利行为。本章试图将公司面临的宏观外部制度环境的正式制度和非正式制度纳入统一分析框架下，考察外部正式制度和非正式制度对微观公司股利行为的交互影响。有助于增进宏观环境的微观传导机制及经济后果的了解。④基于我国现实的制度背景，研究我国企业现金股利行为，既要考虑正式制度对公司微观层面的影响，也要考虑非正式制度对我国公司的影响，这为后期学者研究股利行为提供了一个更宽广的视野，也为监管层更进一步完善股利决策建议提供现实启示和实证证据，使研究结论更具现实意义。

本章的结构安排如下：第二部分为理论分析与假设推导；第三部分为研究设计；第四部分为实证结果与分析；第五部分为稳健性检验；第六部分为本章小结。

6.2 理论分析与假设推导

6.2.1 政治关联、分红管制与公司现金股利行为

我国处于转轨加新兴市场阶段，市场经济制度不完善。为了保护投资者利益，规范公司分红行为，促进资本市场的成熟和发展，自2000年以来，监管机构推出了一系列与再融资资格相挂钩的分红管制政策，具体为2001年和2004年的规定对上市公司分红行为做出导向性规定；2006年和2008年的规定中则明确了再融资公司所需达到的最低分红比例（30%），2011年9月11日，证监会要求申请上市的公司必须在公司章程中作出对股东进行现金回报的承诺（即现金股利首发（IPO）承诺制度）（王跃堂，2014）。2013年11月发布的《上市公司监管指引第3号——上市公司现金分红》中规定，"上市公司应当牢固树立回报股东的意识，严格依照《公司法》《证券法》和公司章程的规定，健全现金分红制度，保持现金分红政策的一致性、合理性和稳定性，保证现金分红信息披露的真实性"。"董事会应当就股东回报事宜进行专项研究论证，制定明确、清晰的股东回报规划，并详细说明规划安排的理由等情况。上市公司应当在公司章程中载明：公司的利润分配政策尤其是现金分红政策的具体内容，利润分配的形式"。这些规定的实施旨在运用外部融资约束来影响上市公司股利分配的决策。我们将这一系列的规范企业股利行为的政策统称为分红管制政策。这些措施的出台都说明，监管部门、上市公司以及普通的投资者都已经初步建立起较强的股利分配意识，并且将股利视作投资收益的重要来源。

分红管制政策实施以来，能否在一定程度上约束公司现金股利行为，引起了

学术界热议。李常青等（2010）、王志强和张玮婷（2012）、魏志华（2014）实证考察了分红管制政策对上市公司分红行为的影响，研究发现，分红管制政策及其各个阶段都显著提高了中国资本市场的派现意愿和派现水平。张纯（2009）从公司历年的股利分配的表现证实了这一监管政策有效。李艳等（2015）从投资效率视角研究了分红管制政策的有效性，发现我国实施的分红管制政策对于抑制自由现金流充足上市公司股利行为效果欠佳。王跃堂（2014）从现金股利首发（IPO）承诺制度视角研究发现，证监会和市场都青睐承诺分红比例高的公司。这些研究结果表明，一系列监管政策取得了一定的成效，但是作用有限。

分红管制政策是直接将公司是否进行股利支付以及股利支付水平与其在资本市场的股权再融资资格"挂钩"，即那些需要通过证券发行筹措资金的企业股利支付水平必须达到分红管制规定的"门槛"股利，才能取得再融资资格，分红管制政策"管制"公司股利行为的机理是欲取之（股权融资）必先给之（现金股利分配）来规制的。因此，股利支付水平就成为公司跨过再融资准入"门槛"的必要条件。需要指出的是，对于那些具有再融资需求的企业，公司资金本就"捉襟见肘"，缺乏实际股利支付的能力，但囿于自身强烈的融资需求和债务融资渠道的受限，为了获取再融资资格，公司必须选择派发现金股利，这对于那些具有再融资需求的企业无异于秋草逢霜，越是有再融资需求的公司越有可能去"迎合"分红管制政策（王志强，2012）。相反，分红管制政策却无法有效约束那些自由现金流充裕的公司，因为这类公司大多因规模大、信誉高而拥有良好的债务融资渠道，一旦资本市场的股权再融资资格获取成本超过其债务融资成本，其转向寻求债务资本的融入，以及分红管制政策对于这类公司形同虚设。

因此，基于这种现实，公司为了增加自己的社会资本就会非常注重发展自身的社会关系。在中国，政府在社会关系网络中处于绝对的控制地位，并控制着大量的经济资源。公司为了获取政府手中掌控的经济资源，就必须积极参政或聘请现任和前任的政府官员成为公司高管或顾问（Chen、Li 和 Su，2005）。政治关联作为市场化融资手段受限情况下的替代手段广泛存在，是一种重要的社会资本，为公司带来了许多优势资源（Burak 等，2008；Lu 等，2012），通过政治关联，公司可以更为容易地获得信贷资源。政治关联可以被视为公司的"担保"机制或者"声誉"机制（邓建平、曾勇等，2011a，2011b）。"担保"机制和"声誉"

机制的存在将提高双方的信任,缓解双方的信息不对称,有助于在信贷竞争中获胜,有效缓解公司的融资约束。因此,具备政治关联的公司在有再融资需求时会通过凭借与政府良好的关系获取所需资金,从而抑制分红管制政策对公司股利行为的治理效应,据此提出如下假设:

假设1:政治关联抑制了分红管制政策对公司股利意愿的治理效应。

假设2:政治关联抑制了分红管制政策对公司股利支付率的治理效应。

假设3:政治关联抑制了分红管制政策对公司股利稳定性的治理效应。

6.2.2 政治关联维度、分红管制与公司现金股利行为

改革开放以后,为推动地方经济增长,保证客观公正考核评价结果,以GDP为基础的考核指标成为地方政府官员之间的晋升竞争锦标赛模式(周黎安,2007);同时,财政分权改革带来的财政收入的减少给地方政府带来了税收竞争和政治晋升竞争双重压力。为了提升GDP指标和增加财政收入,地方政府官员更有可能从自利动机出发,动用政策工具帮助公司进行负债融资,从而形成公司预算软约束(李健、陈传明,2013)。

相比较而言,一方面,尽管财政分权后中央政府拥有更多的财政资源。但是层级越高的政府作为一系列"游戏规则"的制定者,更容易约束自己的行为,较少直接使用行政力量对公司进行财政扶持。使用行政力量帮助公司获取银行贷款、财政补贴、减免税收等利益的往往是地方政府而非中央政府(唐清泉,2007;黎凯等,2007;吴文锋等,2009;罗党论等,2009;余明桂等,2010)。另一方面,与政治关联层级越高的公司具有规模和领先优势越显著,自身盈利能力和公司现金流都优于其他公司,且公司自有资金更为充分,公司出现资金链断裂的风险更低。因此,政治关联层级越高,依赖政治关联获取信贷资源的关系越弱。

政治关联网络广度越广,能够为企业带来的资源优势就越明显。因此政治关联广度越广,能够为企业带来的经济资源和信息资源就越充分。因此,在区分政治关联广度和层级(即深度)差异后,我们提出以下假设:

假设4:政治关联广度对分红管制政策抑制效应大于政治关联深度。

6.2.3 政治关联、分红管制与现金股利行为调整

我国监管部门"煞费苦心"地推行一系列分红管制政策的终极目标是为了规范公司股利行为，对公司股利政策起到规范引导作用。对于不具有再融资需求的公司而言，分红管制政策无法约束其行为。对于有再融资需求的公司而言，需要通过发行股票募集资金，就必须按政策规定的门槛派发股利，从而起到约束公司股利行为。但是对具有再融资需求的公司而言，具备政治关联公司对分红管制政策具有较强的调整能力，此时分红管制政策对现金股利发放的治理效应会被削弱乃至抵消；反之，对于那些具有再融资需求，但不具备政治关联的公司，只能派发合规的股利率，以获取再融资资格。据此提出如下假设：

假设 5：与没有再融资需求的公司相比，具有再融资需求的公司会因政治关联而采取不稳健的现金股利政策。

6.3 研究设计

6.3.1 样本选择与数据来源

本书以沪深两市 A 股上市公司 2008～2016 年数据为研究样本，剔除金融保险类公司、ST 公司及数据缺失的公司，对连续变量 1% 以下和 99% 以上的分位数进行了缩尾处理（Winsorize），以此消除极端值的影响，剔除了相关研究变量数据缺失的公司数据。数据主要来自 Csmar 数据库和 Wind 数据库，主要使用统计软件 Execl15.0 和 Stata13.0。经过如上筛选和处理，最终获得 8751 个观测值作为研究样本。

6.3.2 模型设定和变量定义

因分红管制政策通过再融资资格挂钩来引导和规范公司股利行为。从现实有效性来看，分红管制政策只能对部分公司股利行为起到引导和规范作用，即对有

6 政治关联、分红管制政策与公司现金股利政策

再融资需求的公司而言,为了获得再融资资格而不得不采取迎合分红管制政策,这种迎合的股利决策将会只求"合规",并不会超过门槛的要求多派发现金股利(李常青,2010);对于无再融资需求的公司而言,分红管制政策未能有效约束股利分配行为。

因此,为了区分公司是否具有再融资需求,我们借鉴 Richardson (2006) 和吴超鹏等 (2012) 的研究方法,建立公司预期正常新增投资率估算模型(6-1)。通过模型 (6-1) 进行回归,得出各样本公司预期正常新增投资率 Addinvest,各样本公司预期新增投资率(Addinvest)减去各样本公司当期经营活动现金净流量(Cash Flow)为公司的现金缺口(Shortcash)。当现金缺口(Shortcash)为正,表明公司具有再融资需求,需要寻求外部筹资;当现金缺口(Shortcash)为负,表明公司当期现金流充裕,不具有再融资需求。

$$Invest_{it} = \beta_0 + \beta_1 Lev_{i,t-1} + \beta_2 TobinQ_{i,t-1} + \beta_3 Size_{i,t-1} + \beta_4 Invest_{i,t-1} + \beta_5 Cashhold_{i,t-1} + \beta_6 Age_{i,t-1} + \beta_7 Ret_{i,t-1} + \beta_8 Ind + \beta_9 Year + \varepsilon_{i,t} \quad (6-1)$$

模型 (6-1) 变量含义及度量方法如表 6-1 所示。

为了验证假设1、假设2及假设3,特构建模型 (6-2)、模型 (6-3)、模型 (6-4):

$$Divprob = \beta_0 + \beta_1 Pol + \beta_2 Lev + \beta_3 TobinQ + \beta_4 Size + \beta_5 Inv + \beta_6 Cashhold + \beta_7 Roe + \beta_8 Beta + \beta_9 Growth + \beta_{10} Fcontral + \beta_{11} Soedum + \beta_{12} MP + \beta_{13} Ind + \beta_{14} Year + \varepsilon \quad (6-2)$$

$$Divpay = \beta_0 + \beta_1 Pol + \beta_2 Lev + \beta_3 TobinQ + \beta_4 Size + \beta_5 Inv + \beta_6 Cashhold + \beta_7 Roe + \beta_8 Beta + \beta_9 Growth + \beta_{10} Fcontral + \beta_{11} Soedum + \beta_{12} MP + \beta_{13} Ind + \beta_{14} Year + \varepsilon \quad (6-3)$$

$$Divsolid = \beta_0 + \beta_1 Pol + \beta_2 Lev + \beta_3 TobinQ + \beta_4 Size + \beta_5 Inv + \beta_6 Cashhold + \beta_7 Roe + \beta_8 Beta + \beta_9 Growth + \beta_{10} Fcontral + \beta_{11} Soedum + \beta_{12} MP + \beta_{13} Ind + \beta_{14} Year + \varepsilon \quad (6-4)$$

模型 (6-2)、模型 (6-3)、模型 (6-4) 被解释变量分别为是否支付股利变量(Divprob)、股利支付率(Divpay)、股利稳定性变量(Divsolid),其中,股利稳定性变量(Divsolid)为反向变量,即数值越大,公司股利越不稳定。借鉴雷光勇 (2015),控制以下变量:资产负债率 (Lev)、公司价值 (TobinQ)、公司规模 (Size)、公司投资水平 (Inv)、公司当期现金持有量 (Cashhold)、净资产收益率 (Roe)、公司成长性 (Growth)、第一大股东持股比例 (Fcontral)、公司产权性质 (Soedum)。另外,借鉴 Hoberg 等 (2010),在模型 (6-2)、模

型（6-3）、模型（6-4）中也控制了异质性风险（Beta）变量；借鉴全怡等（2016）及前文已经验证，货币政策（MP）通过影响企业融资约束，间接影响企业现金股利行为，因此在模型（6-2）、模型（6-3）、模型（6-4）中也控制了货币政策（MP）变量。此外，还控制了年份变量（Year）和行业变量（Ind），行业变量（Ind）分类标准以证监会行业2012年规定的标准进行划分（其中制造业按二级子行业划分，共设置20个行业虚拟变量），表6-1是变量具体度量方法。

为了检验假4，构建模型（6-5）、模型（6-6）、模型（6-7）：

$$Divprob = \alpha + \beta_1 Polboard + \beta_2 Poldeep + \beta_3 Lev + \beta_4 TobinQ + \beta_5 Size + \beta_6 Inv + \beta_7 Cashhold + \beta_8 Roe + \beta_9 Beta + \beta_{10} Growth + \beta_{11} Fcontrol + \beta_{12} Soedum + \beta_{13} MP + \beta_{14} Ind + \beta_{15} Year + \varepsilon \quad (6-5)$$

$$Divpay = \alpha + \beta_1 Polboard + \beta_2 Poldeep + \beta_3 Lev + \beta_4 TobinQ + \beta_5 Size + \beta_6 Inv + \beta_7 Cashhold + \beta_8 Roe + \beta_9 Beta + \beta_{10} Growth + \beta_{11} Fcontrol + \beta_{12} Soedum + \beta_{13} MP + \beta_{14} Ind + \beta_{15} Year + \varepsilon \quad (6-6)$$

$$Divsolid = \alpha + \beta_1 Polboard + \beta_2 Poldeep + \beta_3 Lev + \beta_4 TobinQ + \beta_5 Size + \beta_6 Inv + \beta_7 Cashhold + \beta_8 Roe + \beta_9 Beta + \beta_{10} Growth + \beta_{11} Fcontrol + \beta_{12} Soedum + \beta_{13} MP + \beta_{14} Ind + \beta_{15} Year + \varepsilon \quad (6-7)$$

为检验假设5，建立模型（6-8）、模型（6-9）、模型（6-10）：

$$Divprobads = \beta_0 + \beta_1 Pol + \beta_2 Lev + \beta_3 TobinQ + \beta_4 Size + \beta_5 Inv + \beta_6 Cashhold + \beta_7 Roe + \beta_8 Beta + \beta_9 Growth + \beta_{10} Fcontral + \beta_{11} Soedum + \beta_{12} MP + \beta_{13} Age + \beta_{14} Ind + \beta_{15} Year + \varepsilon \quad (6-8)$$

$$Divprobadi = \beta_0 + \beta_1 Pol + \beta_2 Lev + \beta_3 TobinQ + \beta_4 Size + \beta_5 Inv + \beta_6 Cashhold + \beta_7 Roe + \beta_8 Beta + \beta_9 Growth + \beta_{10} Fcontral + \beta_{11} Soedum + \beta_{12} MP + \beta_{13} Age + \beta_{14} Ind + \beta_{15} Year + \varepsilon \quad (6-9)$$

$$Divpayadjust = \beta_0 + \beta_1 Pol + \beta_2 Lev + \beta_3 TobinQ + \beta_4 Size + \beta_5 Inv + \beta_6 Cashhold + \beta_7 Roe + \beta_8 Beta + \beta_9 Growth + \beta_{10} Fcontral + \beta_{11} Soedum + \beta_{12} MP + \beta_{13} Age + \beta_{14} Ind + \beta_{15} Year + \varepsilon \quad (6-10)$$

模型（6-8）、模型（6-9）中被解释变量分别为是否支付股利调整方向变量（Divprobads）和（Divprobadi）；借鉴Huang等（2013）定义如下：前一年发放,若今年停止发放,赋值为1,否则为0,记为Divprobads;前一年未发放,若今年开始发放,赋值为1,否则为0,记为Divprobadi;模型(6-9)中被解释变量为是否支付股利调整力度变量(Divpayadjust)。借鉴Huang等(2013)定义如下:公司前一年股利支付率减去当年股利支付率,记为Divpayadjust,该指标越大,表示当年现金股利支付率下降得越快,其中股利支付率等于当年分派现金股利总额比期末净利润。

模型(6-8)、模型(6-9)、模型(6-10)的解释变量是否具有政治关联,具有取值为1,不具备取值为0。根据现金股利影响因素的研究,借鉴雷光勇(2015),控制以下变量:资产负债率(Lev)、公司价值(TobinQ)、公司规模(Size)、公司投资水平(Inv)、公司当期现金持有量(Cashhold)、净资产收益率(Roe)、公司成长性(Growth)、第一大股东持股比例(Fcontral)、公司产权性质(Soedum)。另外,模型(6-8)、模型(6-9)、模型(6-10)还控制了公司上市年限(Age)、异质性风险(Beta);借鉴全怡等(2016)及前文已经验证,货币政策通过影响企业融资约束,间接影响企业现金股利行为,因此在模型(6-8)、模型(6-9)、模型(6-10)中也控制了货币政策(MP)变量,此外,还控制了年份变量(Year)和行业变量(Ind),行业变量(Ind)分类标准以证监会行业2012年规定的标准进行划分(其中制造业按二级子行业划分,共设置20个行业虚拟变量),表6-1是变量具体度量方法。

上述模型涉及的被解释变量、解释变量及控制变量含义及度量方法详见表6-1。

表6-1 变量含义及度量方法

	变量符号	变量含义
被解释变量	Divprob	是否支付股利,支付股利为1,否则为0
	Divpay	股利支付率,每股股利/每股收益
	Divpay1	股利支付率1,现金股利/总资产账面价值
	Divsolid	3年股利标准差/3年收益标准差
	Divprobads	在前一年发放条件下,若今年停止发放,赋值为1,否则为0
	Divprobadi	而在前一年未发放条件下,若今年开始发放,赋值为1,否则为0
	Divpayadjust	前一年股利支付率减去当年股利支付率

续表

	变量符号	变量含义
解释变量	Pol	是否具有政治关联，表示不具有政治关联的公司 Pol 取值为 0，具有政治关联的公司取值为 1
	Shcash	内部现金缺口，（预期正常新增投资率 – 公司本年经营活动现金净流量）/年初总资产
	Shcashdum	是否具有再融资需求，内部现金缺口为正值时，Shcashdum 取值为 1，表示有再融资需求，否则取值为 0，表示没有融资需求
	Optiondum	是否具有再融资资格，2008 年后，当公司连续 3 年年均分配利润≥30% 为有融资资格，取值为 1，<30% 时，取值为 0
	Invest	实际新增投资量，固定资产、在建工程及工程物资、长期投资和无形资产的净增加额除以年初总资产
控制变量	Cash Flow	公司经年末总资产标准化之后的经营活动现金净流量，经营活动现金净流量/年初总资产
	Addinvest	Richardson（2006）模型回归得出
	Lev	资产负债率，负债与年末总资产之比
	TobinQ	公司价值，公司市场价值/账面价值
	Size	公司规模，样本期前一年的总资产的自然对数
	Inv	投资水平，资产支出/总资产
	Cashhold	现金持有量，现金和有价证券/年初总资产
	Roe	净资产收益率，净利润与年末净资产之比
	Beta	Beta 系数
	Growth	（期末总资产 – 期初总资产）/期初总资产
	Fcontral	第一大股东持股比例
	Soedum	当国有公司控制时取 1，否则为 0
	MP	虚拟变量，当货币政策处于紧缩时取 1，否则取 0
	Ret	每股股票回报率
	Age	公司截至年末的上市年限
	Ind	行业哑变量
	Year	年份哑变量

6.4 实证结果与分析

6.4.1 变量的描述性统计

表6-2列示了主要变量的描述性统计结果。从全样本统计结果可以看到，整个样本期间股利支付意愿均值为0.681，表明大约68.1%的样本公司倾向于支付现金股利；股利支付率均值为0.093，表明虽然上市公司都倾向于支付股利，但其支付率相对较低；股利稳定性均值为0.453，表明我国公司股利稳定性比较差，公司派发股利的随机性较强。

表6-2 主要变量描述性统计

变量	样本数	均值	标准差	最小值	最大值
Divprob	8751	0.681	0.466	0	1
Divpay	8751	0.093	0.136	0	0.8
Divsolid	8751	0.453	0.740	0	4.934
Pol	8751	0.405	0.491	0	1
Optiondum	8751	0.718	0.450	0	1
Cash Flow	8751	0.044	0.076	-0.209	0.261
Lev	8751	0.432	0.216	0.043	1.064
TobinQ	8751	2.365	2.115	0.234	12.390
Size	8751	21.732	1.110	19.087	25.749
Inv	8751	0.057	0.052	0.001	0.253
Cashhold	8751	0.190	0.137	0.010	0.753
Roe	8751	0.064	0.128	-0.664	0.453
Beta	8751	1.089	0.192	0.783	1.642
Growth	8751	0.172	0.313	-0.330	2.811
Fcontral	8751	0.358	0.154	0	0.90
Soedum	8751	0.376	0.484	0	1

制度环境、政治关联与企业现金股利政策

续表

变量	样本数	均值	标准差	最小值	最大值
MP	8751	0.345	0.478	0	1
Shcash	8751	0.020	0.122	-1.006	4.115

表6-3依据是否具有再融资需求分组比较，发现无再融资需求的公司股利支付意愿均值为0.730，表明大约73%的样本公司倾向于支付现金股利；股利支付率均值为12.9%；股利稳定性均值为0.518。而有再融资需求的公司的股利支付意愿均值为0.647，股利支付率均值为0.069，股利稳定性均值为0.408，表明大约64.7%的样本公司倾向于支付现金股利，股利支付率为6.9%。与有再融资需求的公司相比，无再融资需求的公司更愿意支付股利，股利支付率更高，但股利稳定性更差。

表6-3 主要变量分组描述性统计

变量	无再融资需求组（Shcash<0）					有再融资需求组（Shcash≥0）				
	样本数	均值	标准差	最小值	最大值	样本数	均值	标准差	最小值	最大值
Divprob	3551	0.730	0.445	0	1	5200	0.647	0.478	0	1
Divpay	3551	0.129	0.170	0	0.8	5200	0.069	0.100	0	0.8
Divsolid	3551	0.518	0.820	0	4.934	5200	0.408	0.676	0	4.934
Pol	3551	0.399	0.490	0	1	5200	0.41	0.492	0	1
Cash Flow	3551	0.104	0.055	-0.001	0.261	5200	0.003	0.059	-0.209	0.209
Lev	3551	0.414	0.213	0.043	1.064	5200	0.444	0.218	0.043	1.064
TobinQ	3551	2.668	2.320	0.234	12.39	5200	2.158	1.935	0.234	12.39
Size	3551	21.757	1.079	19.087	25.749	5200	21.716	1.131	19.087	25.749
Inv	3551	0.049	0.047	0	0.253	5200	0.063	0.055	0.001	0.253
Cashhold	3551	0.213	0.148	0.010	0.753	5200	0.173	0.126	0.010	0.753
Roe	3551	0.093	0.119	-0.664	0.453	5200	0.044	0.129	-0.664	0.453
Beta	3551	1.108	0.209	0.783	1.642	5200	1.076	0.178	0.783	1.642
Growth	3551	0.162	0.321	-0.330	2.811	5200	0.179	0.308	-0.329	2.811
Fcontral	3551	0.360	0.157	0	0.900	5200	0.356	0.152	0	0.894
Soedum	3551	0.416	0.492	0	1	5200	0.348	0.476	0	1

续表

变量	无再融资需求组（Shcash<0）					有再融资需求组（Shcash≥0）				
	样本数	均值	标准差	最小值	最大值	样本数	均值	标准差	最小值	最大值
MP	3551	0.332	0.433	0	1	5200	0.321	0.445	0	1
Shcash	3551	-0.067	0.074	-1.006	-0.001	5200	0.08	0.111	0.001	4.115

表6-4列示了2008~2016年样本公司各年现金股利率是否大于30%（即Optiondum是否大于0）的公司占比及各年股利支付率均值，由样本统计结果表明，随着分红管制政策颁布，支付现金股利的公司数量在逐年增加，由2008年46.19%的公司支付现金股利到2016年大约71.82%的公司支付股利，且股利支付率也在逐年增加，由2008年的股利支付率均值为6.7%逐年增加到9.2%。初步表明一系列分红管制政策的实施对公司的股利行为有一定的治理效应。

表6-4 股利行为的趋势变化及均值t检验

年份	样本总量			均值	支付股利公司占比（%）
	各年样本量	Divpay≥0.3	Divpay<0.3		
2008	485	262	223	0.067	46.19
2009	599	350	249	0.077	54.09
2010	665	404	261	0.086	57.6
2011	744	490	254	0.101	63.58
2012	1059	806	253	0.106	72.23
2013	1273	1005	268	0.101	76.98
2014	1290	1025	265	0.096	74.65
2015	1231	931	300	0.087	70.67
2016	1405	921	484	0.092	71.82

为考察分红管制政策对公司股利行为的影响差异，表6-5列示了有无再融资需求分组（即Shcashdum=1或Shcashdum=0）的t检验结果，结果发现，有再融资需求公司的股利支付意愿、股利支付率和股利稳定性与不具有再融资需求公司的股利行为均在1%的水平上有显著差异。初步表明有再融资需求的公司更

不愿意派发现金股利。

表6-5 有无再融资需求的股利行为 t 检验

样本量		变量	均值检验		
			平均值	均值差异	t 值
有再融资需求	5200	Divprob	0.647	0.083	7.531***
无再融资需求	3551	Divprob	0.730		
有再融资需求	5200	Divpay	0.069	0.059	18.554***
无再融资需求	3551	Divpay	0.129		
有再融资需求	5200	Divsolid	0.408	0.110	6.272***
无再融资需求	3551	Divsolid	0.518		

注：*代表在10%水平上显著，**代表在5%水平上显著，***代表在1%水平上显著。

表6-6报告了是否具有政治关联的公司现金股利政策调整变化情况。表6-6数据显示，无政治关联的公司股利调整变化在1%的水平上显著高于有政治关联的公司。

表6-6 股利政策调整决策 t 检验

样本量		变量	均值检验		
			平均值	均值差异	t 值
无政治关联	5203	Divprobads	0.211	0.028	2.907***
有政治关联	3548	Divprobads	0.184		
无政治关联	5203	Divprobadi	0.081	-0.004	-0.599
有政治关联	3548	Divprobadi	0.085		
无政治关联	5203	Divprobadjust	0.049	0.013	1.737***
有政治关联	3548	Divprobadjust	0.036		

注：*代表在10%水平上显著，**代表在5%水平上显著，***代表在1%水平上显著。

6.4.2 实证检验：政治关联、分红管制与公司现金股利行为

表6-7依据公司是否具有再融资需求分组回归，组间Chow test 的 Chi 值基

本显著,表6-7(1)、(3)、(5)列的回归结果表明,政治关联对有再融资需求的公司股利支付倾向、股利支付率有显著的正向影响,但是政治关联加剧了企业股利的波动性,这表明政治关联的资源效应抑制了分红管制政策对公司股利支付行为的治理效应。由此,假设1、假设2、假设3得到验证。

表6-7 政治关联、分红管制政策对公司股利行为的影响结果

	(1) 有再融资需求组 Divprob	(2) 无再融资需求组 Divprob	(3) 有再融资需求组 Divpay	(4) 无再融资需求组 Divpay	(5) 有再融资需求组 Divsolid	(6) 无再融资需求组 Divsolid
Pol	0.116* (1.78)	0.085 (0.77)	0.007** (1.98)	0.016** (2.54)	0.050** (2.41)	0.036 (1.16)
Lev	-2.394*** (-8.57)	-3.232*** (-8.87)	-0.155*** (-11.43)	-0.236*** (-11.03)	-0.366*** (-5.64)	-0.491*** (-5.19)
TobinQ	-0.053 (-1.61)	-0.040 (-1.08)	-0.005** (-2.83)	0.003 (1.67)	-0.031*** (-4.07)	-0.015 (-1.69)
Size	0.188*** (3.50)	0.364*** (4.99)	0.013*** (5.13)	0.039*** (9.39)	-0.016 (1.14)	0.014 (0.69)
Inv	1.710** (2.69)	6.196*** (4.04)	0.172*** (5.64)	0.624*** (7.60)	0.268 (1.63)	1.151*** (2.82)
Cashhold	1.441*** (3.85)	2.598*** (5.60)	0.164*** (9.70)	0.230*** (9.93)	0.401*** (4.35)	0.288** (2.52)
Roe	21.15*** (19.42)	11.579*** (24.21)	1.318*** (43.31)	1.121*** (43.26)	0.711*** (4.11)	0.594*** (8.26)
Beta	-13.42*** (-4.82)	-6.064* (-1.98)	-0.676*** (-4.99)	0.0272 (0.15)	-1.433** (-2.02)	-0.035 (-0.04)
Growth	0.423** (3.13)	0.067 (0.37)	0.017* (2.53)	-0.006 (-0.61)	-0.055 (-1.57)	-0.053 (-1.07)
Fcontral	1.186*** (4.45)	0.470 (1.29)	0.066*** (5.33)	0.100*** (5.03)	0.302*** (4.45)	0.428*** (4.38)
Soedum	-0.071 (-0.73)	-0.208* (-1.69)	-0.006 (-1.46)	-0.031*** (-4.65)	0.051** (2.16)	0.157*** 4.61

续表

	(1) 有再融资需求组	(2) 无再融资需求组	(3) 有再融资需求组	(4) 无再融资需求组	(5) 有再融资需求组	(6) 无再融资需求组
	Divprob	Divprob	Divpay	Divpay	Divsolid	Divsolid
MP	-0.093***	-2.194**	-0.018	-0.013	-0.685**	-0.724*
	(-5.25)	(-2.07)	(-0.38)	(-0.028)	(-2.17)	(-1.97)
Year	控制	控制	控制	控制	控制	控制
Ind	控制	控制	控制	控制	控制	控制
_cons	6.556**	-2.354	0.231	-0.878***	1.852**	0.723
	(2.65)	(-0.83)	(1.92)	(-5.38)	(2.91)	(0.91)
Sigma _cons			0.111*** (72.56)	0.154*** (64.87)		
Pseudo R^2	0.304	0.276	2.224	0.213	0.053	0.05
N	5200	3551	5200	3551	5200	3551
Chow test (Pol)	(1) vs. (2) =1.233		(3) vs. (4) =1.91**		(5) vs. (6) =5.28**	

注：*代表在10%水平上显著，**代表在5%水平上显著，***代表在1%水平上显著。

6.4.3 实证检验：政治关联维度、分红管制与公司现金行为

更进一步，考察政治关联维度对那些具有再融资需求的企业，即那些受到分红管制的企业派现行为的影响，表6-8（1）~（6）列表明，对于那些受到分红管制政策约束的企业，政治关联广度和政治关联深度对公司股利支付倾向、股利支付率有显著的正向影响，但是政治关联广度和政治关联深度加剧了企业股利的波动性，组间Chow test的Chi值基本显著，表明政治关联广度和政治关联深度对具有再融资需求企业的派现决策影响效应有显著差异。

此外，表6-8（1）、（3）、（5）列的政治关联广度和政治关联深度与企业股利支付倾向的标准化系数分别为分别为0.521和0.232，与企业股利支付率标准化系数分别为0.051和0.025，与企业股利稳定性标准化系数分别为0.32和0.678，政治关联广度标准化系数绝对值显著大于政治关联深度标准化系数，这表明，对于具有再融资需求的企业，即受分红管制政策约束的企业，政治关联广

度对分红管制政策抑制效应大于政治关联深度,支持了研究假设4。

表 6-8 政治关联维度对公司股利行为的影响

	(1) 具有再融资需求组 Divprob	(2) 不具有再融资需求组 Divprob	(3) 具有再融资需求组 Divpay	(4) 不具有再融资需求组 Divpay	(5) 具有再融资需求组 Divsolid	(6) 不具有再融资需求组 Divsolid
Polboard	0.499* (1.78)	-0.340 (-0.76)	0.042** (2.26)	0.039 (1.44)	0.21** (2.48)	0.160 (1.23)
Poldeep	0.178** (1.99)	0.124 (1.02)	0.011** (2.59)	0.007 (0.91)	0.055** (2.34)	0.033 (0.94)
Lev	-4.623*** (-17.05)	-5.244*** (-15.36)	-0.283*** (-21.73)	-0.438*** (-21.62)	-0.374*** (-6.18)	-0.462*** (-5.26)
TobinQ	-0.215*** (-7.22)	-0.175*** (-5.28)	-0.015*** (-9.76)	-0.0159*** (-7.82)	-0.031*** (-4.43)	-0.024** (-2.69)
Size	0.518*** (10.25)	0.649*** (9.46)	0.033*** (14.08)	0.0619*** (16.17)	0.01 (0.78)	0.033 (1.79)
Inv	2.557*** (3.97)	6.953*** (4.56)	0.171*** (5.58)	0.547*** (6.66)	0.247 (1.50)	0.952* (2.34)
Cashhold	1.132** (2.97)	2.688*** (5.91)	0.139*** (8.16)	0.220*** (9.52)	0.393*** (4.28)	0.245** (2.15)
Roe	13.62*** (20.04)	8.820*** (12.56)	0.917*** (29.55)	1.154*** (26.71)	0.524*** (6.32)	0.625*** (4.51)
Beta	-4.737 (-1.5)	-11.917*** (-2.83)	-0.110 (-0.93)	-0.609*** (-3.3)	-0.009 (-0.01)	-0.049 (-0.08)
Growth	-0.00509 (-0.04)	-0.041 (-0.23)	-0.013** (-1.97)	-0.0244* (-2.45)	-0.081** (-2.34)	-0.077 (-1.56)
Fcontral	1.350*** (5.06)	0.541 (1.55)	0.0701*** (5.60)	0.079*** (3.94)	0.297*** (4.40)	0.395*** (4.04)
Soedum	-0.066 (-0.69)	-0.213* (-1.75)	-0.005 (-1.26)	-0.333*** (-4.93)	0.049** (2.06)	0.1618*** (4.69)
MP	-1.923*** (-3.253)	-1.579 (-1.56)	-0.018** (-2.01)	-0.035 (-0.58)	-0.057* (-1.98)	0.079* (1.76)

续表

	(1) 具有再融资 需求组	(2) 不具有再融资 需求组	(3) 具有再融资 需求组	(4) 不具有再融资 需求组	(5) 具有再融资 需求组	(6) 不具有再融资 需求组
	Divprob	Divprob	Divpay	Divpay	Divsolid	Divsolid
Year	控制	控制	控制	控制	控制	控制
Ind	控制	控制	控制	控制	控制	控制
_cons	−10.22*** (−9.45)	−12.14*** (−8.17)	−0.692*** (−13.58)	−1.293*** (−15.36)	−0.579** (−2.15)	−1.059** (−2.66)
Sigma_cons			0.111*** (72.72)	0.154*** (64.85)		
Pseudo R^2	0.273	0.303	2.891	2.202	0.046	0.039
N	5200	3551	5200	3551	5200	3551
Chow test (Polboard)	(1) vs. (2) = 3.62**		(3) vs. (4) = 1.99**		(5) vs. (6) = 2.30**	
Chow test (Poldeep)	(1) vs. (2) = 3.37*		(3) vs. (4) = 0.49		(5) vs. (6) = 1.79*	

注：*代表在10%水平上显著，**代表在5%水平上显著，***代表在1%水平上显著。

6.4.4 实证检验：政治关联、分红管制与公司现金股利行为调整

表6-9（1）、（3）列回归结果显示，政治关联与企业股利支付调整方向（Divprobads）显著正相关，与企业股利调整力度（Divpayadjust）显著正相关。回归结果表明，政治关联加剧了企业股利的调整行为，抑制了分红管制对企业的治理效应。

表6-9 政治关联、分红管制对公司股利政策调整

	(1) Divprobads	(2) Divprobadi	(3) Divpayadjust
Pol	0.143** (2.28)	−0.052 (−0.59)	0.012* (1.67)

续表

	（1）	（2）	（3）
	Divprobads	Divprobadi	Divpayadjust
Lev	-1.328***	-0.483	-0.129***
	(-6.90)	(-1.65)	(-6.01)
TobinQ	0.248***	-0.250***	0.022***
	(15.71)	(-5.61)	(10.84)
Size	0.471***	-0.190***	0.019***
	(12.53)	(-3.15)	(4.38)
Inv	-0.131	0.247	-0.188***
	(-0.24)	(0.33)	(-2.90)
Cashhold	-1.703***	-0.803**	-0.070**
	(-6.45)	(-2.11)	(-2.37)
Roe	-2.874***	2.007***	-0.072**
	(-10.86)	(4.06)	(-2.28)
Beta	0.393*	-11.33**	0.051**
	(2.41)	(-3.01)	(2.69)
Growth	0.100	0.580***	0.021
	(1.07)	(4.40)	(1.76)
Fcontral	-0.388	0.183	-0.007
	(-1.96)	(0.64)	(-0.29)
Soedum	-0.234**	0.05	-0.281**
	(-2.69)	(0.50)	(-2.49)
MP	-0.091***	-0.023	0.556**
	(-4.87)	(-0.38)	(2.17)
Year	控制	控制	控制
Ind	控制	控制	控制
_cons	-11.61***	11.56***	-0.319***
	(-14.43)	(3.50)	(-3.58)
Pseudo R²	0.284	0.066	0.076
N	8751	8730	8751

注：*代表在10%水平上显著，**代表在5%水平上显著，***代表在1%水平上显著。

进一步依据是否具有再融资需求公司分类,考察政治关联对公司股利行为调整的影响。表 6-10 列示了政治关联对有无再融资需求公司股利行为的影响,结果发现,对于没有再融资需求的公司,政治关联对公司股利调整行为没有显著影响;政治关联对有再融资需求公司股利行为调整有显著的影响,对组间 Chow test 的 Chi 值基本显著,即公司股利行为变化较快,假设 5 得证。

表 6-10 政治关联对有无再融资需求公司股利行为的调整影响

	（1）有再融资需求组	（4）无再融资需求组	（2）有再融资需求组	（5）无再融资需求组	（3）有再融资需求组	（6）无再融资需求组
	Divprobads	Divprobads	Divprobadi	Divprobadi	Divpayadjust	Divpayadjust
Pol	0.333***	-0.197	-0.098	0.051	0.021*	-0.01
	(3.36)	(-1.44)	(-0.84)	(0.36)	(1.91)	(-0.89)
Lev	-2.223***	-1.043*	-0.346	-0.635	-0.171***	-0.070**
	(-7.61)	(-2.46)	(-0.88)	(-1.38)	(-5.57)	(-2.06)
TobinQ	-0.024	-0.089**	-0.255***	-0.227***	0.001	-0.003
	(-0.75)	(-2.26)	(-3.96)	(-3.49)	(0.20)	(-0.83)
Size	0.278***	-0.133	-0.258**	-0.107	0.001	-0.007
	(4.85)	(-1.40)	(-3.11)	(-1.11)	(1.37)	(-0.93)
Inv	2.133**	0.736	1.000	-1.715	0.010	0.070
	(2.97)	(0.42)	(1.14)	(-0.93)	(0.12)	(0.48)
Cashhold	-2.291***	-0.806	-0.551	-1.385**	-0.145***	-0.052
	(-6.04)	(-1.58)	(-1.02)	(-2.45)	(-3.68)	(-1.25)
Roe	-2.018***	-1.245*	2.048**	1.563**	-0.063	0.067
	(-5.18)	(-1.87)	(3.04)	(2.01)	(-1.41)	(1.27)
Beta	5.209*	-1.521	-15.34**	-5.463	-0.229	-0.548
	(1.90)	(-0.50)	(-2.95)	(-0.96)	(-0.65)	(-1.77)
Growth	0.437***	-0.043	0.691***	0.757***	0.060***	0.011
	(3.35)	(-0.23)	(3.86)	(3.78)	(3.53)	(0.62)
Fcontra	0.101	0.190	-0.063	0.542	0.015	0.030
	(0.34)	(0.44)	(-0.17)	(1.21)	(0.43)	(0.85)

续表

	(1) 有再融资 需求组	(4) 无再融资 需求组	(2) 有再融资 需求组	(5) 无再融资 需求组	(3) 有再融资 需求组	(6) 无再融资 需求组
	Divprobads	Divprobads	Divprobadi	Divprobadi	Divpayadjust	Divpayadjust
Soedum	-0.299**	-0.068	0.065	0.026	-0.006	0.001
	(-2.73)	(-0.45)	(0.50)	(0.17)	(-0.49)	(0.09)
MP	-0.132***	-1.187**	-0.018	-0.013	0.425**	0.532*
	(-3.23)	(-2.16)	(-0.38)	(-0.028)	(2.17)	(1.99)
Ind	控制	控制	控制	控制	控制	控制
Year	控制	控制	控制	控制	控制	控制
_cons	-7.402**	3.293	16.10***	4.998	-0.034	0.633**
	(-2.92)	(1.07)	(3.50)	(1.00)	(-0.11)	(2.17)
Pseudo R^2	0.278	0.305	2.923	2.228	0.034	0.054
N	5200	3551	5200	3551	5200	3551
Chow test (pol)	(1) vs. (2) =1.05**		(3) vs. (4) =0.66		(5) vs. (6) =0.538**	

注：*代表在10%水平上显著，**代表在5%水平上显著，***代表在1%水平上显著。

6.5 稳健性检验

为保证研究结论的可靠性，本章进行了如下稳健性测试：

在度量指标的选取上：除上述检验外，文章还进行了稳健性测试：考虑到为避免政府官员轮换对公司获取资源的影响（黎凯等，2007），基于"人走茶凉"的机理，本章采用公司现任董事长和总经理是否有政府背景来定义公司是否有政治关联，生成虚拟变量 Pol，即 Pol 取值为 1，公司具有政治关联，Pol 取值为 0，公司不具有政治关联。政治关联的广度（Polboard1）是采用现任具有政府背景的公司高管和董事会成员占整个公司高管和董事会成员的比例来衡量，Polboard1 变量取值范围为 [0,1]，政治关联深度（Poldeep1）是采用公司现任具有政府背景高管和董事会成员的层级衡量,当公司高管曾经为省部级以上(含省部级)的政府官员或省级人大代表、政协委员时赋值为1,否则为0进行稳健性检验。

同时,替换股利支付率(Divpay)为股利支付率(Divpay1),度量方式为现金股利/总资产账面价值,具体回归结果如表6-11所示。

6.5.1 政治关联、分红管制与公司现金股利行为

通过改变变量政治关联(Pol)和股利支付率(Divpay)的度量方式,分别将其代入模型(6-1)、模型(6-2)、模型(6-3),重复回归过程,结果如表6-11所示,相关回归结果同样支持了前文的相关研究结论,可以看到,结果稳健。

表6-11 政治关联维度、分红管制政策对股利行为影响

	(1) 有再融资需求组	(2) 无再融资需求组	(3) 有再融资需求组	(4) 无再融资需求组	(5) 有再融资需求组	(6) 无再融资需求组
	Divprob	Divprob	Divpay1	Divpay1	Divsolid	Divsolid
Pol1	0.177** (2.23)	-0.045 (-0.34)	0.010* (1.84)	0.017** (2.43)	0.062*** (3.00)	0.022 (0.62)
Lev	-3.203*** (-10.74)	-3.686*** (-9.73)	-0.199*** (-14.95)	-0.300*** (-14.62)	-0.021 (-1.49)	0.230*** (3.94)
TobinQ	-0.177*** (-4.99)	-0.137*** (-3.50)	-0.013*** (-8.07)	-0.013*** (-6.14)	-0.028*** (-3.72)	0.018 (1.94)
Size	0.195*** (3.41)	0.358*** (4.63)	0.012*** (4.71)	0.034*** (8.42)	0.039** (3.02)	0.016 (0.79)
Inv	2.186** (3.25)	5.244*** (3.34)	0.181*** (6.22)	0.476*** (6.23)	0.375* (2.29)	-1.074** (-2.65)
Cashhold	1.241** (3.14)	2.278*** (4.86)	0.149*** (9.24)	0.191*** (8.80)	0.537*** (6.17)	-0.302** (-2.69)
Roe	11.43*** (16.40)	6.381*** (8.31)	0.702*** (22.50)	0.847*** (19.44)	0.486*** (5.47)	-0.690*** (-4.74)

续表

	(1) 有再融资需求组	(2) 无再融资需求组	(3) 有再融资需求组	(4) 无再融资需求组	(5) 有再融资需求组	(6) 无再融资需求组
	Divprob	Divprob	Divpay1	Divpay1	Divsolid	Divsolid
Beta	-12.32***	-5.712*	-0.628***	-0.091	0.853	-0.663
	(-4.23)	(-1.83)	(-4.80)	(-0.54)	(1.20)	(-0.78)
Growth	-0.012	-0.179	-0.014*	-0.025**	-0.104**	0.106*
	(15.84)	(11.82)	(21.28)	(19.61)	(-3.12)	(0.69)
Fcontral	1.008***	0.276	0.055***	0.078***	0.296***	-0.404***
	(3.58)	(0.74)	(4.67)	(4.17)	(4.36)	(-4.13)
Soedum	-0.084	-0.211	-0.007	-0.033***	-0.059**	0.157***
	(-0.88)	(-1.73)	(-1.67)	(-5.02)	(-2.51)	(4.62)
MP	-0.098**	-2.135**	-0.018	-0.013	-0.794**	0.524*
	(-2.78)	(-1.98)	(-0.49)	(-0.028)	(-2.53)	(1.99)
Year	控制	控制	控制	控制	控制	控制
Ind	控制	控制	控制	控制	控制	控制
_cons	5.773*	-1.993	0.233*	-0.650***	-1.728**	-0.192
	(2.20)	(-0.67)	(1.98)	(-4.11)	(-2.68)	(-0.24)
Sigma_cons			0.105***	0.143***		
			(73.16)	(65.19)		
Pseudo R^2	0.334	0.361	3.557	2.648	0.039	0.042
N	5200	3551	5200	3551	5200	3551
Chow test (Pol)	(1) vs. (2) = 2.41		(3) vs. (4) = 8.58***		(5) vs. (6) = 6.59**	

注：*代表在10%水平上显著，**代表在5%水平上显著，***代表在1%水平上显著。

6.5.2 政治关联维度、分红管制与公司现金股利行为

通过改变政治关联广度（Polboard）和政治关联深度（Poldeep）的度量方式，分别代入模型（6-4）、模型（6-5）、模型（6-6），重复回归过程，结果如表6-12所示。可以看到，在融资需求组，政治关联广度（Polboard1）与股利支付率、股利稳定性均在1%的水平上显著相关；政治关联深度（Poldeep1）与

股利支付意愿、股利支付率亦在1%的水平上显著,组间 Chow test 的 Chi 值基本显著,相关回归结果同样支持了前文的相关研究结论,同样发现,结果稳健。

表6-12 政治关联维度、分红管制政策、公司股利行为

	(1) 有再融资 需求组 Divprob	(2) 无再融资 需求组 Divprob	(3) 有再融资 需求组 Divpay	(4) 无再融资 需求组 Divpay	(5) 有再融资 需求组 Divsolid	(6) 无再融资 需求组 Divsolid
Polboard1	3.821*** (4.37)	2.110 (1.41)	0.269*** (4.82)	0.158** (2.15)	0.648*** (3.26)	0.203 (0.52)
Poldeep1	0.284*** (3.73)	0.058 (0.45)	0.015*** (3.05)	0.001 (0.22)	0.025 (1.10)	0.037 (1.08)
Lev	-3.159*** (-10.57)	-3.640*** (-9.59)	-0.197*** (-14.83)	-0.298*** (-14.49)	-0.021 (-1.43)	-0.230*** (-3.93)
TobinQ	-0.175*** (-4.95)	-0.135*** (-3.46)	-0.013*** (-8.02)	-0.013*** (-6.19)	-0.028*** (-3.68)	-0.018 (-1.96)
Size	0.180** (3.13)	0.349*** (4.46)	0.011*** (4.44)	0.034*** (8.21)	0.041** (3.19)	0.018 (0.91)
Inv	2.136** (3.18)	5.101*** (3.25)	0.179*** (6.15)	0.473*** (6.18)	0.359** (2.20)	1.062** (2.62)
Cashhold	1.272** (3.21)	2.273*** (4.83)	0.151*** (9.33)	0.190*** (8.73)	0.538*** (6.20)	0.296** (2.63)
Roe	11.42*** (16.37)	6.378*** (8.32)	0.701*** (22.48)	0.847*** (19.45)	0.479*** (5.39)	0.686*** (4.71)
Beta	-12.17*** (-4.18)	-5.633 (-1.81)	-0.622*** (-4.77)	-0.096 (-0.57)	-0.849 (-1.20)	-0.657 (-0.77)
Growth	-0.007 (-0.05)	-0.163 (-0.94)	-0.014** (-2.12)	-0.025** (-2.65)	-0.105*** (-2.95)	-0.104** (-2.08)
Fcontral	1.020*** (3.62)	0.287 (0.77)	0.054*** (4.60)	0.079*** (4.26)	0.292*** (4.31)	0.405*** (4.14)

续表

	(1) 有再融资需求组	(2) 无再融资需求组	(3) 有再融资需求组	(4) 无再融资需求组	(5) 有再融资需求组	(6) 无再融资需求组
	Divprob	Divprob	Divpay	Divpay	Divsolid	Divsolid
Soedum	-0.073	-0.201	-0.006	-0.031***	-0.055*	-0.158***
	(-0.77)	(-1.64)	(-1.45)	(-4.69)	(-2.32)	(-4.63)
MP	-0.193**	-2.22**	-0.202	-0.013	-0.324**	-0.325*
	(-2.18)	(-2.16)	(-0.16)	(-0.028)	(-2.02)	(-1.68)
Year	控制	控制	控制	控制	控制	控制
Ind	控制	控制	控制	控制	控制	控制
_cons	5.870*	-2.030	0.238*	-0.632***	-1.752**	-0.233
	(2.24)	(-0.68)	(2.03)	(-3.99)	(-2.72)	(-0.29)
Sigma_cons			0.105***	0.143***		
			(73.17)	(65.20)		
Pseudo R^2	0.335	0.361	3.569	2.647	0.041	0.041
N	5200	3551	5200	3551	5200	3551
Chow test (Polboard)	(1) vs. (2) =3.62**		(3) vs. (4) =11.6***		(5) vs. (6) =6.22***	
Chow test (Poldeep)	(1) vs. (2) =3.37*		(3) vs. (4) =4.0**		(5) vs. (6) =1.89	

注：*代表在10%水平上显著，**代表在5%水平上显著，***代表在1%水平上显著。

6.5.3 政治关联、分红管制与公司现金股利行为调整

通过改变变量政治关联（Pol）的度量方式，分别代入模型（6-7）、模型（6-8）、模型（6-9），重复回归过程，结果如表6-13所示，相关回归结果同样支持了前文的相关研究结论，可以看到，结果稳健。

表6-13 政治关联、分红管制政策、股利调整政策

	(1) 有再融资需求组	(2) 无再融资需求组	(2) 有再融资需求组	(5) 无再融资需求组	(3) 有再融资需求组	(6) 无再融资需求组
	Divprobads	Divprobads	Divprobadi	Divprobadi	Divpayadjust	Divpayadjust
Pol	0.144*	0.208	0.125	-0.007	0.023***	0.013
	(1.74)	(1.36)	(0.86)	(-0.04)	(2.93)	(1.03)
Lev	-2.220***	-1.028**	-0.321	-0.641	-0.209***	-0.069**
	(-10.18)	(-2.43)	(-0.82)	(-1.39)	(-9.65)	(-2.04)
TobinQ	-0.024	-0.082**	-0.254***	-0.227***	0.001	-0.003
	(-0.73)	(-2.11)	(-3.94)	(-3.49)	(0.19)	(-0.76)
Size	0.066	-0.135	-0.265**	-0.104	0.01	-0.007
	(1.05)	(-1.43)	(-3.20)	(-1.08)	(1.41)	(-0.98)
Inv	2.149***	0.362	0.998	-1.657	0.011	0.053
	(2.99)	(0.21)	(1.14)	(-0.90)	(0.13)	(0.36)
Cashhold	0.454	-0.817	-0.281	-1.383**	0.037	-0.052
	(1.13)	(-1.60)	(-0.53)	(-2.44)	(0.81)	(-1.26)
Roe	-2.013***	-1.283	2.042**	1.568**	-0.062	0.064
	(-5.17)	(-1.93)	(3.03)	(2.02)	(-1.41)	(1.22)
Beta	5.065	-1.355	-15.32**	-5.419	-0.230	-0.542
	(1.84)	(-0.44)	(-2.95)	(-0.96)	(-0.65)	(-1.75)
Growth	-0.260	-0.037	0.477**	0.757***	-0.042**	0.012
	(-1.68)	(-0.20)	(2.59)	(3.78)	(-2.36)	(0.65)
Fcontral	0.099	0.175	-0.071	0.544	0.014	0.029
	(0.33)	(0.41)	(-0.19)	(1.21)	(0.42)	(0.82)
Soedum	-0.315**	-0.057	0.080	0.021	-0.007	0.001
	(-2.89)	(-0.38)	(0.61)	(0.14)	(-0.58)	(0.10)
MP	-0.256**	-1.194**	-0.320	-0.033	0.765**	0.624*
	(-2.15)	(-2.01)	(-0.65)	(-0.078)	(2.13)	(1.99)
Year	控制	控制	控制	控制	控制	控制
Ind	控制	控制	控制	控制	控制	控制

6 政治关联、分红管制政策与公司现金股利政策

续表

	(1)	(2)	(2)	(5)	(3)	(6)
	有再融资需求组	无再融资需求组	有再融资需求组	无再融资需求组	有再融资需求组	无再融资需求组
	Divprobads	Divprobads	Divprobadi	Divprobadi	Divpayadjust	Divpayadjust
_cons	-7.333**	3.023	16.10***	4.934	-0.0344	0.624**
	(-2.89)	(0.98)	(3.49)	(0.99)	(-0.11)	(2.14)
PseudoR²	0.222	0.418	0.063	0.089	0.056	0.11
N	5200	3551	5200	3551	5200	3551
Chow test (Pol)	(1) vs. (2) =1.87*		(3) vs. (4) =0.69		(5) vs. (6) =5.48**	

注：*代表在10%水平上显著，**代表在5%水平上显著，***代表在1%水平上显著。

6.6 本章小结

为了规范公司股利行为，监管当局实施了一系列的分红管制政策，这些分红管制政策主要通过与再融资资格挂钩，即公司要想通过股权融资必须达到分红管制政策设置的"门槛股利"以此约束公司的股利行为。基于一系列的分红管制政策的颁布，学者们分别从分红管制政策市场反应、政策的合理性及是否能够规范公司股利行为进行了大量分析，基本认同一系列分红管制政策对具有再融资需求的公司的股利行为有效，但作用有限。这些研究大多重点关注了分红管制政策本身是否合理以及是否真正起到规范公司股利行为的作用。然而，企业股权融资之外还有债务融资，对于那些具有再融资需求的公司，达不到证监会规定的"门槛股利"，又受信贷市场规模和歧视性政策的限制，政治关联的资源效应能够有效缓解具有再融资需求公司的融资约束，从而抑制了分红管制政策的治理效应。

本章从我国分红管制政策调控框架的角度出发，经过理论和实证分析发现，政治关联确实能够为公司带来偏袒效应和资源效应；偏袒效应和资源效应抑制了

分红管制政策对公司股利行为的治理效应；同时，研究还发现，政治关联的偏袒效应和资源效应加剧了公司股利的不稳定性。因此当前最为迫切的任务是加快市场化、法制化进程，健全金融市场，改善公司的融资结构，缓解公司面临的"钱荒"，从而促进公司股利行为的规范发展。

7 政治关联、市场化进程与公司现金股利政策

随着我国市场化进程的不断推进及其地区间显著不平衡的日趋缓解，以及市场的资源配置功能的有效发挥与公司治理环境的改进，政治关联作为一种非正式制度的重要性及其产权保护替代机制势必弱化，亦必影响到公司财务政策的融资决策，进而通过影响公司的融资决策对现金股利政策产生间接影响。本部分利用中国各省份市场化进程相对指数，定量考察随着我国市场化进程的推进，政治关联对公司现金股利政策及价值关系的影响在纵向时间维度与横向空间维度（地区差异）的变化特征；进而运用"资源互补性"观点推理分析市场化进程与政治关联对公司股利行为的交互作用；然后进行实证检验，拓展性检验了政治关联对公司股利行为影响的途径，最后对实证结果进行了分析讨论。

7.1 引言

在完美资本市场假定下，Miller 和 Modigliani（1961）提出经典的 MM 股利无关理论，以此为依据，剩余股利决策成为公司的最优选择。但在现实资本市场中，由于代理成本、信息不对称、公司所得税及破产成本的客观存在，公司股利决策不仅受公司特征和行业因素的影响，还受外部制度环境的影响（谢军，2006；王化成，2007；李卓、宋玉，2007；李常青等，2010；魏志华、吴育辉，2012；祝继高、王春飞，2013）。股利政策是公司在特定目标函数下，基于自身所处内外部融资环境变化下对各种因素进行权衡，不断地调整动态的结果，以此

保证公司处于财务安全状态的同时，实现公司价值最大化目标（姜付秀，2008）。因此，公司现金股利分配与公司内外部融资约束程度密切相关。一方面，现金股利分配受公司留存收益和可支配内部资金的制约。另一方面，现金股利分配通过影响公司的内部资金而影响其他公司行为。

早期文献大多秉承"股利代理理论"和"信号传递理论"，在公司微观层面上研究股利政策影响因素。然而，伴随着中国经济的快速发展，市场化改革在不断进步，经过20多年的发展，中国市场的外部治理环境整体水平已显著提高（Gilla, S. L., 2006），随着市场化进程的逐渐提高，意味着行政干预的逐渐减少并退出，经济资源将更多由市场来配置，市场在资源配置方面发挥着越来越重要的作用。自 La Portal 等（2000）从投资者保护角度研究公司的股利行为以来，公司所处的制度背景受到了学者们的高度重视。随着对公司股利行为影响因素的深入研究，学者们普遍认识到，除了公司自身特征和行业因素以外，公司地区市场化程度的不同的差异也是解释公司股利行为的重要因素。在国内，早期已经有不少文献对中国经济增长与市场化的关系做过一定程度的研究。但在实证研究上，由于缺乏具体衡量市场化进程指标，因而难以定量分析市场化进程对于经济增长的贡献和微观公司行为的影响。自樊纲（2003）基于政府与市场关系、非国有经济的发展、产品市场的发育程度、要素市场的发育程度、市场中介组织发育程度和法律制度五个维度共 25 个量化指标度量市场化进程以来，学者们纷纷基于市场化程度差异来考察其对地区公司行为的影响。鉴于此，最近的部分文献开始从市场化进程视角，探讨外部制度环境与公司股利行为的关系，这些研究表明，在其他条件相同的情况下，市场化程度越高，公司越倾向于发放更多的现金股利；市场化进程对现金股利的影响主要源于市场化进程的缓解融资约束效应（雷光勇和刘慧龙，2007；杨兴全和张丽平，2014）。

以上研究对于我们理解市场化进程等外部制度因素对公司股利行为的作用具有重要意义。但是，这些研究忽视了一个普遍现象，即假定政府不干预经济活动。实际上，政府干预经济的现象广泛存在，特别是在转型经济国家，由于制度的缺失、法律制度的不健全、金融发展落后，导致我国公司外部融资活动变得举步维艰。现阶段，我国公司大多处于迅速成长阶段，公司内部资金的有限性及外部融资途径的不确定性主要体现在以下两点，一方面，公司基于预防性动机，留存内部现金流以备未来之需。另一方面,公司积极参政议政,构建政治关联,将其作为公司在市场化融资方式受限情况下的一种替代手段。具体而言,企业家积极参政或聘用曾任和现任政府官员作为公司的高管或顾问构建政治关联,以获取政府给予更多的经济资源的帮助和照顾,从而导致微观公司融资渠道、融资成本发生变化,改善了企业融资环境,使公司面临的融资约束存在显著差异,进而促使公司经营活动流量进行适当调整,以此影响公司股利行为。Peng 等(2000)研究认为,与西方的契约经济相比,我国的市场经济更依赖于关系经济。那么随着我国市场化进程的加快,政治关联作为一种非正式制度的重要性及其产权保护替代机制势必弱化。市场化进程加快是否改善了微观公司的外部融资环境,进而削弱了政治关联对企业股利分配行为的影响。进一步地,在区分市场化进程地区差异的基础上,有必要区分政治关联数量与质量两个维度考察其对公司股利行为的不同影响。对这些问题的回答拓展了中国背景下现金股利分配影响因素的研究,并能为政策制定者制定更加合理的政策提供一定的经验证据。

本章研究结论的贡献:①进一步支持了"环境控制论",即在转轨经济背景下,微观公司的财务行为更多地受外部宏观环境的调控。②将宏观外部环境的正式制度和非正式制度纳入同一框架,考察其对微观层面公司的影响,不仅拓展了股利行为研究空间,极大地丰富和发展了股利理论,而且使研究结论更符合现实意义。

本章的结构安排如下:第二部分为理论分析与假设推导;第三部分为研究设计;第四部分为实证结果与分析;第五部分为稳健性检验;第六部分为本章小结。

7.2 理论分析与假设推导

7.2.1 政治关联、市场化进程与公司现金股利行为

作为新兴市场国家中最大的经济体,我国资本市场发展相对滞后,政府在市

场经济中扮演着至关重要的角色。市场的不发达及政府的干预会直接影响到公司契约的签订、造成市场交易成本的提高（夏立军、方秩强，2005）。较高的外部融资成本导致公司面临更为严重的外部融资约束和更多的不确定性因素，为了应对未来各种不确定性给公司带来的融资困境。一方面，公司会储备大量的现金或等价物以应对未来各种不确定性给公司带来的融资困境，即公司对内部资金的依赖较大（Almeida 等，2004）；进而会直接减少派发现金股利（FHP，1998；Fazzari 和 Petersen，1993；Bond 和 Meghir，1994）。另一方面，公司花费大量的时间与精力去构建和维持政治联系是因为这样做能够在一定程度上缓解因制度缺陷和政府干预对公司发展的阻碍（Faccio，2006），可以优先获得政府补贴、融资机会和税收减免（Shleifer 和 Vishny，1994），也可以减少利益被随意侵占的可能。无疑政治关联作为通过市场化途径无法获取资源的一种替代性的非正式机制，对公司来说是一种有价值的资源，能够缓解落后制度对公司发展的阻碍，帮助公司获得银行的信贷支持，可以为公司的发展带来多方面的利益（罗党论等，2009；胡旭阳，2008；蔡地等，2009；余明桂等，2010）。

在中国，市场化改革是研究公司行为不可忽视的制度背景。随着中国深化体制改革的不断推进，金融市场制度的逐渐完善弱化了银行的信贷决策受到政府干预的影响，银行信贷决策更加市场化，企业的融资渠道增加，获得信贷资金的速度更快、更便捷。畅通的融资渠道有效缓解了公司的融资约束以及对内部资金的依赖，为了减少代理冲突及持有现金的管理成本，企业会将更多的内源资金用以发放现金股利。

然而，现阶段，我国市场化进程虽已取得很大进展，但由于采用"产业梯度转移"模式及地区间在资源禀赋、制度环境等方面存在的自身差异，使得部分地区较早地接触到国外资本、参与市场竞争，最终形成了中部优于西部，东部优于中部的市场化程度差异现实（樊纲等，2003）。一方面，市场化程度越低，意味着公司的经济活动受政府干预的越多（顾乃康、孙进军，2009）；另一方面，较低的市场化程度意味着高度信息不对称和对投资者的弱保护（Dittmar A.，2003），为了规避风险，信贷市场投资者收紧信贷规模，迫使公司在外部市场融资时面临更高的融资约束。因此，与市场化进程程度高的地区的公司相比，低市场化程度地区的公司面临更为严重的融资约束。为此，公司为了获取发展所需的经济资源，会积极构建政治关联，以缓解公司融资约束。在低市场化地区，与不具有政治关联的公司相比，具有政治关联的公司会选择派发更高的股利，市场化程度越高，公司现金股利的支付倾向和支付水平越高（杨兴全、张丽平等，2014）。并且，随着市场化进程的不断推进，政府对公司的干预逐渐减少，公司的经营自主性提高，公司内部治理机制也在不断优化，而公司治理对公司现金股利政策具有重要的影响。治理较好的公司中内部人则很少滥用自由现金流，从而加大了公司支付股利的可能性，提高了股利支付水平（Jensen，1986；La Porta等，2000）。鉴于此，本书提出如下假设：

假设1：控制其他因素，地区市场化程度越低的地区，政治关联对公司股利意愿的正向影响作用就越高。

假设2：控制其他因素，地区市场化程度越低的地区，政治关联对公司股利率的正向影响作用就越高。

假设3：控制其他因素，地区市场化程度越低的地区，政治关联对公司股利稳定性的正向影响作用就越高。

7.2.2 政治关联维度、市场化进程与公司现金股利行为

公司与多方利益相关群体在互动过程中产生的协作与信任（Putnam，1993）构成了公司社会资本并决定着公司的成败。在"市场规则"和"关系规则"并行的商业环境中（吴文锋等，2008），为了拓展更为广阔的发展空间，在市场规则失效的背景下，公司试图强化"关系规则"以此影响政府决策，增强其获取资源的能力。

现实中，处于社会网络关系中的利益体掌握的经济资源和关注的利益目标不同，决定了政治关联广度和政治关联深度对公司行为有差异化的影响。政治关联层级越高，越有利于帮助公司获得产业内和产业外的信息、获得与科研机构的合作机会（李健等，2013）。政治关联官员所处权力层级越高越注重社会责任，越少利用自身掌握的优势资源为关联企业提供"倾斜资源"，也越关注公司持续健康发展。

相对于政治关联层级比较高的公司，地方政治关联官员会基于政治晋升动机

为企业提供税收、审批、资金资助等系列"绿色通道"的制度性资源（赵峰等，2011）。企业也会投桃报李，帮助地方政府解决就业、缴纳税收、提供捐赠救助提升政治关联官员的政治业绩，推动其在官场上的晋升（李健等，2013）。有地方政治关联的公司有更多的过度投资行为，损害了公司的价值（贺小刚等，2013；杜兴强等，2011）。地区化市场程度越低，政府官员利用手中权力寻租的情况就越盛行（Shleifer和Vishny，1998）。政府官员决定资源分配的权力就越大，政治关联在公司获取资源方面就越能发挥作用。根据社会网络理论，具有政治关联的人数占高管人员总数的比例越大，影响公司资源获取的意愿和能力就越高。政治关联广度越大，公司获取信息和资源的渠道就越多（江若尘，2013）。据此，提出如下假设：

假设4a：地区市场化程度越低，政治关联广度对公司股利意愿的正向作用越大。

假设4b：地区市场化程度越低，政治关联深度对公司股利意愿的正向作用越大。

假设5a：地区市场化程度越低，政治关联广度对公司股利率的正向作用越大。

假设5b：地区市场化程度越低，政治关联深度对公司股利率的正向作用越大。

假设6a：地区市场化程度越低，政治关联广度对公司股利稳定性的正向作用越大。

假设6b：地区市场化程度越低，政治关联深度对公司股利稳定性的正向作用越大。

7.2.3 政治关联广度、政治关联深度的作用比较

政治关联广度与政治关联深度对公司股利行为的影响孰大孰小？一方面，在中国，社会关系网络文化的背景决定了"团结就是力量"的重要性，使得具有政治关联的人数占高管人员总数的比例越大，公司获取资源的能力就越强。另一方面，公司所处的地区市场化程度越低，行政干预经济资源配置的作用越强。由于中国的政府官员由上级任命，公司的政治关联深度越高，公司在政治关联网络

中的节点层次和质量就越高,从而越容易获得各地区各级政府官员的认同和支持,这有利于公司克服各种市场和行政障碍,获取公司发展所需的诸如信息资源和管制资源。但是,官员层级越高,越关注社会责任,基于公平原则,越不愿意为企业提供"倾斜性的资源分配"。因此,本书提出以下假设:

假设 7:对于公司股利行为影响,地区市场化程度越低,政治关联广度的作用大于政治关联深度。

7.3 研究设计

7.3.1 研究样本和数据来源

结合我国市场化等相关指标的可获得性,并按照公司所在地的省份进行划分后并做出如下筛选:本书的样本为 2008~2016 年,剔除了金融类公司和 ST 类公司的 A 股上市公司;剔除了相关财务数据存在缺失的公司,最终得到 31 个省级面板数据组,共 10901 家样本公司。为了避免异常值对检验结果的影响,本书对连续性变量进行了 1% 和 99% 分位数上 Winsorize 处理。同时,为了避免常用的面板数据估计方法对标准误差的低估(Petersen,2009),我们在所有的检验中都对标准误差进行了公司层面的群聚(Cluster)调整。其中,市场化进程数据来自于樊纲等(2016)编制的中国分省份(包括 31 个省、自治区和直辖市)市场化指数(2016)年度报告;公司特征数据来自 Csmar 数据库和 Wind 数据库。

7.3.2 模型设定和变量定义

为了验证假设 1、假设 2、假设 3,本书参考了前人研究股利政策的相关研究(Kose 和 Williams,1985;Miller 和 Rock,1985;B. Francis 等,2011;雷光勇等,2007)构建以下实证回归模型(7-1)、模型(7-2)、模型(7-3)检验政治关联对不同市场化进程地区的公司现金股利支付行为的影响。

$$Divprob = \alpha + \beta_1 Pol + \beta_2 Lev + \beta_3 TobinQ + \beta_4 Size + \beta_5 Inv + \beta_6 Cashhold + \beta_7 Roe +$$

$$\beta_8 \text{Beta} + \beta_9 \text{Growth} + \beta_{10} \text{Fcontral} + \beta_{11} \text{Soedum} + \beta_{12} \text{MP} + \beta_{13} \text{Shcashdum} + \beta_{14} \text{Ind} + \beta_{15} \text{Year} + \varepsilon \quad (7-1)$$

$$\text{Divpay} = \alpha + \beta_1 \text{Pol} + \beta_2 \text{Lev} + \beta_3 \text{TobinQ} + \beta_4 \text{Size} + \beta_5 \text{Inv} + \beta_6 \text{Cashhold} + \beta_7 \text{Roe} +$$
$$\beta_8 \text{Beta} + \beta_9 \text{Growth} + \beta_{10} \text{Fcontral} + \beta_{11} \text{Soedum} + \beta_{12} \text{MP} + \beta_{13} \text{Shcashdum} + \beta_{14} \text{Ind} + \beta_{15} \text{Year} + \varepsilon \quad (7-2)$$

$$\text{Divsolid} = \alpha + \beta_1 \text{Pol} + \beta_2 \text{Lev} + \beta_3 \text{TobinQ} + \beta_4 \text{Size} + \beta_5 \text{Inv} + \beta_6 \text{Cashhold} + \beta_7 \text{Roe} +$$
$$\beta_8 \text{Beta} + \beta_9 \text{Growth} + \beta_{10} \text{Fcontral} + \beta_{11} \text{Soedum} + \beta_{12} \text{MP} + \beta_{13} \text{Shcashdum} + \beta_{14} \text{Ind} + \beta_{15} \text{Year} + \varepsilon \quad (7-3)$$

模型（7-1）、模型（7-2）、模型（7-3）中的 Divprob 代表是否支付现金股利，Divpay 代表现金股利支付水平，Divsolid 代表现金股利稳定性，即前文中分别构建的代表公司股利支付行为的三个变量。解释变量包括是否具有政治关联的虚拟变量（Pol），该变量的界定与第4章相同。即参照 Fan 等（2007）的做法，以总经理和董事长及高管的政治身份衡量公司政治关联，Pol = 1 为具备政治关联，Pol = 0 为不具备政治关联，具体定义参照第4.1节；Mindex 代表公司所在地区的市场化进程指数，本书采用樊纲等最新编制发布的中国逐年分省份的市场化总指数（樊纲、王小鲁、朱恒鹏，2016），该指数指标值越大表明地区市场化程度越高。Control Variablel 为一系列的控制变量，包括资产负债率（Lev）、公司价值（TobinQ）、公司规模（Size）、公司投资水平（Inv）、现金持有量（Cashhold）、净资产收益率（Roe）、公司风险（Beta）、公司成长性（Growth）、第一大股东持股比例（Fcontral）及公司产权性质（Soedum）等几个影响公司当期股利行为的主要变量。借鉴全怡等（2016）及第4.5节与第4.6节已经验证，货币政策（MP）和再融资需求（Shcashdum）通过影响企业融资行为，间接影响企业现金股利行为，因此在模型（7-1）、模型（7-2）、模型（7-3）中亦控制了货币政策（MP）变量和再融资需求变量（Shcashdum）。此外，考虑到可能会影响公司现金股利行为，模型中控制了年份（Year）和行业（Ind）的虚拟变量。各变量的具体含义及度量方法如表7-1所示。

为检验假设4a 和假设4b、假设5a 和假设5b、假设6a 和假设6b，即市场化进程和政治关联广度和深度对公司股利行为的影响及差异性影响，本书构建模型（7-4）、模型（7-5）、模型（7-6）。

7 政治关联、市场化进程与公司现金股利政策

$$Divprob = \alpha + \beta_1 Polboard + \beta_2 Poldeep + \beta_3 Lev + \beta_4 TobinQ + \beta_5 Size + \beta_6 Inv + \beta_7 Cashhold + \beta_8 Roe + \beta_9 Beta + \beta_{10} Growth + \beta_{11} Fcontrol + \beta_{12} Soedum + \beta_{13} MP + \beta_{14} Shcashdum + \beta_{15} Ind + \beta_{16} Year + \varepsilon \quad (7-4)$$

$$Divpay = \alpha + \beta_1 Polboard + \beta_2 Poldeep + \beta_3 Lev + \beta_4 TobinQ + \beta_5 Size + \beta_6 Inv + \beta_7 Cashhold + \beta_8 Roe + \beta_9 Beta + \beta_{10} Growth + \beta_{11} Fcontrol + \beta_{12} Soedum + \beta_{13} MP + \beta_{14} Shcashdum + \beta_{15} Ind + \beta_{16} Year + \varepsilon \quad (7-5)$$

$$Divsolid = \alpha + \beta_1 Polboard + \beta_2 Poldeep + \beta_3 Lev + \beta_4 TobinQ + \beta_5 Size + \beta_6 Inv + \beta_7 Cashhold + \beta_8 Roe + \beta_9 Beta + \beta_{10} Growth + \beta_{11} Fcontrol + \beta_{12} Soedum + \beta_{13} MP + \beta_{14} Shcashdum + \beta_{15} Ind + \beta_{16} Year + \varepsilon \quad (7-6)$$

模型（7-4）、模型（7-5）、模型（7-6）中的Divprob代表是否支付现金股利，Divpay代表现金股利支付水平，Divsolid代表现金股利稳定性，即前文中分别构建的代表公司股利支付行为的三个变量。Polboard代表政治关联广度、Poldeep代表政治关联深度，该变量的界定与第4章相同。即参照罗党论和黄琼宇（2008）、杜兴强（2011）、江若尘（2013）等的做法，以公司高管中具有政治关联的高管占全部高管（或董事会人数）的比例，作为政治关联广度的替代变量。以公司高管中总经理和董事长的现任和曾经任职层级衡量公司政治关联深度。Mindex代表公司所在地区的市场化进程指数，本书采用樊纲等最新编制发布的中国逐年分省份的市场化总指数（樊纲、王小鲁、朱恒鹏，2016），该指数指标值越大表明地区市场化程度越高。Control Variablel为一系列的控制变量，包括资产负债率（Lev）、公司价值（TobinQ）、公司规模（Size）、公司投资水平（Inv）、现金持有量（Cashhold）、净资产收益率（Roe）、公司风险（Beta）、公司成长性（Growth）、第一大股东持股比例（Fcontral）及公司产权性质（Soedum）等几个影响公司当期股利行为的主要变量。借鉴全怡等（2016）及第4.5节与第4.6节已经验证，货币政策（MP）和再融资需求（Shcashdum）通过影响企业融资行为，间接影响企业现金股利行为，因此在模型（7-4）、模型（7-5）、模型（7-6）中也控制了货币政策（MP）变量和再融资需求变量（Shcashdum）。此外，考虑到可能会影响公司现金股利行为，模型中还控制了年份（Year）和行业（Ind）的虚拟变量。各变量的具体含义及度量方法如表7-1所示。

表7-1 变量含义

	变量符号	变量含义
被解释变量	Divprob	是否支付股利,支付股利为1,否则为0
	Divpay	股利支付率,每股股利/每股收益
	Divsolid	3年股利标准差/3年收益标准差
解释变量	Pol	表示不具有政治关联的公司Pol取值为0,具有政治关联的公司取值为1
	Polboard	公司具有政治关联的高管占公司高管总数的比例,该变量取值范围为[0,1]
	Poldeep	当公司高管曾经为省部级以上(含省部级)的政府官员或省级人大代表、政协委员时赋值为1,否则为0
	Mindex	各省份市场化程度,据樊纲(2016)等最新编制发布的中国逐年分省份的市场化总指数
	Mindexdum	我们认为样本公司所在地区的市场化指数高于平均值的地区,其市场化程度较高,则Mindexdum取值为1,否则为0
控制变量	Lev	资产负债率,负债与年末总资产之比
	TobinQ	公司价值,公司市场价值/账面价值
	Size	公司规模,样本期前一年的总资产的自然对数
	Inv	投资水平,资产支出/总资产
	Cashhold	现金持有量,现金和有价证券/年初总资产
	Roe	净资产收益率,净利润与年末净资产之比
	Beta	Beta系数
	Growth	(期末总资产－期初总资产)/期初总资产
	Fcontral	第一大股东持股比例
	Soedum	当国有公司控制时取1,否则为0
	MP	虚拟变量,当货币政策处于紧缩时取1,否则取0
	Shcashdum	是否具有再融资需求,内部现金缺口为正值时,Shcashdum取值为1,表示有再融资需求,否则取值为0,表示没有融资需求
	Ind	行业哑变量
	Year	年份哑变量

7.4 实证结果与分析

7.4.1 变量的描述性统计

为直观展现我国 2008~2016 年市场化进程,图 7-1 显示了历年各省份平均的市场化指数趋势图,从 2008 年到 2016 年,各省份的市场化进程都有显著变化;2008 年,全国各省份的平均市场化指数为 5.46,到 2016 年已经增长到 6.54,从时间段来看,2008~2011 年的市场化进程较为缓慢,4 年间各年平均市场化指数年均提高 0.05,而 2012 年到 2016 年,市场化进程明显加快,5 年间年均增加 0.33,表明我国加快推进市场化进程的步伐。

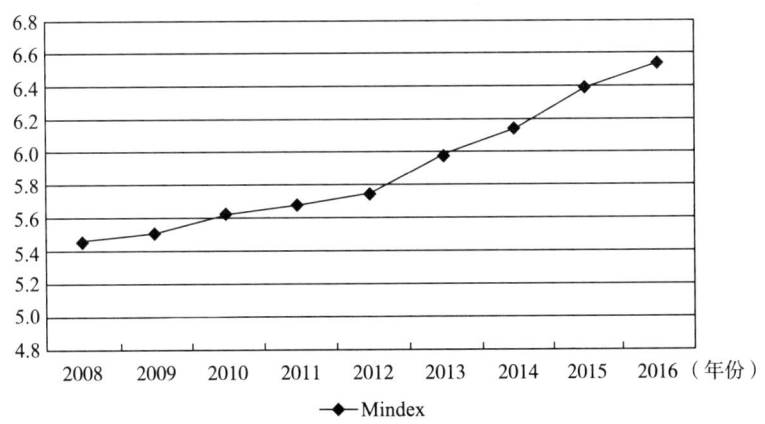

图 7-1 2008~2016 年市场化进程

为了考察市场化进程对公司股利行为的影响,根据各地市场化程度平均指数的高低,表 7-2 分组统计了各省份公司平均股利支付率分配情况,结果显示,江苏、上海、浙江的市场化指数平均最高,相应地,江苏、上海、浙江地区所在公司平均股利支付率也最高,描述性结果初步表明市场化程度越高的地区,公司股利支付率越高,但这并不能完全证明前文假设预期,要对前文提出的假设进行科学验证,还需要进一步的多元回归分析。

表7-2 各省份市场化程度高低公司平均股利支付率分配情况

地区	公司数量	市场化平均指数	市场化排名	平均每股股利
江苏	858	9.013	1	0.126
上海	302	8.876	2	0.167
浙江	1000	8.851	3	0.152
广东	2062	8.32	4	0.112
北京	637	8.157	5	0.137
天津	109	7.983	6	0.12
山东	612	7.341	7	0.133
福建	349	7.22	8	0.095
重庆	126	6.653	9	0.103
辽宁	258	6.648	10	0.071
安徽	306	6.588	11	0.118
河南	259	6.47	12	0.114
湖北	290	6.27	13	0.094
四川	338	6.121	14	0.124
吉林	136	6.004	15	0.089
江西	125	5.973	16	0.142
广西	111	5.90	17	0.109
湖南	331	5.889	18	0.108
河北	201	5.675	19	0.079
黑龙江	58	5.55	20	0.065
陕西	135	5.071	21	0.055
海南	124	5.103	22	0.041

续表

地区	公司数量	市场化平均指数	市场化排名	平均每股股利
内蒙古	43	4.965	23	0.111
山西	89	4.801	24	0.061
云南	120	4.774	25	0.075
宁夏	41	4.49	26	0.034
贵州	86	4.33	27	0.099
甘肃	89	3.71	28	0.031
新疆	93	3.59	29	0.082
青海	23	2.668	30	0.143
西藏	27	0.494	31	0.146

表7-3 Panel A 列示了本章全样本描述性统计，表7-3 Panel B 和 Panel C 列示了根据市场化进程高低地区分组（具体来说，我们将样本公司所在地区的市场化总指数高于平均值的地区，认为该地区市场化程度较高，则 Mindexdum 取值为1，否则为0）的各主要变量描述性统计，表7-3 Panel B 为市场化程度较高地区的样本公司，股利支付意愿均值为0.783、股利支付率均值为0.127、股利稳定性均值为0.542，均高于市场化程度较低地区的样本公司（市场化程度较低地区公司股利支付意愿均值为0.641、股利支付率均值为0.101、股利稳定性均值为0.480），这表明，一方面，伴随着市场化进程的加快，资源得到优化配置，资源会流向效率高的公司，公司财富增加，公司会派发更多更高的股利；另一方面，市场化程度由一系列经济、法律、社会及政治体制综合计算的指标集（樊纲、王小鲁，2011）构成，市场化进程加快，代表着法律制度的逐渐完善，在逐渐完善的投资者法律制度的保护之下，我国公司一直吝啬于派发股利必然会转变为积极派发股利，因此，表现出市场化程度越高，股利支付倾向与股利支付率越高，股利越不稳定。

表7-3 全样本描述性统计

Panel A：全样本描述性统计

变量	样本数	均值	标准差	最小值	最大值	中位数
Divprob	10901	0.720	0.449	0	1	1
Divpay	10901	0.116	0.156	0	0.8	0.06
Divsolid	10901	0.514	0.825	0	4.934	0.250
Mindex	10901	7.515	1.643	-0.3	9.95	7.73
Mindexdum	10901	0.555	0.497	0	1	1
Pol	10901	0.415	0.493	0	1	0
Polboard	10901	0.177	0.1226	0	0.82	0.16
Poldeep	10901	0.371	0.4830	0	1	1
Lev	10901	0.396	0.221	0.043	1.064	0.376
TobinQ	10901	2.473	2.081	0.234	12.390	1.879
Size	10901	21.580	1.086	19.087	25.749	21.431
Inv	10901	0.067	0.059	0.001	0.269	0.051
Cashhold	10901	0.232	0.174	0.010	0.753	0.176
Roe	10901	0.068	0.118	-0.664	0.453	0.071
Beta	10901	1.075	0.195	0.783	1.642	1.01
Growth	10901	0.291	0.539	-0.310	2.811	0.123
Fcontra	10901	0.368	0.154	0	0.900	0.358
Soedum	10901	0.320	0.466	0	1	0
MP	10901	0.360	0.480	0	1	1
Shcashdum	10901	0.594	0.491	0	1	1

Panel B：分组描述性统计（Mindexdum = 1）

变量	样本数	均值	标准差	最小值	最大值	中位数
Divprob	6044	0.783	0.412	0	1	1
Divpay	6044	0.127	0.159	0	0.8	0.091
Divsolid	6044	0.542	0.826	0	4.934	0.278
Mindex	6044	8.720	0.759	7.51	9.95	8.69
Mindexdum	6044	1	0	1	1	1
Pol	6044	0.392	0.488	0	1	0
Lev	6044	0.369	0.211	0.043	1.064	0.346
Polboard	6044	0.171	0.120	0	0.67	0.15

续表

变量	样本数	均值	标准差	最小值	最大值	中位数
Poldeep	6044	0.351	0.477	0	1	0
TobinQ	6044	2.604	2.057	0.234	12.390	2.021
Size	6044	21.548	1.039	19.087	25.749	21.4
Inv	6044	0.067	0.058	0.001	0.269	0.05
Cashhold	6044	0.249	0.182	0.010	0.753	0.19
Roe	6044	0.073	0.100	-0.664	0.453	0.074
Beta	6044	1.078	0.175	0.783	1.642	1.014
Growth	6044	0.318	0.561	-0.330	2.811	0.132
Fcontral	6044	0.374	0.153	0	0.900	0.366
Soedum	6044	0.218	0.413	0	1	1

Panel C：分组描述性统计（Mindexdum = 0）

变量	样本数	均值	标准差	最小值	最大值	中位数
Divprob	4856	0.641	0.480	0	1	1
Divpay	4856	0.101	0.150	0	0.8	0.05
Divsolid	4856	0.480	0.823	0	4.934	0.209
Mindex	4856	5.015	1.132	-0.3	7.46	6.22
Mindexdum	4856	0	0	0	0	0
Pol	4856	0.443	0.497	0	1	0
Polboard	4856	0.1851	0.1257	0	0.82	0.17
Poldeep	4856	0.3953	0.4890	0	1	0
Lev	4856	0.429	0.228	0.043	1.064	0.415
TobinQ	4856	2.310	2.10	0.234	12.390	1.674
Size	4856	21.620	1.141	19.087	25.749	21.468
Inv	4856	0.068	0.060	0.001	0.269	0.052
Cashhold	4856	0.212	0.162	0.010	0.753	0.163
Roe	4856	0.060	0.137	-0.664	0.453	0.067
Beta	4856	1.072	0.218	0.783	1.642	1.004
Growth	4856	0.256	0.505	-0.330	2.811	0.111
Fcontral	4856	0.362	0.156	0	0.894	0.345
Soedum	4856	0.4470	0.4972	0	1	0

表7-4列示了根据市场化进程总指数（Mindexdum）变量高低分组，采用t

检验和 Wilcoxon – Mann – Whitney – test 检验判断了统计显著性。表 7-4 结果显示，市场化程度较高地区的公司，政治关联对公司股利支付倾向、股利支付率及股利稳定性的影响效应显著低于市场化程度较低地区的公司，中位数检验结果亦高度一致。这表明，随着市场化进程的加快，政治关联对公司股利行为影响效应在逐渐减弱，市场化程度越高，市场在配置资源方面作用越强，政治关联对公司股利行为的影响就越弱。

表 7-4 政治关联、市场化进程高低分组的均值 t 检验及中位数检验

	市场化程度样本量	是否政治关联	组间样本量	变量	平均值	均值差异	t 值	中位数	Z 值
Mindexdum = 0	4856	1	2152	Divprob	0.695	-0.098	-6.55***	1	-6.518***
		0	2704	Divprob	0.598			1	
Mindexdum = 1	6044	1	2367	Divprob	0.798	-0.025	-2.11**	1	-2.109**
		0	3677	Divprob	0.774			1	
Mindexdum = 0	4856	1	2152	Divpay	0.114	-0.101	-5.027***	0.06	-5.027***
		0	2704	Divpay	0.09			0.03	
Mindexdum = 1	6044	1	2367	Divpay	0.136	-0.014	-3.166***	0.1	-2.825***
		0	3677	Divpay	0.122			0.08	
Mindexdum = 0	4856	1	2152	Divsolid	0.521	0.062	-2.848***	0.255	-6.493***
		0	2704	Divsolid	0.447			0.178	
Mindex = 1	6044	1	2367	Divsolid	0.564	-0.036	-1.538	0.292	-1.89*
		0	3677	Divsolid	0.527			0.275	

注：*代表在 10% 水平上显著，**代表在 5% 水平上显著，***代表在 1% 水平上显著。

表 7-5 列示了根据市场化进程总指数（Mindexdum）高低和政治关联维度分组采用 t 检验和 Wilcoxon – Mann – Whitney – test 检验判断统计显著性。表 7-5A 和表 7-5B 检验结果显示，市场化程度较高地区的公司，政治关联广度和深度对公司股利支付倾向、股利支付水平及股利稳定性的影响效应显著低于在市场化程度较低地区的公司。中位数检验结果亦高度一致。初步表明，随着市场化进程的加快，政治关联广度和深度对公司股利行为影响效应逐渐减弱，市场化程度越高，市场在配置资源方面作用越强，通过政治关联获取资源以此缓解融资约束的效用逐渐减弱，对公司股利行为的间接影响就越弱。

7 政治关联、市场化进程与公司现金股利政策

表7-5A 政治关联维度、市场化进程高低分组的均值t检验及中位数检验(1)

市场化程度样本量	政治关联维度	组间样本	变量	平均值	均值差异	t值	中位数	Z值
Mindexdum = 0	4856	1	2142	Divprob	0.665	-0.043	-2.863***	1	-2.860***
		0	2714	Divprob	0.622			1	
Mindexdum = 1	6044	1	2658	Divprob	0.788	-0.009	-0.781	1	-0.495
		0	3386	Divprob	0.779			1	
Mindexdum = 0	4856	1	2142	Divpay	0.107	-0.101	-2.233**	0.05	-3.129***
		0	2714	Divpay	0.097			0.04	
Mindexdum = 1	6044	1	2658	Divpay	0.131	-0.007	-1.599	0.1	-0.747
		0	3386	Divpay	0.124			0.09	
Mindexdum = 0	4856	1	2142	Divsolid	-0.501	0.038	1.494	-0.245	4.044***
		0	2714	Divsolid	-0.446			-0.192	
Mindexdum = 1	6044	1	2658	Divsolid	0.551	0.017	0.716	-0.287	0.994
		0	3386	Divsolid	0.779			-0.275	

注:*代表在10%水平上显著,**代表在5%水平上显著,***代表在1%水平上显著。

表7-5B 政治关联维度、市场化进程高低分组的均值t检验及中位数检验(2)

市场化程度样本量	政治关联广度	组间样本量	变量	平均值	均值差异	t值	中位数	Z值
Mindexdum = 0	4856	1	1920	Divprob	0.715	-0.121	-8.046***	1	-7.985***
		0	2936	Divprob	0.593			1	
Mindexdum = 1	6044	1	2120	Divprob	0.797	-0.022	-1.808*	1	-1.808*
		0	3924	Divprob	0.775			1	
Mindexdum = 0	4856	1	1920	Divpay	0.120	-0.030	-6.424***	0.07	-9.079***
		0	2936	Divpay	0.089			0.003	
Mindexdum = 1	6044	1	2120	Divpay	0.134	-0.011	-2.333**	00.1	-2.645**
		0	3924	Divpay	0.124			0.08	
Mindexdum = 0	4856	1	1920	Divsolid	-0.539	0.097	3.739***	-0.274	7.800***
		0	2936	Divsolid	-0.441			-0.174	
Mindexdum = 1	6044	1	2120	Divsolid	-0.563	0.033	1.361	-0.291	1.745*
		0	3924	Divsolid	-0.530			-0.276	

注:*代表在10%水平上显著,**代表在5%水平上显著,***代表在1%水平上显著。

为了弥补描述性统计中单变量分析的缺陷,在本部分,利用多元回归分析进一步检验各研究假设是否成立。本部分研究样本的数据类型为面板数据,实证分析通常采用混合最小二乘(Pooled OLS)、固定效应(FE)和随机效应(RE)三种模型,但在通过面板数据的 F 检验、LM 检验、Hausman 检验结果表明数据采用混合最小二乘模型相对更优,具体结果如表 7-6、表 7-7 所示。

7.4.2 实证检验:政治关联、市场化程度与公司现金股利行为

由表 7-3、表 7-4 和表 7-5 依据市场化程度高低地区分组,政治关联对公司股利行为 t 检验结果初步验证了假设 1。为进一步检验假设 1,本书对此展开多元回归分析,具体结果如表 7-6 所示。表 7-6 依据市场化程度高低地区分组,列示了政治关联对公司股利支付意愿、股利支付率及股利稳定性的影响回归结果。需要指出的是,股利支付意愿(Divprob)为虚拟变量,因此采用 Logit 回归;股利支付水平(Divpay)为截尾变量,因此采用 Tobit 回归。由表 7-6(1)、(2)列可以看到,在市场化进程高的地区,政治关联对公司股利支付倾向影响回归系数为 0.006,但不显著;在市场化进程较低地区,政治关联对公司的股利支付倾向影响回归系数为 0.177,且在 5% 水平上显著。由表 7-6(3)、(4)列可以看到,市场化程度高的地区,其政治关联对公司股利支付率回归系数为 0.01,且在 5% 的水平上显著正相关;市场化程度低的地区,其政治关联对公司股利支付率回归系数为 0.014 且在 1% 的水平上显著正相关;同样地,表 7-6(5)、(6)列报告了市场化进程不同地区,政治关联对股利稳定性的影响回归系数,在市场化程度高的地区,政治关联与公司股利稳定性没有相关性,在市场化程度低的地区,政治关联与公司股利稳定性在 10% 水平上显著正相关。多元回归结果与表 7-3 和表 7-4 描述性统计结果一致。即意味着,随着市场化进程的加快、法律制度的完善,银行信贷决策更加市场化,在市场化的经济建设中,政府从"干预型"职能向"服务型"职能转变,公司通过市场化途径获取资源的能力提高,源于政治关联缓解融资约束进而影响公司现金股利的效应减弱。组间 Chow test 的 Chi 值基本显著,由此假设 1、假设 2、假设 3 得证。

表7-6 政治关联、市场化程度对公司股利行为的回归分析

	（1） 市场化 进程高组	（2） 市场化 进程低组	（3） 市场化 进程高组	（4） 市场化 进程低组	（5） 市场化 进程高组	（6） 市场化 进程低组
	Divprob	Divprob	Divpay	Divpay	Divsolid	Divsolid
Pol	0.006 (0.06)	0.177** (2.02)	0.010** (2.24)	0.014*** (2.74)	-0.025 (-1.08)	0.040* (1.66)
Lev	-3.176*** (-10.49)	-3.311*** (-10.50)	-0.263*** (-17.48)	-0.296*** (-15.86)	0.435*** (5.72)	0.554*** (7.02)
TobinQ	-0.140*** (-4.12)	-0.140*** (-4.14)	-0.013*** (-8.17)	-0.010*** (-5.02)	0.023** (2.87)	0.030*** (3.77)
Size	0.177** (2.98)	0.228*** (3.89)	0.020*** (7.13)	0.022*** (6.50)	0.026 (1.63)	0.006 (0.33)
Inv	2.479** (3.21)	2.419*** (3.19)	0.183*** (4.97)	0.265*** (6.15)	0.156 (0.75)	0.312 (1.44)
Cashhold	1.956*** (5.52)	1.919*** (4.94)	0.228*** (15.16)	0.240*** (11.47)	0.401*** (4.70)	0.582*** (5.62)
Roe	10.09*** (13.92)	9.120*** (13.46)	0.814*** (22.09)	0.863*** (22.28)	0.771*** (5.92)	0.429*** (4.25)
Beta	-5.156** (-2.11)	1.997 (0.96)	-0.271* (-2.33)	0.322** (2.19)	0.055 (0.09)	-0.955 (-1.63)
Growth	0.090 (0.86)	0.186 (1.66)	0.023*** (5.57)	0.024*** (4.28)	-0.036 (-1.53)	0.004 (0.13)
Fcontral	0.396 (1.35)	0.898** (3.10)	0.067*** (5.01)	0.093*** (5.87)	0.324*** (4.31)	0.353*** (4.34)
Soedum	-0.276** (-2.61)	-0.089 (-0.97)	-0.021 (-3.58)	-0.012* (-1.98)	-0.057* (1.85)	-0.111*** (-3.91)
MP	3.914*** (4.03)	3.433*** (3.14)	0.155*** (3.06)	0.068 (1.00)	0.353 (1.41)	0.015 (0.05)
Shcashdum	-0.016 (-0.17)	-0.091 (-0.94)	-0.025*** (-5.16)	-0.021*** (-3.51)	0.106*** (4.36)	0.045 (1.64)
Year	控制	控制	控制	控制	控制	控制
Ind	控制	控制	控制	控制	控制	控制

续表

	(1) 市场化 进程高组	(2) 市场化 进程低组	(3) 市场化 进程高组	(4) 市场化 进程低组	(5) 市场化 进程高组	(6) 市场化 进程低组
	Divprob	Divprob	Divpay	Divpay	Divsolid	Divsolid
_cons	1.892 (0.80)	-6.762** (-3.26)	-0.216 (-1.94)	-0.789*** (-5.81)	-1.017 (-1.65)	0.199 (0.34)
Sigma _cons			0.134*** (88.99)	0.141*** (71.64)		
Pseudo R^2	0.314	0.377	3.275	1.94	0.802	0.794
N	6044	4856	6044	4856	6044	4856
Chow test (Pol)	(1) vs. (2) =2.084***		(3) vs. (4) =6.11**		(5) vs. (6) =0.48	

注：*代表在10%水平上显著，**代表在5%水平上显著，***代表在1%水平上显著。

7.4.3 实证检验：政治关联维度、市场化程度与公司现金股利行为

表7-7列示了模型(7-4)、模型(7-5)、模型(7-6)根据市场化进程分组的回归结果，由表7-7(1)、(3)、(5)列可知，在市场化程度较高组，政治关联广度（Polboard）、政治关联深度（Poldeep）与股利支付意愿（Divprob）、股利稳定性（Divsolid）系数不相关，政治关联广度与股利支付率（Divpay）系数在5%的水平上显著正相关。在市场化程度较低组，政治关联广度（Polboard）与股利支付意愿（Divprob）、股利支付水平（Divpay）和股利稳定性（Divsolid）的系数分别在5%、1%和10%的水平上显著正相关；政治关联深度（Poldeep）与股利支付意愿（Divprob）、股利支付水平（Divpay）的系数分别在5%的水平上显著，组间Chow test的Chi值基本显著。这表明，政治关联是公司在转轨经济制度背景下市场制度不健全的替代机制，市场化程度越高，公司越有可能通过公平竞争的途径获得资源，建立政治关联的激励和获得的回报自然要下降，使得通过政治关联获利的投机行为丧失了必要的激励，由此，假设4a、假设4b、假设5a、假设5b得证。

7 政治关联、市场化进程与公司现金股利政策

表7-7 关联维度、市场化程度与公司股利行为

	(1) 市场化进程高组 Divprob	(2) 市场化进程低组 Divprob	(3) 市场化进程高组 Divpay	(4) 市场化进程低组 Divpay	(5) 市场化进程高组 Divsolid	(6) 市场化进程低组 Divsolid
Polboard	0.396 (0.98)	0.660** (2.46)	0.039** (2.02)	0.089*** (3.30)	0.123 (1.14)	0.209* (1.90)
Poldeep	-0.081 (-0.83)	0.274** (2.73)	0.002 (0.34)	0.013*** (2.22)	0.007 (0.27)	0.017 (0.57)
Lev	-3.193*** (-10.53)	-3.340*** (-10.54)	-0.262*** (-17.41)	-0.293*** (-15.67)	-0.434*** (-5.69)	-0.526*** (-6.65)
TobinQ	-0.139*** (-4.08)	-0.140*** (-4.12)	-0.013*** (-8.12)	-0.010*** (-4.93)	-0.023** (-2.82)	-0.030*** (-3.71)
Size	0.211*** (3.38)	0.215*** (3.58)	0.023*** (7.74)	0.022*** (6.45)	0.019 (1.18)	-0.006 (-0.33)
Inv	2.385** (3.08)	2.399** (3.16)	0.175*** (4.74)	0.265*** (6.15)	0.129 (0.62)	0.303 (1.40)
Cashhold	1.930*** (5.43)	1.918*** (4.91)	0.227*** (15.08)	0.239*** (11.41)	0.397*** (4.65)	0.568*** (5.49)
Roe	10.06*** (13.88)	9.214*** (13.50)	0.810*** (21.97)	0.857*** (22.06)	0.762*** (5.84)	0.414*** (4.10)
Beta	-5.032* (-2.06)	2.027 (0.95)	-0.252* (-2.16)	0.335* (2.27)	0.002 (0.00)	1.093 (1.86)
Growth	0.0782 (0.74)	0.204 (1.80)	0.022*** (5.37)	0.023*** (4.17)	0.035 (1.45)	0.014 (0.47)
Fcontral	0.389 (1.33)	0.904** (3.11)	0.066*** (4.98)	0.094*** (5.89)	0.324*** (4.30)	0.357*** (4.41)
Soedum	-0.194 (-1.75)	0.109 (1.10)	-0.020*** (-3.47)	-0.006 (-1.03)	-0.051 (-1.63)	-0.102*** (-3.59)
MP	3.926*** (4.04)	3.350*** (3.06)	0.157*** (3.09)	0.064 (0.95)	0.354 (1.41)	0.019 (0.06)
Shcashdum	-0.017 (-0.18)	-0.094 (-0.98)	-0.025*** (-5.19)	-0.021*** (-3.46)	0.106*** (4.37)	0.041 (1.52)

续表

	(1) 市场化 进程高组	(2) 市场化 进程低组	(3) 市场化 进程高组	(4) 市场化 进程低组	(5) 市场化 进程高组	(6) 市场化 进程低组
	Divprob	Divprob	Divpay	Divpay	Divsolid	Divsolid
Year	控制	控制	控制	控制	控制	控制
Ind	控制	控制	控制	控制	控制	控制
_cons	1.148 (0.48)	-6.569** (-3.10)	-0.281** (-2.49)	-0.811*** (-5.92)	-0.840 (-1.35)	0.512 (0.87)
Sigma_cons			0.134*** (89.00)	0.141*** (71.65)		
Pseudo R^2	0.272	0.304	27.164	1.651	0.06	0.077
N	6044	4856	6044	4856	6044	4856
Chowtest (Polboard)	(1) vs. (2) = 3.66**		(3) vs. (4) = 6.98***		(5) vs. (6) = 0.59	
Chowtest (Poldeep)	(1) vs. (2) = 3.86**		(3) vs. (4) = 5.84***		(5) vs. (6) = 1.07	

注：*代表在10%水平上显著，**代表在5%水平上显著，***代表在1%水平上显著。

7.4.4 实证检验：政治关联广度、政治关联深度的作用比较

表7-7列示了政治关联维度和市场化进程对公司股利行为的影响，由表7-7（1）、（3）、（5）列可知，在市场化进程较高一组，政治关联深度（Poldeep）与股利支付意愿（Divprob）、股利支付水平（Divpay）及股利稳定性没有相关性，政治关联广度（Polboard）与股利支付水平（Divpay）在5%的水平上显著正相关，究其原因，正是因为市场的发展和成熟，资源分配可以通过市场机制配置完成，政治关联的资源性效应下降，公司在受到外部融资约束的情况下，公司更倾向于通过依赖资本市场获取资源，政治关联通过影响公司的融资约束从而影响股利分配的效应逐渐减弱。由表7-7（2）、（4）、（6）列可知，在市场化进程较低地区，政治关联深度（Poldeep）和股利支付意愿（Divprob）与股利支付水平（Divpay）分别在5%和1%水平上显著正相关，政治关联广度（Polboard）与股利支付

稳定性（Divsolid）在10%的水平上显著负相关，政治关联深度（Poldeep）与股利支付稳定性（Divsolid）不相关。表7-7（2）列政治关联广度和政治关联深度的标准化系数分别为0.072和0.034，表7-7（4）列中政治关联广度和政治关联深度的标准化系数分别为0.029和0.004，政治关联广度效应绝对值都大于政治关联深度，究其原因，市场的不成熟迫使公司更多依赖政治关联获取社会资源，从而对公司股利行为带来了更显著的影响，所以假设7基本得到支持。

7.5 稳健性检验

为保证研究结论的可靠性，本章进行了如下稳健性测试：

在指标的选取上我们借鉴雷光勇（2007）等采用各省份3年平均市场化指数（AMindex）度量的方法来替代市场化总指数（Mindex），对全样本进行分组。根据（AMindex）的平均数，将全样本分为市场进程化高组（AMindex>6.51）和市场化进程低组（AMindex<6.51）。回归结果如表7-8所示。从表7-8中可以看出，在市场化进程低组，政治关联（Pol）与公司股利支付意愿、股利支付水平、股利稳定性在5%的水平上显著负相关，组间Chow test的Chi值基本显著，表明假设1、假设2、假设3的结论依然可靠。

表7-8 政治关联、市场化指数对公司股利行为影响结果

	(1) 市场化进程高组	(2) 市场化进程低组	(3) 市场化进程高组	(4) 市场化进程低组	(5) 市场化进程高组	(6) 市场化进程低组
	Divprob	Divprob	Divpay	Divpay	Divsolid	Divsolid
Pol	0.018 (0.21)	0.185** (2.06)	0.009** (2.31)	0.012** (2.31)	0.017 (0.72)	0.056** (2.14)
Lev	-3.105*** (-10.53)	-3.344*** (-10.33)	-0.258*** (-17.35)	-0.301*** (-15.86)	-0.445*** (-6.00)	-0.550*** (-6.75)
TobinQ	-0.121*** (-3.60)	-0.151*** (-4.45)	-0.012*** (-7.16)	-0.011*** (-5.80)	-0.024** (-3.09)	-0.028*** (-3.44)

续表

	(1) 市场化 进程高组	(2) 市场化 进程低组	(3) 市场化 进程高组	(4) 市场化 进程低组	(5) 市场化 进程高组	(6) 市场化 进程低组
	Divprob	Divprob	Divpay	Divpay	Divsolid	Divsolid
Size	0.197***	0.204***	0.021***	0.022***	-0.034**	0.005
	(3.41)	(3.39)	(7.30)	(6.47)	(-2.19)	(0.31)
Inv	2.757***	2.241**	0.198***	0.251***	0.129	0.356
	(3.66)	(2.89)	(5.46)	(5.72)	(0.65)	(1.58)
Cashhold	1.791***	2.139***	0.223***	0.251***	0.374***	0.627***
	(5.21)	(5.35)	(14.86)	(11.88)	(4.48)	(5.88)
Roe	9.737***	9.296***	0.790***	0.881***	0.737***	0.433***
	(13.99)	(13.29)	(21.94)	(22.24)	(5.94)	(4.13)
Beta	-3.696	1.430	-0.163	0.237	-0.112	1.025
	(-1.59)	(0.72)	(-1.43)	(1.65)	(-0.18)	(1.68)
Growth	0.121	0.164	0.024***	0.023***	0.047**	-0.024
	(1.19)	(1.42)	(5.82)	(4.10)	(2.01)	(-0.82)
Fcontral	0.319	0.925**	0.068***	0.090***	0.310***	0.372***
	(1.12)	(3.11)	(5.17)	(5.58)	(4.23)	(4.45)
Soedum	-0.277**	-0.065	-0.024***	-0.008	-0.070**	-0.103***
	(-2.71)	(-0.68)	(-4.03)	(-1.31)	(-2.36)	(-3.48)
Year	控制	控制	控制	控制	控制	控制
Ind	控制	控制	控制	控制	控制	控制
_cons	0.193	-6.182**	-0.313**	-0.739***	1.257**	-0.541
	(0.09)	(-3.03)	(-2.88)	(-5.48)	(2.12)	(-0.89)
Sigma			0.135***	0.141***		
			(89.60)	(70.87)		
_cons	0.318	0.382	15.698	2.018	0.064	0.07
Pseudo R^2	0.273	0.308	12.968	1.721	0.06	0.075
N	6204	4697	6204	4697	6204	4697
Chow test (Pol)	(1) vs. (2) =3.078**		(3) vs. (4) =5.76**		(5) vs. (6) =0.32	

注：*代表在10%水平上显著，**代表在5%水平上显著，***代表在1%水平上显著。

7 政治关联、市场化进程与公司现金股利政策

借鉴雷光勇（2007）等采用各省份 3 年平均市场化指数（AMindex）度量的方法来替代市场化总指数（Mindex），对全样本依据 AMindex 均值进行分组回归。回归结果如表 7-9 所示。从表 7-9 中可以看出，政治关联广度和深度与市场化进程高的地区公司股利支付意愿、股利支付水平及股利稳定性不相关，与地区市场化程度低的公司在 1% 的水平上显著正相关，与股利稳定性在 10% 的水平上显著负相关，组间 Chow test 的 Chi 值基本显著，这表明假设 4a、假设 4b、假设 5a、假设 5b 的结论依然可靠。

表 7-9 政治关联维度、市场化进程对公司股利行为影响结果

	（1）市场化进程高组	（2）市场化进程低组	（3）市场化进程高组	（4）市场化进程低组	（5）市场化进程高组	（6）市场化进程低组
	Divprob	Divprob	Divpay	Divpay	Divsolid	Divsolid
Polboard	0.387	0.793***	0.040**	0.102***	-0.126	0.207*
	(0.99)	(2.85)	(2.09)	(3.7)	(-1.21)	(1.81)
Poldeep	-0.063	0.287***	0.003	0.012**	0.006	-0.035
	(-0.66)	(2.78)	(0.59)	(2.05)	(0.21)	(-1.19)
Lev	-3.126***	-3.377***	-0.258***	-0.298***	0.444***	0.519***
	(-10.59)	(-10.35)	(-17.33)	(-15.65)	(6.00)	(6.34)
TobinQ	-0.120***	-0.151***	-0.012***	-0.011***	0.024**	0.028***
	(-3.58)	(-4.45)	(-7.11)	(-5.72)	(3.04)	(3.38)
Size	0.223***	0.193**	0.023***	0.022***	0.024	-0.014
	(3.65)	(3.15)	(7.96)	(6.36)	(1.53)	(-0.79)
Inv	2.684***	2.206**	0.189***	0.251***	-0.09	-0.356
	(3.54)	(2.84)	(5.18)	(5.73)	(-0.45)	(-1.58)
Cashhold	1.769***	2.135***	0.221***	0.250***	-0.367***	-0.614***
	(5.14)	(5.32)	(14.78)	(11.83)	(-4.40)	(-5.76)
Roe	9.714***	9.380***	0.785***	0.876***	-0.726***	-0.421***
	(13.94)	(13.32)	(21.79)	(22.04)	(-5.85)	(-4.02)
Beta	-3.650	1.420	-0.145	0.246	0.045	-1.159
	(-1.57)	(0.70)	(-1.26)	(1.71)	(0.07)	(-1.90)

续表

	(1) 市场化 进程高组	(2) 市场化 进程低组	(3) 市场化 进程高组	(4) 市场化 进程低组	(5) 市场化 进程高组	(6) 市场化 进程低组
	Divprob	Divprob	Divpay	Divpay	Divsolid	Divsolid
Growth	0.113 (1.10)	0.179 (1.53)	0.023*** (5.61)	0.023*** (4.03)	-0.044 (-1.89)	0.033 (1.10)
Fcontral	0.318 (1.11)	0.931** (3.12)	0.068*** (5.16)	0.090*** (5.59)	-0.311*** (-4.24)	-0.376*** (-4.49)
Soedum	-0.142 (-1.31)	0.097 (0.95)	-0.020*** (-3.60)	-0.004 (-0.71)	0.066** (2.20)	0.092*** (3.09)
Year	控制	控制	控制	控制	控制	控制
Ind	控制	控制	控制	控制	控制	控制
_cons	-0.345 (-0.15)	-6.009** (-2.90)	-0.381*** (-3.45)	-0.752*** (-5.55)	-1.026 (-1.71)	0.801 (1.31)
Sigma_cons			0.135*** (89.62)	0.141*** (70.88)		
Pseudo R^2	0.372	0.383	15.762	2.024	0.058	0.073
N	6204	4697	6204	4697	6204	4697
Chow test (Polboard)	(1) vs. (2) =363**		(3) vs. (4) =6.72***		(5) vs. (6) =0.52	
Chow test (Poldeep)	(1) vs. (2) =3.82**		(3) vs. (4) =5.36***		(5) vs. (6) =1.21	

注：*代表在10%水平上显著，**代表在5%水平上显著，***代表在1%水平上显著。

实证结果表明，与市场化程度低的地区相比，在市场化程度高的地区，政治关联对公司的股利影响效应显著减弱。根据资源依赖理论，市场化程度越低，经济越容易受到政府干预，公司对政府具有更强烈的资源依赖性，构建政治关联的动机就越强。随着市场化进程的加快，市场在资源配置方面发挥着越来越重要的作用，政府对微观经济的干预也会逐渐减少，公司获取外部融资的环境得到改善，通过政治关联缓解外部融资约束的效应会逐渐减弱。

7.6 本章小结

转轨经济中的我国政府在经济增长中扮演着重要角色，随着市场化改革的不断推进，政府在经济发展中的"干预型"角色逐渐转化为"服务型"角色。市场化进程带来的分权化改革给予公司更多的资源配置途径，本章选取2008~2016年我国A股上市公司经验数据为样本，检验政治关联、市场化进程与公司股利政策间的关系。研究结果表明，在市场化程度较高的地区，公司财务行为受到政府直接干预的程度较弱。公司通过市场化途径获取公司所需的经济资源越便捷，公司股利政策受到公司政治关联的影响效应越弱；但是，对于市场化程度较低地区的公司，通过市场化途径无法获取优势资源，公司对政府的资源依赖性更强，具备政治关联的公司外部融资环境越宽松，具体表现为低市场化程度地区公司，政治关联对公司股利行为影响更显著。

本章研究结论的启示为：当地区市场化程度较低和政府对公司经营干预较多时，政治关联能为公司带来更多的利益，对公司微观层面的财务决策具有显著的影响，但是，政治关联是通过聘请曾任和现任政府官员与政府建立良好的关系获取资源，此种获取资源途径会受到政府官员职位的变更呈现出不确定性，从而导致公司无法制定长期稳定的财务政策，影响了公司的健康、可持续发展。因此，政府应积极推进市场化进程，为公司的健康发展提供了有序的经营环境和融资环境。

8 结论与启示

8.1 研究结论

无论是关系主导型经济体还是市场主导型经济体，相互依赖的政商关系均是重要的政治经济现象，它对公司绩效和公司行为具有深刻的影响。作为微观层面的公司及其企业家具有的逐利性特征，决定了企业家积极构建政治关联获取的"资源效应"和"偏袒效应"高于"攫取效应"，以此为公司带来更多的稀缺资源，进而提高公司政治竞争能力和资源优势。正如洛伦兹空气系统理论的蝴蝶效应：政治关联引致公司外部融资环境的"趋好"变化会通过融资决策传导影响公司股利政策。基于此，本书以国内外相关经典理论为基础，利用我国上市公司财务数据进行大样本实证检验，并通过理论推导、模型构建与实证检验相结合的方法，探究了我国上市公司政治关联行为的决策动因以及由此给公司带来的外部融资环境的变化对公司股利行为产生影响的路径机理。主要研究结论可以概括为以下几个方面：

第一，根据资源依赖理论，制度越不健全，政府对经济的干预性越强，公司对政府依赖性就越强，这就决定了在中国，公司与政府官员建立"亲密"关系的重要性。一方面，我国公司尤其是民营公司融资难的问题更加突出，严重制约了公司的成长发展。为了突破公司的发展瓶颈，公司"被逼"积极构建政治关联。另一方面，已有文献基于政府干预理论，认为政府和公司建立关系的目标函数不一致，公司构建和维持政治关联会付出一定的隐性成本，从而引发了学术界

8 结论与启示

"扶持之手"和"攫取之手"之争。本书第 4 章基于政府干预理论及资源配置理论，系统探讨了政治关联对公司股利行为之影响以及融资行为所起到的传导作用。研究发现，政治关联的资源效应有效缓解了公司融资约束，提升了公司现金股利的发放意愿和股利支付率，但是政治关联加剧了公司股利波动性；进一步依据社会关系网络理论，将公司政治关联划分为横向广度（具有政治关联官员的多寡）和纵向深度（政治关联官员的行政层级）两个维度研究其对公司股利行为的影响，研究发现，政治关联的广度和深度通过资源配置途径显著缓解了公司的融资约束，从而提高了公司支付股利的倾向性和股利支付率；两方面维度决定了政府官员对公司配置资源倾斜行为的影响能力存在差异，与政治关联的深度相比，政治关联广度对公司股利影响更显著。但是政治关联的广度越广、层级越高，公司股利越不稳定。

第二，近年来，随着世界范围内金融危机愈演愈烈，提升了政府宏观调控经济的能动作用。货币政策作为各国政府调控宏观经济的主要手段之一。在中国资金供给规模、利率管制和企业普遍受到融资约束困扰的背景下，货币政策对宏观经济和微观公司的行为产生了迥异的影响。基于此，本书第 5 章首先以货币政策变化对公司信贷决策的影响为逻辑出发点，通过理论推理到模型构建与实证检验相结合的方法，检验了货币紧缩时期，政治关联对公司股利行为的影响。研究发现，紧缩的货币政策抑制了公司现金股利的发放；而政治关联则有助于缓解紧缩货币政策对现金股利的抑制作用；进一步研究发现，在货币紧缩期间，政治关联的广度对公司股利行为的提升效应大于政治关联的深度。

第三，我国法制不健全，对投资者权益保护较弱。我国资本市场有 1 亿多散户，直接关乎上亿家庭、数亿人的利益，保护好投资者尤其是中小投资者的合法权益，就是保护人民群众的利益（凤凰网财经，2017）。基于此，中国证监会自 2001 年以来，陆续颁布了若干《关于修改上市公司现金分红若干规定的决定》，将上市公司再融资与现金股利发放更加紧密地联系在一起，以此约束公司的分红行为。而公司的政治关联对于公司获取融资具有"扶持之手"作用（于蔚等，2012），政治关联的"扶持之手"抑制了分红管制政策对公司股利行为的治理效应。本书第 6 章基于一系列分红管制政策的背景，以上市公司是否存在再融资需求划分受分红管制政策约束组和不受分红管制政策约束组，构建模型，实证检验了政治关联所带来的资源效应对分红管制政策治理效应的影响。研究发现,政治关联资源效应抑制了分红管制政策对公司股利行为的治理效果,进一步研究发现,政治关联的广度对公司分红管制政策的对冲作用大于政治关联的深度。更进一步研究发现,政治关联对有再融资需求的公司股利行为调整有显著的影响,即有政治关联的公司股利行为变化较快。

第四,我国各地区市场化进程不平衡,地区市场化程度越低,政治关联对于公司的资源效应越显著,反之,地区市场化程度越高,公司通过市场途径融资的受限程度越低,从而表明公司积极构建政治关联是我国公司克服市场制度缺陷的一种非正式替代手段。政治关联对于公司获取银行贷款融资具有"偏袒效应",由此降低了资金供给方提供资金的不确定性概率。并且对于获取长期银行贷款方面发挥出显著的正向作用。本书第 7 章以各地区市场化进程存在地区差异为契机,根据市场化进程指数将公司分为市场化进程高组和低组,采用模型构建即实证检验方法,系统探讨了政治关联对公司股利行为的影响以及市场化进程所起到的调节作用。研究发现,随着市场化进程的加快和金融制度的完善,政治关联对公司融资约束的影响进而影响股利行为的作用在逐渐消失。

8.2 研究启示与政策建议

根据以上各章研究结论,本书从以下几个方面总结研究结论并给出相应的政策建议。

第一,以公司的政治关联特征为切入点,经过理论分析和实验验证,结论验证了在我国市场存在缺陷,以及制度不够完善的环境下,企业为适应自身所处的环境,积极构建政治关联。政治关联固然能够给公司带来诸如融资便利、政府补贴、税收优惠、进入管制行业、财务困境救助等现实利益,从而有效缓解公司的融资约束,促使更多的企业派发更高的现金股利,但由于政府和公司双方各自都有自身的利益诉求,政府部门及其官员出于对政绩工程、政治晋升、社会目标等自身利益的考虑需要与之构建政治关联的公司给予一定的回报,只有利益上的互

8 结论与启示

惠互利才能维持住这种政治关系,政治关联可能要为公司的政治寻租活动付出很多成本(Faccio,2002)。政府官员的新旧更替也会导致公司前期为构建政治关联给予对方的"好处"付诸东流,这可能消除政治关联给公司带来的优势(Shleifer 和 Vishny,1994),也会无形中增加公司隐性融资代价或成本。同时,根据资源依赖理论,公司的政治关联易于让公司形成依赖"惯性"和"惰性",一方面公司更多依赖政治关联获得低成本的资金,降低了与外部公司的竞争压力;另一方面公司投入精力与资源去构建和维持政治联系的同时,也失去了提高公司管理水平和改善经营效率的精力和机会。从长远来看,政治关联不但提高了公司获取资金的成本,而且降低了公司自身经营能力的提升和发展壮大的能力。

因此,本书提出如下建议,公司应该根据所处地区外部市场环境和自身特征,权衡公司构建维持政治关联获取的收益与成本,充分发挥政治关联,解决融资受限的燃眉之急,及时把握盈利的投资机会,积累资金,而不能仅盯着一些眼前的短期利益寻求政府部门的支持;同时,公司因积极主动进行创新发展,谋求公司外部发展环境的长远改善,努力提升公司的业绩,提升公司在市场化改革进程中的竞争能力,在政府新一轮18号文件出台以后,公司政治关联受到新政的冲击"断供"以后,能够迅速适应国家推进市场化改革和创新政策,使公司具有可持续发展的能力。

第二,本书基于公司政治关联的资源效应有效缓解企业融资约束进而间接影响企业股利行为路径机理,研究发现,政治关联显著提高了公司股利支付意愿和股利支付率,但是政治关联加剧了公司的股利波动性。研究表明,依靠政治关联发放贷款的违约率更高,公司创新动力越差,越不利于公司长期稳定的发展,公司派发股利随机性越强,股利越不稳定。究其原因,我国《公司法》规定用以派发股利的资金只能从公司税后留存收益里提取比例派发,公司良好的绩效是公司派发现金股利不竭的源泉。然而,政治关联资源效应并未从根本上提高公司经营绩效,反而有损公司绩效。因此,我们应该意识到,通过构建政治关联缓解外部融资约束困境,以此规范公司股利行为,保护投资者利益,引导资本市场健康发展只会是"昙花一现"和"权宜之计"。要规范公司股利行为,只有依靠普适的法律制度,发挥市场在资源配置中的决定性作用,改变证券市场一度仅为国有公司解困的出发点,恢复证券市场的投融资的双重功能,解决公司资金来源的后顾之忧，畅通违法违规或靠补贴生存的劣质公司的退出路径，让投资者信赖证券市场规则。

第三，本书在研究政治关联对公司股利行为的影响中，引入外部宏观环境变量（货币政策、分红管制政策和市场化进程），研究发现，在货币紧缩阶段，政治关联资源效应能够显著提升公司股利派发意愿和股利支付率，但加剧了公司股利的不稳定性；从宏观层面看，政治关联增加了政府隐形执法成本（如政治关联抑制了分红管制政策对公司股利的治理效应）；为寻租与腐败提供了可乘之机，导致了企业不公平竞争。同时，政治关联的资源效应抑制了一系列分红管制政策对股利行为的治理效果，也加剧了公司股利的波动性。市场化程度越高的地区、政治关联对公司融资约束的影响进而影响股利行为的作用在逐渐消失。要从根本上帮助企业走出融资困境，规范我国企业股利行为，首先，以资源配置效率先行为原则，加快市场化配置资源的进程。建立健全公平竞争机制，切实改善企业"融资难"和"融资贵"的现状。其次，改善企业经济发展的宏观政策环境，健全投资者法律保护体系。最后，市场化程度越高，公司股利越稳定，越有利于政府监管，公司创新动力和压力就越强。因此，加快市场化进程，让公司融资行为进入阳光轨道，以此规范公司股利行为，保护投资者利益，引导资本市场健康发展才是保护投资者权益的长久之计。

8.3 研究局限与未来展望

受篇幅、时间以及笔者研究水平的限定，对于相关问题没有展开充分的论证，并且本书在实证研究方法与研究深度等方面还存在一定的缺陷，主要表现在如下几方面：

第一，公司股利分配是一个谜，受公司内外部因素的影响，现有文献分别从公司自身特征（成长性、股权特征、管理层特质等）和外部环境（政治不确定性、分红管制政策、公司所处地域、货币政策）等方面对公司股利行为进行了研究，都未能得出一致结论。同时政治关联给公司带来的影响亦是多维的。显然，

8 结论与启示

受到主客观条件的限制,不可能完全多维视角探讨政治联系对公司股利影响问题;本书仅从政治关联的资源效应一个视角出发探讨其对股利的影响,即在论文中强调的政治关联通过对企业融资约束缓解进而间接影响公司股利行为的具体路径机理实现的,研究所选择的具体路径不同,导致研究结论可能会存在一定偏差,所以,本论文仅仅是对政治关联影响公司股利行为问题的有限解释。

第二,在相应政治关联和股利行为的度量方法上,本书实证设计上借鉴已有文献度量指标,对于政治关联指标采用在公司任职高管或董事会成员是否曾任或现任政府官员;对于政治关联广度和深度采用高管和董事会成员占比和根据主观经验推理划分层级来度量;对于股利政策采用资产负债表和利润分配表里的每股股利、公司每年派发现金股利占总资产的比例等存量数据度量。另外,对于外部货币政策和股利治理政策度量上,没有从数量上考虑对公司股利行为的叠加影响,只从是否具有政策度量,难免受其他遗漏变量影响导致研究结论不能精准反映研究问题的本质。因此,在未来的研究中,力求更科学地采用研究变量的度量方法,以使经验研究结论更加精准地反映问题的本质。

第三,尽管本书的实证检验模型是建立在理论分析的基础上,但是,由于作者的认知能力、研究经验以及数据可获得性等主客观因素的限制,研究过程中并不能保证把所有重要影响因素都放入检验模型,所以,本书的研究结论仍需经历后续补充研究的考验。

参考文献

[1] 蔡地, 黄建山, 李春米, 刘衡. 民营公司的政治关联与技术创新 [J]. 经济评论, 2014 (2): 65-76.

[2] 蔡地, 万迪昉. 民营企业家政治关联、政府干预与多元化经营 [J]. 当代经济科学, 2009 (6): 17-22.

[3] 陈嘉文, 姚小涛, 李鹏飞. 中国情景下政治关联、创新过程与创新绩效的关系研究 [J]. 软科学, 2016, 30 (9): 1-4.

[4] 陈名芹, 刘星, 辛清泉. 上市公司现金股利不平稳影响投资者行为偏好吗? [J]. 经济研究, 2017 (6).

[5] 陈维, 吴世农, 黄飘飘. 政治关联、政府扶持与公司业绩——基于中国上市公司的实证研究 [J]. 经济学家, 2015 (9): 48-58.

[6] 陈信元, 黄俊. 政府干预、多元化经营与公司业绩 [J]. 管理世界, 2007 (1): 92-97.

[7] 陈修谦. 强化分红政策视角下上市公司现金分红迎合行为实证研究 [J]. 学术论坛, 2016, 39 (10): 60-65.

[8] 陈艳, 李鑫, 李孟顺. 现金股利迎合、再融资需求与公司投资——投资效率视角下的分红管制政策有效性研究 [J]. 会计研究, 2015 (11): 69-75.

[9] 陈艳艳, 罗党论. 宏观环境变化、政治关联与现金持有 [J]. 财贸研究, 2015 (4): 131-140.

[10] 陈运森, 朱松. 政治关系、制度环境与上市公司资本投资 [J]. 财经研究, 2009, 35 (12): 27-39.

[11] 陈钊, 陆铭, 何俊志. 权势与企业家参政议政 [J]. 世界经济, 2008, 31 (6): 39-49.

[12] 程子健,张俊瑞. 交叉上市、股权性质与公司现金股利政策——基于倾向得分匹配法（psm）的分析[J]. 会计研究,2015（7）:34-41.

[13] 党红. 关于股改前后现金股利影响因素的实证研究[J]. 会计研究,2008（6）:63-71.

[14] 邓建平,曾勇. 政治关联能改善民营公司的经营绩效吗[J]. 中国工业经济,2009（2）:98-108.

[15] 邓路,王珊珊,杨德勇. 现金流不确定性与现金股利公告的信号传递效应[J]. 财贸经济,2011（2）:62-68.

[16] 邓新明,张婷,王惠子. 政治关联、多点接触与公司绩效——市场互换性的调节作用[J]. 管理科学,2016,29（6）:83-92.

[17] 杜军,陈建英,杜勇,熊爱林. 政治关联、资本结构与亏损逆转程度[J]. 软科学,2016,30（1）:56-60.

[18] 杜兴强,曾泉,杜颖洁. 政治联系、过度投资与公司价值——基于国有上市公司的经验证据[J]. 金融研究,2011（8）:93-110.

[19] 段云,国瑶. 政治关系、货币政策与债务结构研究[J]. 南开管理评论,2012,15（5）:84-94.

[20] 樊纲,王小鲁,朱恒鹏. 中国市场化指数——各省区市场化相对进程,2016年度报告[M]. 北京:经济科学出版社,2016.

[21] 樊纲,王小鲁. 中国各地区市场化相对进程报告[J]. 经济研究,2003（3）:9-18.

[22] 方军雄. 政府干预、所有权性质与公司并购[J]. 管理世界,2008（9）:118-123.

[23] 方轶强,夏立军. 上市公司收购的财富效应:基于信号理论和效率理论的解释[J]. 中国会计与财务研究,2005（2）:1-49.

[24] 高克智,王辉,王斌. 派现行为与盈余持续性关系——基于信号理论的实证检验[J]. 经济与管理研究,2010（11）:98-105.

[25] 辜胜阻,庄芹芹,曹誉波. 构建服务实体经济多层次资本市场的路径选择[J]. 管理世界,2016（4）:1-9.

[26] 顾乃康,孙进军. 区域市场化进程的差异对我国上市公司现金持有量

的影响研究 [J]. 管理评论, 2009, 21 (7): 10 - 17.

[27] 郭剑花, 杜兴强. 政治联系、预算软约束与政府补助的配置效率——基于中国民营上市公司的经验研究 [J]. 金融研究, 2011 (2): 114 - 128.

[28] 郭岚, 苏忠秦. 地方保护、政治关联与公司社会责任——来自酒类上市公司的经验证据 [J]. 软科学, 2017, 31 (6): 110 - 114.

[29] 何镜清, 李善民, 周小春. 民营企业家的政治关联、贷款融资与公司价值 [J]. 财经科学, 2013 (1): 83 - 91.

[30] 何兴邦. 环境规制、政治关联和公司研发投入——基于民营上市公司的实证研究 [J]. 软科学. 2017, 31 (10).

[31] 贺小刚, 张远飞, 连燕玲, 吕斐斐. 政治关联与公司价值——民营公司与国有公司的比较分析 [J]. 中国工业经济, 2013 (1): 103 - 115.

[32] 洪金明, 徐玉德. 上市公司第二大股东治理效应的经验证据——基于会计稳健性视角 [J]. 财政研究, 2009 (8): 55 - 58.

[33] 胡国柳, 黄景贵, 蒋顺才, 李伟铭. 股权分置、公司治理结构与现金股利分配 [J]. 商业经济与管理, 2010 (6): 26 - 31.

[34] 胡国柳, 周遂. 政治关联、过度自信与非效率投资 [J]. 财经理论与实践, 2012, 33 (6): 37 - 42.

[35] 胡联, 王唤明, 王艳, 汪三贵. 政治关联与扶贫项目瞄准 [J]. 财经研究, 2017, 43 (9): 21 - 32.

[36] 胡旭阳, 史晋川. 民营公司的政治资源与民营公司多元化投资——以中国民营公司 500 强为例 [J]. 中国工业经济, 2008 (4): 5 - 14.

[37] 黄欢. 政治关联与公司自愿披露社会责任报告的实证分析 [J]. 求索, 2012 (1): 39 - 40.

[38] 黄娟娟, 沈艺峰. 上市公司的股利政策究竟迎合了谁的需要——来自中国上市公司的经验数据 [J]. 会计研究, 2007 (8): 36 - 43.

[39] 黄新建, 李晓辉. 政治关联、高管薪酬与公司绩效——基于民营上市公司的经验研究 [J]. 软科学, 2014 (11): 6 - 9.

[40] 黄新建, 唐良霞. 政治关联、股权融资与变更募集资金投向——基于中国上市公司的实证研究 [J]. 软科学, 2012, 26 (4): 123 - 126.

[41] 黄新建,王婷. 政治关联、经营业绩与贷款续新——基于中国上市公司的实证研究 [J]. 系统工程理论与实践, 2011, 31 (5): 889-897.

[42] 贾明,张喆. 高管的政治关联影响公司慈善行为吗? [J]. 管理世界, 2010 (4): 99-113.

[43] 江若尘,莫材友,徐庆. 政治关联维度、地区市场化程度与并购——来自上市民营公司的经验数据 [J]. 财经研究, 2013 (12): 126-139.

[44] 江雅雯,黄燕,徐雯. 市场化程度视角下的民营公司政治关联与研发 [J]. 科研管理, 2012, 33 (10): 48-55.

[45] 姜付秀,黄继承. 市场化进程与资本结构动态调整 [J]. 管理世界, 2011 (3): 124-134.

[46] 姜国华,饶品贵. 宏观经济政策与微观公司行为——拓展会计与财务研究新领域 [J]. 会计研究, 2011 (3): 9-18.

[47] 蒋东生. 内部人控制与公司的股利政策——基于宇通客车的案例分析 [J]. 管理世界, 2009 (4): 177-179.

[48] 金江,麦均洪,郑西挺. 政治关联、社会资本与公司研发投入——基于信息不对称的视角 [J]. 学术研究, 2016 (2): 95-102.

[49] 孔小文,于笑坤. 上市公司股利政策信号传递效应的实证分析 [J]. 管理世界, 2003 (6): 114-118.

[50] 雷光勇,刘慧龙. 市场化进程、最终控制人性质与现金股利行为——来自中国A股公司的经验证据 [J]. 管理世界, 2007 (7): 120-128.

[51] 雷光勇,王文忠,刘茉. 政治不确定性、股利政策调整与市场效应 [J]. 会计研究, 2015 (4): 33-39.

[52] 黎凯,叶建芳. 财政分权下政府干预对债务融资的影响——基于转轨经济制度背景的实证分析 [J]. 管理世界, 2007 (8): 23-34.

[53] 李常青,彭锋. 现金股利研究的新视角:基于公司生命周期理论 [J]. 财经理论与实践, 2009, 30 (5): 67-73.

[54] 李常青,魏志华,吴世农. 分红管制政策的市场反应研究 [J]. 经济研究, 2010 (3): 144-155.

[55] 李后建. 政治关联、地理邻近性与公司联盟研发投入 [J]. 经济评

论, 2016 (4): 75-88.

[56] 李健, 陈传明. 企业家政治关联、所有制与公司债务期限结构——基于转型经济制度背景的实证研究 [J]. 金融研究, 2013 (3): 157-169.

[57] 李金, 李仕明, 严整. 融资约束与现金—现金流敏感度——来自国内A股上市公司的经验证据 [J]. 管理评论, 2007, 19 (3): 53-57.

[58] 李津津, 余红心. 简政放权、政治关联与公司绩效 [J]. 当代经济科学, 2016, 38 (1): 86-96.

[59] 李莉, 薛冬辉. 政治关联、寻租环境与民营公司融资约束 [C]. 中国会计学会 2011 学术年会论文集, 2011.

[60] 李茂良, 李常青, 魏志华. 中国上市公司股利政策稳定吗——基于动态面板模型的实证研究 [J]. 山西财经大学学报, 2014, 36 (3).

[61] 李茂良. 股票市场流动性影响上市公司现金股利政策吗——来自中国A股市场的经验证据 [J]. 南开管理评论, 2017, 20 (4): 105-113.

[62] 李善民, 周小春. 公司特征、行业特征和并购战略类型的实证研究 [J]. 中国工商管理研究前沿, 2009 (2): 130-137.

[63] 李诗田, 邱伟年. 政治关联、制度环境与公司研发支出 [J]. 科研管理, 2015, 36 (4): 56-64.

[64] 李姝, 谢晓嫣. 民营公司的社会责任、政治关联与债务融资——来自中国资本市场的经验证据 [J]. 南开管理评论, 2014, 17 (6): 30-40.

[65] 李维安, 王鹏程, 徐业坤. 慈善捐赠、政治关联与债务融资——民营公司与政府的资源交换行为 [J]. 南开管理评论, 2015, 18 (1): 4-14.

[66] 李维安, 徐业坤. 政治关联形式、制度环境与民营公司生产率 [J]. 管理科学, 2012, 25 (2): 1-12.

[67] 李延喜, 曾伟强, 马壮, 陈克兢. 外部治理环境、产权性质与上市公司投资效率 [J]. 南开管理评论, 2015, 18 (1): 25-36.

[68] 李云鹤, 李湛. 自由现金流代理成本假说还是过度自信假说——中国上市公司投资—现金流敏感性的实证研究 [J]. 管理工程学报, 2011, 25 (3): 155-161.

[69] 李增泉. 所有权结构与股票价格的同步性——来自中国股票市场的证

据 [J]. 中国会计与财务研究, 2005 (3): 57-100.

[70] 李卓, 宋玉. 股利政策、盈余持续性与信号显示 [J]. 南开管理评论, 2007, 10 (1): 70-80.

[71] 连军. 政治联系对民营公司资本配置的影响研究 [D]. 重庆大学博士学位论文, 2011.

[72] 连玉君, 程建. 投资—现金流敏感性: 融资约束还是代理成本? [J]. 财经研究, 2007, 33 (2): 37-46.

[73] 连玉君, 苏治, 丁志国. 现金—现金流敏感性能检验融资约束假说吗? [J]. 统计研究, 2008, 25 (10): 92-99.

[74] 梁建, 陈爽英, 盖庆恩. 民营公司的政治参与、治理结构与慈善捐赠 [J]. 管理世界, 2010 (7): 109-118.

[75] 梁莱歆, 冯延超. 民营公司政治关联、雇员规模与薪酬成本 [J]. 中国工业经济, 2010 (10): 127-137.

[76] 林川, 曹国华. 现金股利支付倾向与迎合理论——基于中小板上市公司数据的检验 [J]. 经济与管理研究, 2010 (11): 92-97.

[77] 林川, 杨柏, 代彬. IPO 现金股利政策迎合了证券市场吗? [J]. 云南财经大学学报, 2016 (1): 111-120.

[78] 林毅夫, 李志赟. 政策性负担、道德风险与预算软约束 [J]. 经济研究, 2004 (2): 17-27.

[79] 林毅夫. 政府在经济发展中的作用 [J]. 开放潮, 2001 (3): 10-11.

[80] 刘俊鹏. 政治关联对我国民营公司多元化经营的影响 [J]. 经济问题, 2012 (11): 61-64.

[81] 刘淑莲, 胡燕鸿. 中国上市公司现金分红实证分析 [J]. 会计研究, 2003 (4): 29-35.

[82] 刘亭立, 罗暘洋. 现金股利对过度投资的抑制效应研究 [J]. 统计与决策, 2015 (24): 184-186.

[83] 刘小玄, 周晓艳. 金融资源与实体经济之间配置关系的检验——兼论经济结构失衡的原因 [J]. 金融研究, 2011 (2): 57-70.

［84］刘星，陈名芹．中国上市公司股利平稳性理论框架构建——基于国内外股利平稳性前沿研究的综述与分析［J］．会计研究，2016（4）：61－69．

［85］刘星，谭伟荣，李宁．分红管制政策、公司治理与现金股利政策［J］．南开管理评论，2016，19（5）：104－114．

［86］刘星，魏锋，戴玉光．经理管理防御下的公司股利政策研究［J］．中国会计评论，2004（2）：363－376．

［87］刘雅琦，王世权，王凯．政治关联、创新基金与公司研发投入——基于不同关联方式的研究［J］．科技管理研究，2016，36（24）：93－98．

［88］刘泽荣，黄文杰．股权分置改革对上市公司现金股利支付行为的影响［J］．中南财经政法大学学报，2012（4）：126－130．

［89］陆梦龙，苏忠秦．公司政治关联的绩效激励机制研究述评［J］．经济学动态，2012（11）：135－141．

［90］陆正飞，祝继高，樊铮．银根紧缩、信贷歧视与民营上市公司投资者利益损失［J］．金融研究，2009（8）：124－136．

［91］吕长江，许静静．基于股利变更公告的股利信号效应研究［J］．南开管理评论，2010，13（2）：90－96．

［92］栾天虹，何靖．高管政治关联与公司现金持有："扶持"还是"掠夺"？——基于不同产权视角的研究［J］．商业经济与管理，2013，1（6）：68－76．

［93］罗党论，刘晓龙．政治关系、进入壁垒与公司绩效——来自中国民营上市公司的经验证据［J］．管理世界，2009（5）：97－106．

［94］罗党论，唐清泉．政府控制、银企关系与公司担保行为研究——来自中国上市公司的经验证据［J］．金融研究，2007：151－161．

［95］罗党论，唐清泉．政治关系、社会资本与政策资源获取：来自中国民营上市公司的经验证据［J］．世界经济，2009（7）：84－96．

［96］罗党论，甄丽明．民营控制、政治关系与公司融资约束——基于中国民营上市公司的经验证据［J］．金融研究，2008（12）：164－178．

［97］罗宏，黄文华．国企分红、在职消费与公司业绩［J］．管理世界，2008，180（9）：139－148．

[98] 罗明新. 公司政治关联影响技术创新的作用机理研究——多重理论整合的视角 [J]. 科技管理研究, 2015 (20): 21-27.

[99] 罗琦, 彭梓倩, 吴哲栋. 控股股东代理问题、现金股利与权益资本成本 [J]. 经济与管理研究, 2017, 38 (5): 125-133.

[100] 罗琦, 肖文翀, 夏新平. 融资约束抑或过度投资——中国上市公司投资—现金流敏感度的经验证据 [J]. 中国工业经济, 2007 (9): 103-110.

[101] 马文超, 胡思玥. 货币政策、信贷渠道与资本结构 [J]. 会计研究, 2012 (11): 39-48.

[102] 毛新述, 周小伟. 政治关联与公开债务融资 [J]. 会计研究, 2015 (6): 26-33.

[103] 潘红波, 余明桂. 政治关系、控股股东利益输送与民营公司绩效 [J]. 南开管理评论, 2010, 13 (4): 14-27.

[104] 潘克勤. 公司政治关联、银行贷款及投资效率——基于银根紧缩的实证研究 [J]. 财经理论与实践, 2013, 34 (2): 8-14.

[105] 潘越, 戴亦一, 吴超鹏, 刘建亮. 社会资本、政治关系与公司投资决策 [J]. 经济研究, 2009 (11): 82-94.

[106] 彭中文, 王媚华, 倪佳杰. 政治关系、经营业绩与公司社会责任——基于高端装备制造业上市公司的面板数据 [J]. 软科学, 2015, 29 (3): 19-22.

[107] 屈文洲, 谢雅璐, 叶玉妹. 信息不对称、融资约束与投资—现金流敏感性——基于市场微观结构理论的实证研究 [J]. 经济研究, 2011 (6): 105-117.

[108] 权小锋, 滕明慧, 吴世农. 行业特征与现金股利政策——基于2004~2008年中国上市公司的实证研究 [J]. 财经研究, 2010 (8): 123-133.

[109] 权小锋, 肖斌卿, 尹洪英. 投资者关系管理能够抑制公司违规风险吗——基于A股上市公司投资者关系管理的综合调查 [J]. 财经研究, 2016, 42 (5): 15-27.

[110] 全怡, 梁上坤, 付宇翔. 货币政策、融资约束与现金股利 [J]. 金融研究, 2016 (11): 63-79.

[111] 任广乾, 汪敏达. 中国上市公司政治关联度与绩效的实证研究 [J].

山西财经大学学报,2010,32 (9):80-88.

[112] 任曙明,王艳玲. 制度环境、政治关联与家族公司研发投入 [J]. 软科学,2017,31 (6):91-95.

[113] 山立威,甘犁,郑涛. 公司捐款与经济动机——基于汶川地震后中国上市公司捐款的实证研究 [J]. 经济研究,2008 (11):51-61.

[114] 沈红波,寇宏,张川. 金融发展、融资约束与公司投资的实证研究 [J]. 中国工业经济,2010 (6):55-64.

[115] 宋逢明,姜琪,高峰. 现金分红对股票收益率波动和基本面信息相关性的影响 [J]. 金融研究,2010 (10):103-116.

[116] 宋福铁,屈文洲. 基于公司生命周期理论的现金股利分配实证研究 [J]. 中国工业经济,2010 (2):140-149.

[117] 宋玉,李卓. 最终控制人特征与上市公司现金股利政策 [J]. 审计与经济研究,2007,22 (5):106-112.

[118] 苏屹,陈凤妍. 企业家地方政治关联对技术创新绩效影响研究 [J]. 系统工程理论与实践,2017,37 (2):365-378.

[119] 孙铮,刘凤委,李增泉. 市场化程度、政府干预与公司债务期限结构——来自我国上市公司的经验证据 [J]. 经济研究,2005 (5):52-63.

[120] 谭劲松,陈艳艳,谭燕. 地方上市公司数量、经济影响力与公司长期借款——来自我国A股市场的经验数据 [J]. 中国会计评论,2010 (1):31-52.

[121] 唐清泉,罗党论. 现金股利与控股股东的利益输送行为研究——来自中国上市公司的经验证据 [J]. 财贸研究,2006,17 (1):92-97.

[122] 唐清泉,罗党论. 政府补贴动机及其效果的实证研究——来自中国上市公司的经验证据 [J]. 金融研究,2007:149-163.

[123] 唐松,孙铮. 政治关联、高管薪酬与公司未来经营绩效 [J]. 管理世界,2014 (5):93-105.

[124] 唐跃军,谢仍明. 大股东制衡机制与现金股利的隧道效应——来自1999~2003年中国上市公司的证据 [J]. 南开经济研究,2006 (1):60-78.

[125] 田利辉,叶瑶. 政治关联与公司绩效:促进还是抑制——来自中国上市公司资本结构视角的分析 [J]. 经济科学,2013,35 (6):89-100.

[126] 田利辉, 张伟. 政治关联影响我国上市公司长期绩效的三大效应 [J]. 经济研究, 2013 (11): 71-86.

[127] 田银华, 李华金. 政治关联、制度环境与控股股东利益侵占——基于中国家族上市公司的实证分析 [J]. 湘潭大学学报 (哲学社会科学版), 2015, 39 (4): 53-56.

[128] 汪平, 孙士霞. 我国国有上市公司股权结构与股利政策实证研究 [J]. 经济与管理研究, 2009 (5): 63-71.

[129] 王德祥, 李昕. 政府补贴、政治关联与公司创新投入 [J]. 财政研究, 2017 (8): 79-89.

[130] 王国俊, 王跃堂. 现金股利承诺制度与资源配置 [J]. 经济研究, 2014 (9): 91-104.

[131] 王化成, 李春玲, 卢闯. 控股股东对上市公司现金股利政策影响的实证研究 [J]. 管理世界, 2007 (1): 122-127.

[132] 王静, 张天西, 郝东洋. 发放现金股利的公司具有更高盈余质量吗——基于信号传递理论新视角的检验 [J]. 管理评论, 2014, 26 (4): 50-59.

[133] 王俊秋, 江敬文. 政治关联、制度环境与高管变更 [J]. 管理评论, 2012, 24 (12): 156-165.

[134] 王俊秋. 政治关联、盈余质量与权益资本成本 [J]. 管理评论, 2013 (25): 10.

[135] 王利平, 高伟, 张学勇. 民营公司政治关联: 一个多视角的分析 [J]. 商业经济与管理, 2010, 1 (12): 18-23.

[136] 王曼舒, 齐寅峰. 现金股利与投资者偏好的实证分析 [J]. 经济问题探索, 2005 (12): 65-71.

[137] 王茜, 张鸣. 基于经济波动的控股股东与股利政策关系研究——来自中国证券市场的经验证据 [J]. 财经研究, 2009, 35 (12): 50-60.

[138] 王庆文, 吴世农. 政治关系对公司业绩的影响——基于中国上市公司政治影响力指数的研究 [J]. 中国实证会计国际研讨会, 2008.

[139] 王善平, 李志军. 银行持股、投资效率与公司债务融资 [J]. 金融研究, 2011 (5): 184-193.

[140] 王维, 郑巧慧, 乔朋华. 企业家政治关联、研发投入与科技型中小公司成长研究 [J]. 科技进步与对策, 2014 (18): 90-96.

[141] 王小泳, 孔东民, 李尚鹫. 现金分红的连续性、投资效率与公司价值——基于面板结构 Var 模型的实证分析 [J]. 中国管理科学, 2014, 22 (3): 103-114.

[142] 王彦超. 融资约束、现金持有与过度投资 [J]. 金融研究, 2009 (7): 121-133.

[143] 王毅辉, 李常青. 终极产权、控制权结构和股利政策 [J]. 财贸研究, 2010, 21 (2): 120-129.

[144] 王珍义, 贺秋桐, 谢萌, 何胡琴. 高管政治关联与公司过度投资: 以自由现金流为中介效应 [J]. 投资研究, 2016 (7): 99-108.

[145] 王志强, 张玮婷. 上市公司财务灵活性、再融资期权与股利迎合策略研究 [J]. 管理世界, 2012 (7): 151-163.

[146] 魏刚, 蒋义宏. 中国上市公司股利分配问卷调查报告 [J]. 经济科学, 2001 (4): 9-87.

[147] 魏明海, 柳建华. 国企分红、治理因素与过度投资 [J]. 管理世界, 2007 (4): 88-95.

[148] 魏志华, 李常青, 吴育辉. 分红管制政策、再融资动机与经典股利理论——基于股利代理理论与信号理论视角的实证研究 [J]. 会计研究, 2017 (7): 55-61.

[149] 魏志华, 李茂良, 李常青. 分红管制政策与中国上市公司分红行为 [J]. 经济研究, 2014 (6): 100-114.

[150] 魏志华, 吴育辉, 李常青. 家族控制、双重委托代理冲突与现金股利政策——基于中国上市公司的实证研究 [J]. 金融研究, 2012 (7): 168-181.

[151] 吴超鹏, 吴世农, 程静雅, 王璐. 风险投资对上市公司投融资行为影响的实证研究 [J]. 经济研究, 2012 (1): 105-119.

[152] 吴军, 白云霞. 我国银行制度的变迁与国有公司预算约束的硬化——来自1999~2007年国有上市公司的证据 [J]. 金融研究, 2009 (10): 179-192.

[153] 吴文锋, 吴冲锋, 刘晓薇. 中国民营上市公司高管的政府背景与公司

价值 [J]. 经济研究, 2008 (7): 130-141.

[154] 吴文锋, 吴冲锋, 芮萌. 中国上市公司高管的政府背景与税收优惠 [J]. 管理世界, 2009 (3): 134-142.

[155] 夏力, 李舒妤. 政治关联视角下的政府补贴与民营公司技术创新 [J]. 科技进步与对策, 2013, 30 (3): 108-111.

[156] 夏立军, 方轶强. 政府控制、治理环境与公司价值——来自中国证券市场的经验证据 [J]. 经济研究, 2005 (5): 40-51.

[157] 肖浩, 夏新平. 政府干预、政治关联与权益资本成本 [J]. 管理学报, 2010, 7 (6): 921-929.

[158] 谢家智, 刘思亚, 李后建. 政治关联、融资约束与公司研发投入 [J]. 财经研究, 2014, 40 (8): 81-93.

[159] 谢军. 股利政策、第一大股东和公司成长性: 自由现金流理论还是掏空理论 [J]. 会计研究, 2006 (4): 53-59+96-97.

[160] 熊德华, 刘力. 股利支付决策与迎合理论——基于中国上市公司的实证研究 [J]. 经济科学, 2007 (5): 89-99.

[161] 徐国祥, 苏月中. 中国股市现金股利悖论研究 [J]. 财经研究, 2005, 31 (6): 132-144.

[162] 徐浩萍, 吕长江. 政府角色、所有权性质与权益资本成本 [J]. 会计研究, 2007 (6): 61-67.

[163] 徐明圣, 刘丽巍. 现代股利政策理论的演变及其评价 [J]. 当代财经, 2003 (1): 53-56.

[164] 徐寿福, 邓鸣茂, 陈晶萍. 融资约束、现金股利与投资—现金流敏感性 [J]. 山西财经大学学报, 2016 (2): 112-124.

[165] 徐细雄, 杨卓, 刘星. 公司政治关系研究前沿探析 [J]. 外国经济与管理, 2010, 32 (3): 26-32.

[166] 徐晓东, 张天西. 公司治理、自由现金流与非效率投资 [J]. 财经研究, 2009, 35 (10): 47-58.

[167] 徐业坤, 钱先航, 李维安. 政治不确定性、政治关联与民营公司投资——来自市委书记更替的证据 [J]. 管理世界, 2013 (5): 116-130.

[168] 许年行, 江轩宇, 伊志宏, 袁清波. 政治关联影响投资者法律保护的执法效率吗?[J]. 经济学, 2013, 12 (1): 373-406.

[169] 许年行, 赖建清, 吴世农. 公司财务与投资者法律保护研究述评[J]. 管理科学学报, 2008, 11 (1): 101-109.

[170] 许文彬, 刘猛. 我国上市公司股权结构对现金股利政策的影响——基于股权分置改革前后的实证研究 [J]. 中国工业经济, 2009 (12): 128-138.

[171] 宣扬, 杨中军. 货币政策、现金股利分配与投资水平——基于我国上市公司的实证研究 [J]. 金融评论, 2012 (4): 58-65.

[172] 阎大颖. 中国上市公司控股股东价值取向对股利政策影响的实证研究 [J]. 南开经济研究, 2004, 6 (6): 94-100.

[173] 杨德明, 陆正飞, 罗党论. 货币政策、媒体监督与关系型债务融资 [J]. 中国会计学会 2012 年学术年会, 2012.

[174] 杨兴全, 张丽平, 吴昊旻. 市场化进程、管理层权力与公司现金持有 [J]. 南开管理评论, 2014, 17 (2): 34-45.

[175] 杨艳, 邓乐, 陈收. 公司生命周期、政治关联与并购策略 [J]. 管理评论, 2014, 26 (10).

[176] 杨熠, 沈艺峰. 现金股利: 传递盈利信号还是起监督治理作用 [J]. 中国会计评论, 2004 (1): 61-76.

[177] 杨颖. 投资者法律保护与现金股利政策——基于终极所有权结构视角 [J]. 经济与管理研究, 2010 (8): 74-81.

[178] 杨战胜, 俞峰. 政治关联对公司创新影响的机理研究 [J]. 南开经济研究, 2014 (6).

[179] 姚德权, 章剑辉. 政治关联、贷款融资与民营公司绩效研究 [J]. 财经问题研究, 2014 (12): 84-90.

[180] 姚小涛, 张田, 席酉民. 强关系与弱关系: 公司成长的社会关系依赖研究 [J]. 管理科学学报, 2008, 11 (1): 143-152.

[181] 叶飞洋, 马永强. 金融危机冲击下的民营公司信贷软约束研究——基于政府、银行与公司三方间利益博弈的视角 [J]. 投资研究, 2014 (11): 42-57.

[182] 叶康涛，祝继高．银根紧缩与信贷资源配置［J］．管理世界，2009（1）：22-28．

[183] 衣凤鹏，徐二明．高管政治关联与公司社会责任——基于中国上市公司的实证分析［J］．经济与管理研究，2014（5）：5-13．

[184] 应展宇．股权分裂、激励问题与股利政策——中国股利之谜及其成因分析［J］．管理世界，2004（7）：108-119．

[185] 游家兴，徐盼盼，陈淑敏．政治关联、职位壕沟与高管变更——来自中国财务困境上市公司的经验证据［J］．金融研究，2010（4）：128-143．

[186] 于蔚，汪淼军，金祥荣．政治关联和融资约束：信息效应与资源效应［J］．经济研究，2012（9）：125-139．

[187] 于泽，钱智俊，方庆，罗瑜．数量管制、流动性错配和公司高额现金持有——来自上市公司的证据［J］．管理世界，2017（2）：67-84．

[188] 余汉，杨中仑，宋增基．国有股权、政治关联与公司绩效——基于中国民营控股上市公司的实证研究［J］．管理评论，2017，29（4）：196-212．

[189] 余静文．信贷约束、股利分红与公司预防性储蓄动机——来自中国A股上市公司的证据［J］．金融研究，2012（10）：97-110．

[190] 余亮，梁彤缨．股利政策的治理效应——基于融资约束与代理成本权衡的视角［J］．软科学，2013，27（2）：67-70．

[191] 余明桂，回雅甫，潘红波．政治联系、寻租与地方政府财政补贴有效性［J］．经济研究，2010（3）：65-77．

[192] 余明桂，潘红波．政府干预、法治、金融发展与国有公司银行贷款［J］．金融研究，2008（9）：1-22．

[193] 袁建国，后青松，程晨．公司政治资源的诅咒效应——基于政治关联与公司技术创新的考察［J］．管理世界，2015（1）：139-155．

[194] 原红旗．大股东配股行为及其经济后果［J］．中国会计与财务研究，2004（2）：1-26．

[195] 原红旗．中国上市公司股利政策分析［J］．财经研究，2001，27（3）：33-41．

[196] 曾爱民，张纯，魏志华．金融危机冲击、财务柔性储备与公司投资行

为——来自中国上市公司的经验证据 [J]. 管理世界, 2013 (4): 107-120.

[197] 曾萍, 邓腾智. 政治关联与公司绩效关系的 meta 分析 [J]. 管理学报, 2012, 9 (11).

[198] 战明华, 应诚炜. 利率市场化改革、公司产权异质与货币政策广义信贷渠道的效应 [J]. 经济研究, 2015 (9): 114-126.

[199] 张传明, 徐植. 不同股权结构对股利政策影响的实证研究——来自中国上市公司的证据 [J]. 经济与管理研究, 2006 (12): 70-76.

[200] 张纯, 吕伟. 信息环境、融资约束与现金股利 [J]. 金融研究, 2009 (9): 81-94.

[201] 张敦力, 李四海. 社会信任、政治关系与民营公司银行贷款 [J]. 会计研究, 2012 (8): 17-24.

[202] 张功富. 政府干预、政治关联与公司非效率投资——基于中国上市公司面板数据的实证研究 [J]. 财经理论与实践, 2011, 32 (3): 24-30.

[203] 张建君, 张志学. 中国民营企业家的政治战略 [J]. 管理世界, 2005 (7): 94-105.

[204] 张路, 罗婷, 岳衡. 超募资金投向、股权结构与现金股利政策 [J]. 金融研究, 2015 (11): 142-158.

[205] 张敏, 张胜, 王成方, 申慧慧. 政治关联与信贷资源配置效率——来自我国民营上市公司的经验证据 [J]. 管理世界, 2010, 22 (11): 143-153.

[206] 张天舒, 陈信元, 黄俊. 政治关联、风险资本投资与公司绩效 [J]. 南开管理评论, 2015, 18 (5): 18-27.

[207] 张玮婷, 王志强. 地域因素如何影响公司股利政策: "替代模型" 还是 "结果模型"? [J]. 经济研究, 2015 (5): 76-88.

[208] 张文龙, 李峰, 郭泽光. 现金股利——控制还是掠夺? [J]. 管理世界, 2009 (3): 176-177.

[209] 张跃文. 我国上市公司现金分红决策研究 [J]. 证券市场导报, 2012 (9): 27-32.

[210] 赵峰, 马光明. 政治关联研究脉络述评与展望 [J]. 经济评论, 2011 (3): 151-160.

[211] 郑建明,刘琳,刘一凡. 政治关联的结构特征、多元化驱动与公司价值 [J]. 金融研究, 2014 (2): 167 – 179.

[212] 郑路航. 独立董事的政治关联与公司绩效 [J]. 当代经济管理, 2010, 32 (11): 20 – 25.

[213] 支晓强,胡聪慧,童盼. 股权分置改革与上市公司股利政策——基于迎合理论的证据 [J]. 管理世界, 2014 (3): 139 – 147.

[214] 钟凯,程小可,张伟华. 货币政策、信息透明度与公司信贷期限结构 [J]. 财贸经济, 2016, 37 (3): 60 – 77.

[215] 周黎安,陶婧. 政府规模、市场化与地区腐败问题研究 [J]. 经济研究, 2009 (1): 57 – 69.

[216] 周黎安. 中国地方官员的晋升锦标赛模式研究 [J]. 经济研究, 2007 (7): 36 – 50.

[217] 周林洁,邱汛. 政治关联、所有权性质与高管变更 [J]. 金融研究, 2013 (10): 194 – 206.

[218] 周晓中. "政策" 概念辨析——兼论政策与路线、方针的关系 [J]. 理论前沿, 1987 (4): 7 – 10.

[219] 朱红军,何贤杰,陈信元. 金融发展、预算软约束与公司投资 [J]. 会计研究, 2006 (10): 64 – 71.

[220] 祝继高,王春飞. 金融危机对公司现金股利政策的影响研究——基于股权结构的视角 [J]. 会计研究, 2013 (2): 38 – 44.

[221] 邹颖,杨晓玮. 政治关联、金融生态环境与股权资本成本——基于 2005 ~ 2012 年的数据分析 [J]. 华东经济管理, 2014 (10): 98 – 104.

[222] Adhikari, A., Derashid, C., Zhang, H. Public Policy, Political Connections, and Effective Tax Rates: Longitudinal Evidence from Malaysia [J]. Journal of Accounting and Public Policy, 2006, 25 (5): 574 – 595.

[223] Adjaoud, F., Ben – Amar, W. Corporate Governance and Dividend Policy: Shareholders' Protection or Eexpropriation? [J]. Journal of Business Finance & Accounting, 2010, 37 (5 – 6): 648 – 667.

[224] Aggarwal, R. K., Meschke, F., Wang, T. Corporate Political Contribu-

tions: Investment or Agency? [J]. Business & Politics, 2012, 14 (1).

[225] Aghion, P., Bolton, P. An "Incomplete Contract" Approach to Bankruptcy and the Financial Structure of the Firm [R]. Working Papers, 1988.

[226] Aivazian, V., Booth, L., Cleary, S. Dividend Policy and the Organization of Capital Markets [J]. Journal of Multinational Financial Management, 2003, 13 (2): 101 – 121.

[227] Akhigbe, A., A. Whyte. Does the Use of Stock Incentives Influence the Payout Policy of Financial Institutions? [J]. Quarterly Review of Economics and Finance, 2012 (52): 63 – 71.

[228] Allen, F., Qian, M. J. Law, Finance and Economic Growth in China [J]. Journal of Financial Economics, 2005, 77 (1): 57 – 116.

[229] Allen, F., Michaely, R. Chapter 7 Payout Policy. Handbook of the Economics of Finance [M]. Elsevier B. V., 2003.

[230] Almeida, H., Campello, M., Weisbach, M. S. The Cash Flow Sensitivity of Cash [J]. Journal of Finance, 2004, 59 (4): 1777 – 1804.

[231] Alti, A. How Sensitive is Investment to Cash Flow When Financing is Frictionless? [J]. Journal of Finance, 2003, 58 (2): 707 – 722.

[232] Ambarish, R., John, K., Williams, J. Efficient Signalling with Dividends and Investments [J]. Journal of Finance, 1987, 42 (2): 321 – 343.

[233] Ameer, R. Product Market Competition, Regulation and Dividend Payout policy of Malaysian Banks [J]. Mpra Paper, 2009, 16 (4): 318 – 334.

[234] Andrei Shleifer, Robert W. Vishny. A Survey of Corporate Governance [J]. The Journal of Finance, 1997, 52 (2): 737 – 783.

[235] Ang, J., Boyer, C. Finance and Politics: The Wealth Effects of Special Interest Group Influence During the Nationalisation and Privatisation of Conrail [J]. Cambridge Journal of Economics, 2007, 31 (2): 193 – 215.

[236] Ayyagari, M., A. D. Kunt, V. Maksimovic. Formal Versus Informal Finance: Evidence from China [J]. Review of Financial Studies, 2010, 23 (8): 3048 – 3097.

[237] Bai, C. E. , J. Y. Lu, Z. G. Tao. Property Rights Protection and Accessto-Bank Loans: Evidencefrom Private Enterprisesin China [J] . Economics of Transition, 2006, 14 (4): 611 – 628.

[238] Baker, M. , Wurgler, J. A Catering Theory of Dividends [J] . Journal of Finance, 2004, 59 (3): 1125 – 1165.

[239] Ball, R. , S. P. Kothari, A. Robin. The Effect of International Institutional Factors on Properties of Accounting Earnings [J] . Journal of Accounting and Economics, 2000, 29 (1): 1 – 51.

[240] Bartels, L. , Brady, H. Economic Behavior in Political Context [J] . American Economics Review, 2003 (93): 156 – 161.

[241] Bates, T. W. , Kahle, K. M. , Stulz, R. M. Why do US Firms Hold So Much More Cash than They Used to [J] . The Journal of Finance, 2009, 64 (5): 1985 – 2021.

[242] Benito, A. , Young, G. Hard Times or Great Expectations? Dividend Omissions and Dividend Cuts by Uk Firms? [J] . Oxford Bulletin of Economics & Statistics, 2003, 65 (5): 531 – 555.

[243] Berkman, H. , Fu, L. J. Political Connections and Minority – shareholder Protection: Evidence from Securities – market Regulation in China [J] . Journal of Financial & Quantitative Analysis, 2010, 45 (6): 1391 – 1417.

[244] Bertrand, M. , Kramarz, F. , Schoar, A. , Thesmar, D. Politicians, Firms and Political Business Cycle: Evidence from France [R] . Working Paper, 2007.

[245] Bhattacharya, S. Imperfect Information, Dividend Policy, and "the Bird in the Hand" Fallacy [J] . Bell Journal of Economics, 1979, 10 (1): 259 – 270.

[246] Bond, S. , Meghir, C. Dynamic Investment Models and the Firm's Financial Policy [J] . Review of Economic Studies, 1994 (61): 197 – 222.

[247] Borokhovich, K. A. , Brunarski, K. R. , Harman, Y. , Kehr, J. B. Dividends, Corporate Monitors and Agency Costs [J] . Financial Review, 2010, 40 (1): 37 – 65.

[248] Boubakri, N., Saffar, W., Boutchkova, M., et al. Politically Connected Firms: an International Event Study [J]. Social Science Electronic Publishing, 2009.

[249] Braendle, U. C., Gasser, T., Noll, J. Corporate Governance in China – is Economic Growth Potential Hindered by Guanxi? [J]. Business & Society Review, 2005, 110 (4): 389 – 405.

[250] Brennan, M. J. Taxes, Market Valuation and Corporate Financial Policy [J]. National Tax Journal, 1970, 23 (4): 417 – 427.

[251] Brockman, P. and E. Unlu. Earned/contributed Capital, Dividend Policy, and Disclosure Quality: An International Study [J]. Journal of Banking and Finance, 2011 (35): 1610 – 1625.

[252] Burak, A. G., U. Malmendier, G. Tate. Financial Expertise of Directors [J]. Journal of Financial Economics, 2008, 88 (2): 323 – 354.

[253] Carroll, A. B. The Pyramid of Corporate Social Responsibility: Toward the Moral Management of Organizational Stakeholders [J]. Business Horizons, 1991, 34 (4): 39 – 48.

[254] Chaney, P. K., Faccio, M., Parsley, D. The Quality of Accounting Information in Politically Connected firms [J]. Journal of Accounting & Economics, 2007, 51 (1): 58 – 76.

[255] Charumilind, C., R. Kali, Y. Wiwattanakantang. Connected Lending: Thailand before the Financial Crisis [J]. Journal of Business, 2006, 9 (1): 181 – 218.

[256] Chateau, J. P. D. Dividend Policy Revisted: Within – and out – of – sample tests [J]. Journal of Business Finance & Accounting, 2010, 6 (3): 355 – 370.

[257] Chen, C., Z. Li, X. Su. Rent Seeking Incentives, Political Connection and Organization Structure: Empirical Evidence from Listed Family Firms in China [R]. Working Paper, 2005.

[258] Cheung, Y. L., Rau, P. R., Stouraitis, A. Tunneling, Propping, and Expropriation: Evidence from Connected Party Transactions in Hong Kong [J]. Journal of Financial Economics, 2006 (82): 343 – 386.

[259] Cooper, M. J., Gulen, H., Ovtchinnikov, A. V. Corporate Political Contributions and Stock Returns [J]. Journal of Finance, 2010, 65 (2): 687–724.

[260] Cummins, J. G., Hassett, K. A., Oliner, S. D. Investment Behavior, Observable Expectations, and Internal Funds: Corrigendum [J]. American Economic Review, 2013, 103 (4): 1538–1539.

[261] Darling, P. G. The Influence of Expectations and Liquidity on Dividend Policy [J]. Journal of Political Economy, 1957, 65 (3): 209–224.

[262] Dasgupta, P., Stiglitz, J. On Optimal Taxation and Public Production [J]. American Economic Review, 1972, 39 (1): 87–103.

[263] Deangelo, H., Deangelo, L., Stulz, R. M. Dividend Policy and the Earned/contributed Capital Mix: A test of the Life–cycle Theory [J]. Journal of Financial Economics, 2006, 81 (2): 227–254.

[264] Deangelo, H., Deangelo, L. Capital Structure, Payout Policy, and Financial Flexibility [J]. Social Science Electronic Publishing, 2007.

[265] Denis, D. J., Osobov, I. Why do Firms Pay Dividends? International Evidence on the Determinants of Dividend Policy [J]. Journal of Financial Economics, 2008, 89 (1): 62–82.

[266] Dewenter, K. L., Warther, V. A. Dividends, Asymmetric Information, and Agency Conflicts: Evidence from a Comparison of the Dividend Policies of Japanese and u. s. firms [J]. Journal of Finance, 2010, 53 (3): 879–904.

[267] Dittmar, A., Mahrt–Smith, J., Servaes, H. International Corporate Governance and Corporate Cash Holdings [J]. Journal of Financial & Quantitative Analysis, 2003, 38 (1): 111–133.

[268] Dombrovsky, V. Political Connections and Firm Performance: The Latvian Way [R]. Working Paper from SSRN, 2008.

[269] Donghua Chen, Oliver Zhen Li, Fu Xin. Five–year Plans, China Finance and Their Consequences [J]. China Journal of Accounting Research, 2017 (3): 189–226.

[270] Duchin, F., Maclean, H., Hageluken, C., Halada, K., Kesler,

S., Moriguchi, Y., et al. Mineral Resources: Stocks, Lows, and Prospects [R]. Rensselaer Working Papers in Economics, 2010.

[271] Durnev, A. Garfinkel, J. A., Molchanov, A. Partisanship and Corporate Performance [J]. SSRN Electronic Journal, 2011.

[272] Easterbrook, F. H. Two Agency – Cost Explanations of Dividends [J]. American Economic Review, 1984: 650 – 659.

[273] Eugene F. Fama, Harvey Babiak. Dividend Policy: An Empirical Analysis [J]. Publications of the American Statistical Association, 1968, 63 (324): 1132 – 1161.

[274] Faccio, M. Difference Between Politically – Connected Firms and Non – connected Firms: A Cross Country Analysis [J]. Financial Management, 2010, 39 (3): 905 – 927.

[275] Faccio, Mara. Politically – Connected Firms: Can They Squeeze the State? [R]. Working Paper from SSRN, 2002.

[276] Faccio, M. Politically Connected Firms [J]. American Economic Review, 2006, 96 (1): 369 – 386.

[277] Fama, E. F., French, K. R. Disappearing Dividends: Changing firm Characteristics or Lower Propensity to Pay? [J]. Journal of Applied Corporate Finance, 2001, 14 (1): 67 – 79.

[278] Fan, J. P. H., John Wei, K. C., Xinzhong Xu. Corporate Finance & Governance in Emerging Marketsa Selective Review & an Agenda for Future Re – sear [J]. Journal of Corporate Finance, 2011 (4): 207 – 214.

[279] Fan, J. P. H., Wong, T. J., Zhang, T. Politically – connected CEOs, Corporate Governance and Post – IPO Performance of China's Newly Partially Privatized Firms [J]. Journal of Financial Economics, 2007, 84 (2): 330 – 357.

[280] Fan, J. P. H., Wong, T. J., Zhang, T. Politically Connected CEOs, Corporate Governance, and Post – IPO Performance of China's Newly Partially Privatized Firms [J]. Journal of Financial Economics, 2014, 26 (3): 85 – 95.

[281] Farashahi, M., Hafsi, T. Strategy of Firms in Unstable Institutional Envi-

ronments [J]. Asia Pacific Journal of Management, 2009, 26 (4): 643 -666.

[282] Farrar, D. E., Farrar, D. F., Selwyn, L. L. Taxes, Corporate Financial Policy and Return to Investors [J]. National Tax Journal, 1967, 20 (4): 444 -454.

[283] Fazzari, S. M., Hubbard, R. G., Petersen, B. C. Finance Constraints and Corporate Investment [J]. Brookings Papers on Economic Activity, 1988, 37 (1).

[284] Fischer, B., Myron, S. The Effects of Dividend Yield and Dividend Policy on Common Stock Prices and Re-turns [J]. Journal of Financial Economics, 1974 (1): 1 -22.

[285] Fisman, R. Estimating the Value of Political Connection [J]. American Economic Review, 2001 (91): 1095 -1102.

[286] Francis, B. B., Hasan, I., John, K., Song, L. Corporate Governance and Dividend Payout Policy: A Test Using Antitakeover Legislation [J]. Financial Management, 2011, 40 (1): 83 -112.

[287] Goldman, E., Rocholl, J., So, J. Does Political Connectedness Affect firm Value? [J]. SSRN Electronic Journal, 2006, 21 (4): 1607 -1652.

[288] Gordon, M. J. Optimal Investment and Financing Policy [J]. Journal of Finance, 1963 (18): 264 -272.

[289] Granovetter, M. Economic Action and Social Structure: The Problem of Embeddedness [J]. American Journal of Sociology, 1985, 91 (3): 481 -510.

[290] Grossman, S., Hart, O. Corporate Financial Structure and Managerial Incentives [J]. Social Science Electronic Publishing, 2009: 107 -140.

[291] Grullon, G., Michaely, R., Benartzi, S., Thaler, R. H. Dividend Changes Do Not Signal Changes in Future Profitability [J]. Journal of Business, 2005, 78 (5): 1659 -1682.

[292] Grullon, G., Michaely, R., Swaminathan, B. Dividend Changes As a Sign of firm Maturity, 1999.

[293] Grullon, G., Michaely, R. Corporate Payout Policy and Product Market Competition [M]. Social Science Electronic Publishing, 2007.

[294] Gulick, L. H. Political Factors and Administration and Financing of Urban

transportation [R]. Highway Research Board Special Report, 1962.

[295] Hadlock, C. J., Pierce, J. R. New Evidence on Measuring Financial Constraints: Moving Beyond the Kz Index [J]. Review of Financial Studies, 2010, 23 (5): 1909 – 1940.

[296] Harberger, A. C. Monopoly and Resource Allocationmonopoly and Resource Allocation [J]. American Economic Review, 1954, 5 (2): 77 – 92.

[297] Hart, O., Shleifer, A., Vishny, R. W. The Proper Scope of Government: Theory Andan Application to Prisons [J]. Quarterly Journal of Economics, 1997, 112 (4): 1127 – 1161.

[298] Harvey, C. R., Lins, K. V., Roper, A. H. The effect of Capital Structure When Expected Agency Costs are Extreme [J]. Journal of Financial Economics, 2004, 74 (1): 3 – 30.

[299] Hoberg, G., Phillips, G. Real and Financial Industry Booms and Busts [J]. Journal of Finance, 2010, 65 (1): 45 – 86.

[300] Houston, J. F., L. Jiang, C. Lin, Y. Ma. Political Connections and the Cost of Borrowing [R]. SSRN Working Paper, 2011.

[301] Hu, A., P. Kumar. Managerial Entrenchment and Payout Policy [J]. Journal of Financial and Quantitative Analysis, 2004 (39): 759 – 790.

[302] Hubbard, R. G., Kashyap, A. K., Whited, T. M. Internal Finance and Firm Investment [J]. Journal of Money Credit & Banking, 1995, 27 (3): 683 – 701.

[303] Infante, L., Piazza, M. Political Connections and Preferential Lending at Local Level: Some Evidence from the Italian Credit Market [J]. Journal of Corporate Finance, 2014 (29): 246 – 262.

[304] Jagannathan, M., Stephens, C. P., Weisbach, M. S. Financial Flexibility and the Choice Between Dividends and Stock Repurchases [J]. Journal of Financial Economics, 2000, 57 (3): 355 – 384.

[305] Jensen, M. Agency Costs of Free Cash Flow, Corporate Finance as Anti-Takeover Mechanisms: The Recent Evidence [J]. Journal of Financial Economics, 1986, 20 (1): 129 – 152.

[306] Jensen, Michael, William Meckling. Theory of the Firm: Managerial Behaviour, Agency Cost, and Ownership Structure [J]. Journal of Financial Economics, 1976 (3): 305-360.

[307] John, K., Williams, J. Dividends, Dilutionand Taxes: A Signaling Equilibrium [J]. The Journal of Finance, 1985 (40): 1053-1070.

[308] John Lintner. Distribution of Incomes of Corporations Among Dividends, Retained Earnings, and Taxes [J]. The American Economic Review, 1956, 46 (2): 97-113.

[309] Johnson, S., T. Mitton. Cronyism and Capital Controls: Evidence from Malaysia [J]. Journal of Financial Economics, 2003, 67 (2): 351-382.

[310] Johnson, S., Mcmillan, J., Woodruff, C. M. Property Rights, Finance and Entrepreneurship [J]. SSRN Electronic Journal, 1999 (212).

[311] Karpavicius, S., Yu, F. External Growth Opportunities, Managerial Incentives, and a firm's Financing Policy [J]. Social Science Electronic Publishing, 2014.

[312] Khwaja, A., A. Mian. Do Lenders Favor Politically Connected Firms Rent Provision in an Emerging Financial Market [J]. Quarterly Journalof Economics, 2005, 120 (4): 1371-1411.

[313] Knyazeva, A., Knyazeva, D. Dividend Smoothing: An Agency Explanation and new Evidence [J]. Social Science Electronic Publishing, 2014.

[314] Kornai, J. The Soft Budget Constraint [J]. Kyklos, 1986, 39 (1): 3-30.

[315] Kose John, Joseph Williams. Dividends, Dilution, and Taxes: A Signalling Equilibrium [J]. Journal of Finance, 1985, 40 (4): 1053-1070.

[316] Krueger, A. The Political Economy of the Rent-Seeking Society [J]. American Economic Review, 1974, 64 (3): 291-303.

[317] La Portal R., Lopez-de-Silanes F., Shleifer A., et al. Agency Problems and Dividend Policies Around the World [J]. Journal of Finance, 2000, 55 (1): 1-33.

[318] Leuz, C., Oberholzer-Gee, F. Political Relationships, Global Finan-

cing, and Corporate Transparency: Evidence from Indonesia [J]. Journal of Financial Economics, 2006, 81 (2): 411 - 439.

[319] Li, H. B., Meng, L. S., Wang, Q., Zhou L. A. Political Connections, Financing and Firm Performance: Evidence from Chinese Private Firms [J]. Journal of Development Economics, 2008, 87 (2): 283 - 299.

[320] Lintner, J. Distribution of Incomes of Corporations Among Dividends, Retained Earnings, and Taxes [J]. American Economic Review, 1956, 46 (2): 97 - 113.

[321] Lu, Z., J. Zhu, W. Zhang. Bank Discrimination, China [J]. Journal of Banking & Finance, 2012 (36): 341 - 354.

[322] Ma, D., Parish, W. L. Tocquevillian Moments: Charitable Contributions by Chinese Private Entrepreneurs [J]. Social Forces, 2006, 85 (2): 943 - 964.

[323] Mahrt Smith, J. The Interaction of Capital Structure and Ownership Structure [J]. Journal of Business, 2005, 78 (3): 787 - 816.

[324] Maury, B., Pajuste, A. Controlling Shareholders, Agency Problems and Dividend Policy in Finland [J]. Liiketaloudellinen Aikakauskirja, 2002 (1).

[325] Michaely, R., Roberts, M. R., Brav, A. Dividend Smoothing, Agency costs, and Information Asymmetry: Lessons from the Dividend Policies of Private firms [J]. Unpublished Working Paper, 2006.

[326] Miller, M. H., Modigliani, F. Dividend Policy, Growth, and the Valuation of Shares [J]. Journal of Business, 1961, 34 (4): 411 - 433.

[327] Miller, M., Rock, K. Dividend Policy Under Asymmetric Information [J]. The Journal of Finance, 1985 (40): 1031 - 1051.

[328] Myers, S. C., Majluf, N. J. Stock Issues and Investment Policy When firms Have Information that Investors Do Not Have. Social Science Electronic Publishing. Returns [J]. The Journal of Finance, 1982, 65 (2): 687 - 724.

[329] North Douglas C. Insitutitons, Insitutitonal Change, and Eeonomic Performance [M]. New York Cambridge University Press, 1990.

[330] Okhmatovskiy, I. Performance Implications of Ties to the Government and Soes: A Political Embeddedness Perspective [J]. Journal of Management Studies,

2010, 47 (6): 1020 – 1047.

[331] Opler, T., Pinkowitz, L., Stulz, R., Williamson, R. The Determinants and Implications of Corporate Cash Holdings [J]. Journal of Financial Economics, 1999, 52 (1): 3 – 46.

[332] Osobov, I., Denis, D. J. Disappearing Dividends, Catering Incentives and Agency Costs: International Evidence [J]. Social Science Electronic Publishing, 2005.

[333] Osobov, I. V. Why are Dividends Disappearing? an International Comparison [Z]. "Why are dividends disappearing? An international comparison" by Igor V Osobov, 2004.

[334] Peng, M. W., P. Health. The Growth of the Firm in Planned Economies in Transition: Institutions, Organizations, and Strategic Choice [J]. The Academy of Management Review, 1996, 21 (2): 492 – 528.

[335] Pfeffer, J., Salancik, G. R. Social Control of Organizations [J]. British Journal of Sociology, 1978, 23 (4): 406 – 421.

[336] Porta, R. L., Lopez – de – Silanes, F., Shleifer A., et al. Investor Protection and Corporate Governance [J]. Journal of Financial Economics, 2000, 58 (1 – 2): 3 – 27.

[337] Porta, R. L., Silanes, F. L. D., Shleifer, A., Vishny, R. Which Countries Give Investors the Best Protection? [Z]. World Bank Other Operational Studies, 1997.

[338] Putnam, R. D. The Prosperous Community: Social Capital and Public Life [J]. American Prospect, 1993, (13): 35 – 42.

[339] Rajan, R., Zingales, L. The Emergence of Strong Property Rights: Specualtion from History [R]. Nber Working Papers, 2003.

[340] Rapp, M. S., Schmid, T. Urban, D. The Value of Financial Flexibility and Corporate Financial Policy [J]. Journal of Corporate Finance, 2014, 29 (C): 288 – 302.

[341] Richardson, S. Over – investment of Free Cash Flow [J]. Review of Ac-

counting Studies, 2006 (11).

[342] Rozeff, M. Growth, Beta and Agency Costs as Determinants of Dividend Payout Ratios [J]. Journal of Financial Research, 1982 (5): 249 – 259.

[343] Shefrin, H. M. Statman, M. Explaining Investor Preference for Cash Dividends [J]. Journal of Financial Economics, 1984, 13 (2): 253 – 282.

[344] Shleifer, A., Vishny, R. Politician and Firms [J]. Quarterly Journal of Economics, 1994 (109): 995 – 1025.

[345] Shleifer, A., R. Vishny. Large Shareholders and Corporate Control [J]. Journal of Political Economy, 1986 (94): 461 – 488.

[346] Short, H., H. Zhang, K. Keasey. The Link Between Dividend Policy and Institutional Ownership [J]. Journal of Corporate Finance, 2002 (8): 105 – 122.

[347] Thaler, R. Does the Stock Market Overreact? [J]. Journal of Finance, 1985, 40 (3): 793 – 805.

[348] Vermaelen, T. Repurchase Tender Offers, Signaling, Andmanagerial Incentives [J]. Journal of Financial & Quantitative Analysis, 1984, 19 (2): 163 – 181.

[349] Von Eije, J. H. and Megginson, W. L. Dividend Policy in the European Union [J]. Social Science Electronic Publishing, 2007, 1 (3): 61 – 87.

[350] Wei, W. Influence of Political Relationship Building on the Business Activity of Firms in China [J]. Singapore Management Review, 2008, 30 (2): 73 – 94.

[351] Williams, J. B. The Theory of Investment Value [J]. Journal of Political Economy, 1938.

[352] Williamson, O. E. Corporate Finance and Corporate Governance [J]. Journal of Finance, 1988, 43 (3): 567 – 591.

[353] Xu, N., Xu, X., Yuan, Q. Political Connections, Financing Friction, and Corporate Investment: Evidence from Chinese Listed Family Firms [J]. European Financial Management, 2013, 19 (4): 675 – 702.

[354] Yung Chin Chiu, Ching Wen Liang, Yanzhi Wang. Corporate Financing Decisions on Research and Development Increases [J]. Emerging Markets Finance & Trade, 2012, 48 (1): 88 – 109.